War das die Wende, die wir wollten?

BURGA KALINOWSKI

WAR DAS DIE WENDE, DIE WIR WOLLTEN?

GESPRÄCHE MIT ZEITGENOSSEN

neues leben

Inhalt

9   **Eine einfache Frage**

11   **PETER BAUSE**
Sie können die Dreigroschenoper heut so spielen,
als wär 1928

21   **MATTHIAS BRENNER**
Wie in einem Museum durch die eigene Zukunft

36   **PETER-MICHAEL DIESTEL**
Make your bets oder Rien ne va plus

50   **GERD VEHRES**
Heißer Stuhl in Budapest

58   **ALICIA GARAY-GARATE**
Cambia todo Cambia – Alles verändert sich

66   **VICTOR GROSSMAN**
Vier Gründe für die DDR

75   **HELLMUTH HENNEBERG**
Für mich ist es fantastisch geworden

84   **NICO HOLLMANN**
Vorwärts in die Vergangenheit

98 **ARNO KIEHL**
Man weiß nie, wie Geschichte läuft

105 **RAINER KIRSCH**
Hoffnung ist nicht Gewissheit

116 **CHRISTA LUFT**
Solche Wunden schmerzen lange,
und die Narben wird man immer spüren

133 **STEFFEN MENSCHING**
Das Doktrinäre ging mir auf die Nerven

149 **FRANK MITTMANN**
Das Rad der Geschichte rollte in die falsche Richtung

158 **WILLIBALD NEBEL**
Da hängt ganz viel Leben dran

177 **GISELA OECHELHAEUSER**
Das kann es noch nicht gewesen sein

182 **ISOLDE PARIS**
Das war klar: Es musste sich was ändern

189 **RONALD PARIS**
Ich habe gehofft, die Idee wird gerettet

196 **MATTHIAS PFAU**
Wir störten die großen Raubvögel nicht

203 **DANIEL RAPOPORT**
Sie waren die fröhlichen Dilettanten

218 **WALFRIEDE SCHMITT**
Hexen, Hexen an die Besen, sonst ist unser Land gewesen

226 **MANFRED STOLPE**
Über Hoffnungen von damals und über Realitäten

242 **HANS-JOCHEN TSCHICHE**
Türen zu öffnen ist gar nicht so schlecht

253 **SIEGFRIED VOGEL**
Gesundheit ist leider ein Geschäft geworden

272 **JUTTA WACHOWIAK**
Entschuldige mal, sind wir jetzt hier im Kafka?

281 **MARIO WALTER**
Das war ein großer Knick in meinem Leben

291 **HANS-ECKARDT WENZEL**
Von oben nach unten sieht man nichts

306 **GERHARD WOLF**
Gemeinsam gelebt und die Zeiten erlebt

Eine einfache Frage

Geschichte und Gegenwart – ständig treffen sie aufeinander in Scharmützeln, Gefechten und Kämpfen. Bestehen auf Rechthaben, Wahrheit und Wahrhaftigkeit. Vergleichen Lug und Trug der Politik. Beanspruchen Wollen und Willen der Bürger – streiten um Erkenntnis, die tauglich ist für Zukunft und gut für Menschen. Ohne Erinnerung geht dabei gar nichts.

Erinnern: Tänzeln über ein Minenfeld. Auch im glücklich gelungenen Fall – gefährlich. Man weiß nie, welche Vorstellung wird sofort in der Luft zerfetzt, welche Bilder bleiben, welche werden überschmiert oder, schlimmer noch, vernichtet und welche werden als Waffe zur Lüge umretuschiert.

Ostmenschen wissen, wie das geht: 25 Jahre lang haben und wurden sie auf die richtige Erinnerung hin trainiert. Mittlerweile trauen etliche DDRler ihrem eigenen Leben nicht mehr so ganz übern Weg. Ein bemerkenswerter Propaganda-Erfolg der neuen Erinnerungs- und Gedenkkultur: Das politisch Zeitgemäße als Erinnerungsimplantat.

Realitätssinn schüttelt sich wie ein nasser Pudel.

Kein Grund zum Heulen, vielleicht aber für verschiedene Blicke zurück – nach einem Vierteljahrhundert.

Nicht alle Menschen gehen das Risiko des Rückblicks ein. Erinnern heißt eben auch Suchen und Vergleichen, führt zu überraschender Antwort. Aus der Distanz und sogar durch Zufall werden Konturen und Kontraste der Bilder im Rückspiegel der Zeit schärfer. Man guckt genauer hin und sieht auf einmal mehr. So oder so oder so.

Eine einfache Frage

»War das die Wende, die wir wollten?« So eine simple Frage, dachte ich anfangs. Bei über fünfzig Personen – sehr bekannte und ganz unbekannte – habe ich angefragt, ob sie mir darauf ihre ureigene Antwort geben wollen, mit zweiundvierzig habe ich gesprochen, siebenundzwanzig sind nun im Buch vertreten. Es ist ausschließlich eine Platzfrage. Alle haben die Interviews autorisiert.

War das die Wende, die wir wollten? Eine einfache Frage – keine einfachen Antworten. Immer eindrucksvolle Begegnungen.

Danke für die Gespräche, Geschichten und Gedanken.

Burga Kalinowski

Sie können die Dreigroschenoper heut so spielen, als wär 1928

PETER BAUSE
Berlin | Schauspieler | Jahrgang 1941

1989 – was war das für eine Zeit?
Es war eine Zeit, von der Werner Finck gesagt hätte: Es gibt Zeiten, da braucht man bloß ein kleines Hämmerchen, haut an die Glocke – und es entsteht ein großer Ton. So war die Zeit 1989 in der DDR.
Künstlerisch hochbefriedigend, Theater oder Kabarett zu machen: Jede aktuelle Anspielung wurde sofort mit großem Spaß und Verständnis vom Publikum aufgenommen. Natürlich begriffen die Leute den Unterschied zwischen »ND« und Wirklichkeit und waren dankbar, dass es, wenn schon nicht im Fernsehen, aber auf der Bühne gesagt wurde. Und das war ein Stück Erfüllung, weswegen man ja auf der Bühne steht.

Sie gehörten damals dem Berliner Ensemble an. Erinnern Sie sich an konkrete Situationen?
Ja. Beispiel: Ein Kollege brachte es fertig, als gerade der »Sputnik« verboten wurde, in der »Dreigroschenoper« aufzuspringen, loszulaufen und zu rufen: Die Polizei kommt. Das war noch Originaltext. Dann sagte er aber weiter: Die Polizei kommt, die

denken, hier wird der »Sputnik« gedruckt. Und was sich dann abspielte, war natürlich höchstes Vergnügen.

Diese Auseinandersetzung mit der Zeit fand auch hinter der Bühne statt?
Selbstverständlich diskutierten wir die Ereignisse, die draußen passierten. So wie überall. Und ich muss noch mal betonen, dass wir im Berliner Ensemble sowieso nie ein Blatt vorn Mund genommen und uns immer frank und frei geäußert haben. Dafür sorgte schon Manfred Wekwerth, unser Intendant. Er hat Fragen und Diskussionen immer sehr befördert. Andere mögen andere Eindrücke haben, ich kann mich nicht beschweren. Mir ging es sehr gut am Berliner Ensemble mit meinen Rollen, mit den Erfolgen – und mit meiner Meinung habe ich auch nicht hinterm Berg gehalten, muss ich schon so sagen. Eine andere Sache ist die Frage nach der Realität. Die wurde immer beklemmender, je mehr Leute das Land verlassen haben. Vor allem junge Leute, wie mein ältester Sohn. Erschreckend, wie die DDR-Führung damit umgegangen ist. Dieser unsägliche Tränen-Satz von Erich Honecker! Er hatte es im Faschismus doch selber erlebt, wie das ist, wenn Familien getrennt werden oder Gewalt herrscht. Und dass die alten Männer das so vergessen konnten und für ihren Machterhalt so strampelten, das war das Erschreckendste. Aber dass es dann so kommt, wie es gekommen ist, das wusste man natürlich nicht.

Hatten Sie das Gefühl, es muss sich was ändern?
Ja.

Hatten Sie eine Vorstellung, was und wie?
Nein. Es war nur dieses Gefühl, dass die Sache nicht mehr stimmte, keine Balance mehr. Deswegen standen auch viele Künstler auf der Barrikade, und die Unterhaltungskünstler waren

uns sogar ein bisschen mit der Initiative voraus. Ich glaube, die Gesellschaftsordnung stand nicht infrage, der Sozialismus sollte ein anderer werden, ein demokratischer und ein offener Sozialismus. Diese Vorstellung hatten wahrscheinlich die meisten DDR-Bürger. Alles andere war irgendwie unvorstellbar. Andererseits war es auch unvorstellbar gewesen, dass Menschen auf die Idee kommen, ein Land zu teilen und eine Stadt abzuriegeln. Wenn ich nicht mehr argumentieren kann, schließe ich die Leute ein.

Haben Sie den Mauerbau in Berlin erlebt?
Nein, ich war Student. Wir hatten Ferien. Ich war in Magdeburg und hab erlebt, wie Mutter und Großmutter vor dem Radio saßen und dachten, jetzt gibt es Krieg.

Dann war der 9. November 89 ...
... eine große Erleichterung. Wir waren mit dem Theater noch im Mai 1989 in Israel gewesen. Als wir uns Jerusalem ansahen, sagte der Reiseleiter im Bus: Und hier nach dem Sechs-Tage-Krieg hat Teddy Kollek, der Bürgermeister, sofort die Mauer geöffnet. Darauf sagte ein Kollege: Das wird Herr Krack – das war der damalige Oberbürgermeister von Ost-Berlin – nie machen. So war die Situation. Es war unvorstellbar und der Mauerfall dann natürlich ein ungeheures Ereignis. Und zunächst dachten wir alle auch, wir könnten weiterarbeiten im DDR-Stil: Für Kultur ist immer Geld da.

Ein Irrtum.
Gewissermaßen. Das hat sich dann leider erledigt, und es bestätigte sich, was wir früher im langweiligen ML-Unterricht an der Hochschule nie hören wollten: wie schlecht der Kapitalismus ist. Da hörte man nicht hin, erst recht nicht, wenn man sich am Vortage die Hacken abgelaufen hatte – nach einem Eimer Farbe zum Beispiel. Hätte man besser hingehört, wäre man nicht über-

rascht gewesen darüber, wie die Dinge dann gelaufen sind. Da es keine Alternative gibt, herrscht der Kapitalismus jetzt wirklich ungeniert. Angefangen mit den Entlassungen bis hin zu den vielen Kriegen, zurzeit ist die Welt außer Rand und Band. Alles ganz ungeniert. Wie man es kannte aus dem Kalten Krieg.

Das BE war oft auf Auslansdgastspielen. Wurden Sie da nach der Grundsituation in der DDR gefragt?
Ja, vor allem natürlich von den Künstlerkollegen, mit denen wir zusammen waren und die sich für die sozialen Bedingungen von uns DDR-Künstlern interessierten. Wenn wir denen von lebenslangen Verträgen erzählten, dass man nicht einfach rausfliegen konnte, nicht monatsweise von einem Engagement zum anderen hupfen musste, sondern in einem beständigen Ensemble künstlerisch wachsen konnte, dann war das für sie entscheidend. Das wollten die wissen. Die DDR stand als Symbol dafür: Wie sicher lebst du. Wie sicher arbeitest du. Und wenn man dann sagte so und so, dann waren die fassungslos. In Westdeutschland haben wir uns aber unter Wert verkauft. Wir haben kaum über die sozialen Errungenschaften gesprochen, die heute so mühsam erkämpft werden wie Ganztagsschule oder Kita. Wir haben überhaupt wenig Partei bezogen für diesen Staat.

Nun ist er weg und die soziale Realität ebenfalls.
Ja, jetzt haben wir die kapitalistische Realität am Hals, Ost wie West. Na gut. Nun muss man für Kultur Sponsoren suchen. Eine kleine Geschichte aus Kanada: Das Berliner Ensemble war von der Universität eingeladen, irgendwann in den achtziger Jahren. Die konnte das aber gar nicht bezahlen und suchte sich also einen Sponsor, den Besitzer einer großen Kaufhauskette. Alles gut. Beim Mittagessen fragte der dann ernsthaft, ob Herr Brecht auch käme. Keine Ahnung, aber Geld. Für uns war neu, dass man selbst Geld besorgen muss, um Kunst zu ermöglichen. Das war ja

hier gar nicht die Frage. Die Entwicklung von Projekten, solange sie nicht staatsfeindlich waren, lief eben. Viele Programme hätten wir nicht erarbeiten können, wenn nicht die Mittel geflossen wären.

Wie schnell kam man in den Geruch der Staatsfeindlichkeit?
Kann ich Ihnen nicht erklären.

Waren Sie in einer Partei?
Nein, in keiner.

Hatten Sie dadurch Nachteile?
Nein, ich kann das nicht bestätigen. Ich hatte gute Arbeit und konnte normal arbeiten. Im Nachhinein stellte man aber doch fest, dass vor allem in den Stadttheatern manchmal Familien engagiert wurden, bei denen beide in der Partei waren. Das waren Ungerechtigkeiten, die uns begegneten, denn um in ein Ensemble zu kommen, egal welcher Art, gab es doch große Rangeleien auf dem freien Markt.

Freier Markt in der DDR?
Ja, meine Frau beispielsweise war freischaffend. Es gab eine Menge freischaffender Kollegen: im Fernsehen oder Synchron oder Rundfunk, bei Bühne und Film. Zum Schluss gab es sogar Überlegungen, für freie Schauspieler, die in keinem Betrieb waren und keinen bezahlten Urlaub hatten, also für diese Kollegen Urlaub gesetzlich zu regeln. Das wollte oder sollte dann die Gewerkschaft bezahlen. Ebenfalls am Ende der DDR gab es noch Pläne, dass die weiterhin arbeitenden Rentner vom Kulturministerium übernommen werden sollten. Dadurch wären an den Theatern Stellen frei geworden für junge Leute, ohne dass man älteren Kollegen hätte kündigen müssen.

Eine sehr soziale Idee.
Kam nie zur Ausführung. Aber die Überlegung gab's.

Wie ging es nach der Wende weiter?
Wir wurden rausgeschmissen. Ruckzuck. Zunächst wurden die Verträge erst mal umgewandelt, d.h. sie wurden aufgelöst und gingen in andere Verträge über, solo hieß das wohl, fragen Sie mich jetzt nicht genau. Jedenfalls unterschrieben wir das alles ohne Arg. Wir wussten ja nicht, was damit beabsichtigt wurde.

Sie waren naiv.
Ja, das wäre der freundliche Ausdruck, etwas naiv. Was uns auch ein bisschen verblendete hat, war die Erhöhung der Gagen. Dadurch war die Handhabe gegeben, Kollegen, die unter fünfzehn Jahre am Theater waren, gleich zu entlassen. Die anderen wurden dann ausbezahlt. Mit Speck fängt man Mäuse – Geld spielte keine Rolle.

Hauptsache weg.
Darum ging es. Warum die sich gerade am Berliner Ensemble so vergriffen haben, ist mir bis heute ein Rätsel. Ich habe Wekwerth gefragt vor ein paar Jahren: Na ja, sagte er, es war eine politische Entscheidung. Neulich meinte ein Kollege, die müssen alle darauf gelauert haben, das berühmte Berliner Ensemble zu übernehmen und gnadenlos fertigzumachen.

Was passierte mit Ihnen – nun ein Schauspieler ohne Bühne?
So traurig, wie es klingt: Für mich kam die Wende passend. Ich war im blendenden Mannesalter, Ende vierzig, und musste, konnte neu anfangen. Nun kamen auch die Rollen, mit denen ich am BE nicht besetzt worden wäre: Lear, Wallenstein, Hauptmann von Köpenick. Für mich bedeutete die Wende tatsächlich einen Wendepunkt und künstlerische Weiterentwicklung.

Und mit meinen fünfzehn Jahren Brecht-Theater war man auch handwerklich so weit, dass ich bis heute von den Erfahrungen zehre, von der Einstellung, vom Spielen. Im Nachhinein muss ich sagen, dass auch die befristeten Verträge sozusagen ein Segen sind: Man muss sich niemandem unterwerfen. Bloß weil ich am Staatstheater Stuttgart bin, bin ich nicht gezwungen, mich nackend auszuziehen, damit ich im Vertrag bleibe in irgendwelchen Stücken. Das braucht man alles nicht. Irgendwann ist dann Schluss – und es beginnt was Neues. Und das ist spannend.

Für Ost-Künstler neu.
Ja, und sicher war es nicht immer einfach. Wir kamen alle aus Ensembles. Wir kannten uns. Wir wussten, wie effektiv es ist, im Ensemble zu proben. Weil man weiß, was der kann, man muss sich nicht belauern, was macht der?, wie spielt der? usw., sondern es war kameradschaftliche Zusammenarbeit für eine gesamte Ensemble-Leistung. Das Berliner Ensemble hat auch deshalb Weltleistungen vollbracht. Dass wir immer versucht haben, das denen im Westen zu erklären, war verlorene Zeit. Heute ist das alles zugeschüttet, es hat sich alles erledigt. Man darf aber nicht vergessen, dass wir natürlich mit einem großen Schatz an Wissen und, ich wiederhole mich, auch an Können in diese neue Welt getreten sind. Und wenn man Glück hatte – und dazu rechne ich mich –, ging's auf. Viele sind mit ihrem Können versackt und nicht mehr da und auch zerbrochen.

Kennen Sie Beispiele?
Ich könnte jetzt Namen aufzählen, die nicht mehr auftauchen, von der Herzlosigkeit erzählen und von der Interessenlosigkeit, mit der man so zu tun bekam. Ich meine, dass Wolf Kaiser aus dem Fenster sprang, hatte ja Gründe und nicht nur mit dem Asthma zu tun. Für Kaiser, da waren wir alle schon nicht

mehr da, haben sie zwar eine Geburtstagsfeier gemacht, aber keiner hat gesagt: Mensch, Kaiser, machen Sie noch mal die alten Brechtlieder und treten auf. Nee, war nicht.

Dagegen diese Geschichte: Erika Pelikowsky war schon todkrank, probierte aber noch ein Einpersonenstück. Zu ihrem Geburtstag versammelten wir uns alle im Foyer im BE und Wekwerth hielt eine Rede auf diese todkranke Frau, die jeden Tag probte, und jeder wusste, das wird nie was. Aber Wekwerth überreichte ihr eine Karte mit dem Datum der Premiere. Bis dahin bist du wieder gesund, sagte er. Vier Tage später ist sie gestorben. Man kann schon sagen, es waren andere Verhältnisse.

Wo spielen Sie heute?
Beim Tourneeunternehmen Landgraf. Das größte in Europa. Wo wir seit 1993/94 arbeiten und dort auch Brecht machen mit unserer Wanderbühne. Das kommt an wie verrückt. Immer ausverkauft.

Wanderbühne. Das klingt so wie ganz früher, als Theater anfing.
Tourneetheater sind eben so – von Ort zu Ort. In dem Eurostudio ist natürlich alles hochqualifiziert. Wir leben in guten Hotels, wir spielen gute Stücke, und wir spielen auf guten Bühnen, die nun nicht mehr bespielt werden von festen Ensembles. Die Bühnenhäuser bestehen zwar noch, aber die Ensembles existieren nicht mehr.

Was machen Sie zur Zeit?
Zur Zeit probe ich am Stuttgarter Schauspiel für das Stück »Jeder stirbt für sich allein« nach dem Roman von Hans Fallada. In dieser Geschichte aus der Nazizeit spielen meine Frau, Hellena Büttner, und ich das Ehepaar Otto und Anna Quangel, die ihren Sohn im Krieg verloren haben und mit einfachen Mitteln gegen das NS-Regime kämpfen. Eine bewegende und mahnende

Geschichte. Das authentische Ehepaar Otto und Elise Hampel wurde 1943 von den Nazis in Plötzensee hingerichtet. Mit dem Stück werden wir auch auf Tournee gehen. Erwähnen möchte ich unbedingt das Stück »Judenbank«, das erfolgreich in den Hamburger Kammerspielen gelaufen ist.

Sie sind zufrieden?
In der Hinsicht sehen Sie mich sehr, ach, das kann man ruhig mal sagen in dem Alter, eigentlich sehr zufrieden und sehr optimistisch. Nur wenn ich auf die Welt gucke, erschrecke ich, weil man doch um die andere Lebenssache betrogen wurde: Ich hab gedacht, vielleicht Sie auch, dass nach der Wende der Kalte Krieg aufhört und die Welt in Frieden lebt. Und dass das nicht geht, das ist die große Enttäuschung des Lebens.

Das war Ihre Erwartung an die Wende?
Ja, die Friedenserwartung. Die Friedenserwartung oder, wie Brecht meinte, dass der Mensch dem Menschen gut sein soll. Dass das nicht geht im Kapitalismus war zu befürchten, aber dass er so ungeniert auftritt, so ungeniert ...! Diese vielen Entlassungen zu Tausenden, die es in den Neunzigern gab, ich meine in Westdeutschland, in der Bundesrepublik in der alten, das hätte man sich früher nicht getraut angesichts des anderen deutschen Staates.

Weil es in sozialen Fragen ein bisschen anders zuging?
Ja. Und dass das jetzt alles verteufelt wird, das tut weh. Trotzdem muss ich sagen, die blühenden Landschaften, von denen Kohl gesprochen hat, sie sind für mich da, die blühenden Landschaften, aber es fehlt so vieles dazwischen – an Arbeit, an Menschlichkeit, an Verständnis. Es ist viel verloren gegangen.

Was nehmen Sie der DDR übel?
Tja, was nehm ich ihr übel? Ich nehme ihr übel, dass man – heute klingt das so lächerlich – nicht reisen durfte. Heute entscheidet das Geld. Man kann keinen mehr verantwortlich machen.

Was nehmen Sie dem neuen Deutschland übel?
Dass sie das BE geschlossen haben, das nehme ich ihnen übel, und dass sie uns oft nicht gut behandelt haben. Die Menschen haben nicht verdient, dass man sie so nackt stehen lässt. Es ist eine nackte Zeit – Stücke von Brecht können wir heute nahtlos spielen. Sie können die Dreigroschenoper mit ihrer Armut und mit ihrer Korruption heute so spielen, als wär 1928. Das nehme ich übel.

Was möchte Sie als Schauspieler noch machen?
Der große Traum für mich bleibt immer und immer noch, einen großen Brecht-Abend zu machen, noch mal die Lieder zu singen und die Texte zu sprechen, die uns heute noch was zu sagen haben.

Das ist eine Menge Wahrheit.
Ja. Und sie wird mit jedem Tag aktueller.

Wie in einem Museum
durch die eigene Zukunft

MATTHIAS BRENNER
Berlin | Schauspieler und Regisseur,
seit 2011 Intendant des Neuen Theaters Halle | Jahrgang 1957

In der Theaterstadt Meinigen geboren, beide Eltern Schauspieler –
Sie lernten Dreher?
Manchmal nimmt man einen längeren Anlauf und schlägt eben
einen Bogen. Ich machte Abitur mit Berufsausbildung, ging
dann zum Grundwehrdienst bei der Nationalen Volksarmee und
anschließend von 1979 bis 1982 an die Schauspielschule Berlin,
heute »Ernst Busch«.

Theater und Wende gehören für Sie zusammen. Wie fing es an?
Für mich schon damals beim Studium in Berlin. Ich wollte diese
Stadt aufsaugen, und natürlich wollte ich mich irgendwie »ein-
berlinern«. Holger Mahlich, damals Schauspieler am Berliner
Ensemble, wusste eine Wohnung. Ihn kannte ich vom BE, wo wir
in dieser legendären Inszenierung »Blaue Pferde auf rotem Gras«
von Michael Schatrow die erste Studententruppe waren, die die
Komsomolzen spielte. Ein Experiment mit Schauspielstudenten
in der Regie von Christoph Schroth. Mit Holger Mahlich bin ich

also in die Linienstraße gefahren, in irgendein dunkles Haus in der Nähe des Koppenplatzes im heruntergekommenen Scheunenviertel!

Heute eine begehrte und teure Ecke.
Ja, kein Vergleich mehr. Dann klingelten wir bei einer Frau Lubberich, und Mahlich sagte:»Das ist der Student.« Dann sah ich mir die Dachwohnung an, und es waren nicht mal Dielen drin. Natürlich war mir das egal, das war halt so. Frau Lubberich sagte, gehen Sie zur Polizei, sagen Sie die Adresse und meinen Namen. Ich bin zu den Bullen, und die fragten:»Aha, und da wohnen Sie jetzt?« Ich sagte Ja, und der guckte mich irgendwie mit wissenden Augen an, trug die Adresse ein in den Personalausweis, gab mir den Stempel und das war für mich sozusagen die Greencard für Berlin. Später erfuhr ich irgendwann, dass das Haus der Treuhand gehörte ... Vom Schrottplatz holten wir eine Badewanne und bauten die ein – es war abenteuerlich. Diese Ereignisse fielen genau in die spannende Zeit Anfang der Achtziger. Die Stimmung im Land war eher auf Umbruch aus als auf Stagnation.

So ein Grundgefühl hat immer auch mit Menschen und Ereignissen zu tun.
Natürlich. Sehen Sie sich die Jahre an: 1980, 81, 82, da begann die Aktion Schwerter zu Pflugscharen, Proteste gegen Pershing und SS20-Atomraketen, die Polenkrise und Jaruzelski. Auf der einen Seite die »Hilfskonvois aus der DDR für die polnische Bevölkerung gegen die Konterrevolution« – und auf der anderen Seite Nachdenken darüber, ob und was hier im eigenen Lande an Reformen möglich wäre. Ich war in meiner früheren Jugend alles andere als ein Widerstandskämpfer, und mein Gehirn bildete sich politisch nur sehr allmählich aus. Das hatte mit vielen Begegnungen mit Menschen zu tun, nichts mit Zeitungen und Literatur. Das war nicht mein Stil. Es waren Begegnugen mit Per-

sönlichkeiten wie Kurt Veth, Dozent an der Schauspielschule. Er war für mich eines der zentralen »Nutze-Es-Aus-Gehirne« – nie wieder habe ich jemanden erlebt, der so ein enzyklopädisches Denken und Wissen hatte wie er. Man sagte »Martin Luther« und los ging's, man sagte »Clara Zetkin« – los ging's. Es sprudelte nur so aus ihm heraus. Oder »Spanienkrieg«, »Hemingway« oder »Gottfried Benn« – man erfuhr einfach enorm viel. In seinem Hirn konnte man damals schon »googeln«! Später sind ihm, glaube ich, wohl Stasi-Vorwürfe gemacht worden, als er während der Wende letzter Rektor des alten System war. Aber jeder, den ich sehe oder treffe, der ihn kannte – der Name Kurt Veth zaubert allen ein Lächeln aufs Gesicht! Das ist halt ein weitwinkliger Mensch gewesen, der unsere Geschichten mit geschrieben hat. Zu diesem Kreis gehörte für mich Karl Mickel, auch ein Dozent, und das alles war für mich sozusagen: Wow! Ich war glücklich, in dieser Stadt zu sein.

Trotz der Mauer?
Ja – die Mauer war spannend, so absurd das jetzt klingt, aber sie hatte eine, ich will sagen, voyeuristische Spannung, von der wir alle auch ein bisschen lebten. Wir kannten ja sehr viele Westberliner durch unseren Beruf, die kamen mit ihren Pässen rüber und bevölkerten unsere Theaterklubs. Wir hatten sozusagen immer den leicht sinnlichen Kontakt zum gelobten Land. Denen gegenüber war ich einer der kritischsten Menschen, weil ich meine Erfahrungen mit ihnen selber machen wollte. Mich hat damals Heiner Müllers Satz sehr berührt: »Wie soll ich mir eine Weltanschauung aneignen, wenn ich mir die Welt nicht anschauen kann?« Es gibt so Sätze, die hauen rein. Und die lassen dich nicht los. Das brachte mich ins Grübeln. Obwohl ich durch meine Erziehung, negativ ausgedrückt, ein eher »staatsnaher« Bursche war. Ich war auch, seit ich 16 war und bis in die Mitte der achtziger Jahre, in der Partei. Ich gehörte zu jenen mei-

ner Generation, die meinten, wenn man verändern will, muss man teilnehmen, muss man nach innen reingehen. Dass das im Grunde unmöglich war, gestand ich mir nur sehr zögerlich und langsam ein. Das brachte mich in Auseinandersetzungen, verunsicherte mich, ließ mich anecken.

Sie waren ein Geradezu-Mensch.
Kann man so sagen. Na, wie auch immer, ich will die Menschen ins Zentrum rücken, das ist für mich die Prägung: die Begegnung mit Karl Mickel, Christian Grashof, unserem Schauspielprofessor Rudolf Penka, Gertrud Elisabeth Zillmer auf der einen Seite – und es gab andererseits eben auch Hans-Peter Minetti, den Rektor. Er war für mich ein ausgezeichneter Schauspieler, Künstler. Und dennoch, er war ein völlig verwerflich denkender, ideologisierter Mensch. Das war schwierig. Jene Erstgenannten halte ich für meine künstlerisch-seelischen Eltern. Sie haben mir das Gefühl gegeben, dass mein Rückgrat stark genug ist, mit meiner Meinung nicht hinter dem Berg zu halten, auch wenn sie dieser Meinung oft nicht waren. Ich hatte nie das Gefühl, sie wollen mein Denken zerstören. Dadurch konnte ich auch dem Hans-Peter Minetti meinen ganz persönlichen Widerstand entgegensetzen und hab mich damals entschieden, seiner »Einladung« in seine »Meisterklasse« an das »Theater im Palast« nicht zu folgen. Man sagte mir, du musst nach Annaberg-Buchholz gehen. Die haben gerade das Theater völlig neu rekonstruiert. Um es kurz zu machen: sechs, sieben meiner Kommilitonen, noch drei, vier aus Rostock und ein paar Regisseure und Dramaturgen – wir sind mit einem Schlag dahin gegangen.

Eine Invasion gewissermaßen.
So ähnlich. Jedenfalls war das eine großartige Zeit, eine ganz tolle Theaterzeit, wie eine Verlängerung des Studiums. Etwas bauernschlau habe ich dann zugelangt und bin unter anderem zum

Dietmar Keller gegangen, das war der stellvertretende Kulturminister, ein sehr umgänglicher Mensch, der in dieser schwierigen Funktion immer auch Kulturminister der Menschen war und nicht nur des Staates. Der genehmigte uns ein sogenanntes Absolventenprojekt mit Fechtunterricht und Reiten, weil es dort eine berittene Natur-Bühne gibt, die Freilichtbühne Greifensteine – und das kriegten wir alles zu Füßen gelegt.

Das klingt ideal.
Das war ideal. Das war eine ganz großartige Zeit, in der wir die Sparte des Schauspiels in Eigenregie leiten konnten. Das hatte der damalige Intendant, nach mehreren Versuchen es anders zu sehen, uns dann doch überlassen. Kein Toben im Jugendwahn – wir haben das eher seriös gemacht, nach unseren Überzeugungen.

Von welcher Zeit sprechen wir?
Wir sprechen jetzt von 1985. Drei Jahre waren wir dort in Annaberg-Buchholz.

Im weiten Vorfeld der Wende 1989.
Genau. Aber es gehört zu meiner Wendeerfahrung. Die Annaberger Zeit ist für mich vor allem die Auseinandersetzung auch mit dem NATO-Doppelbeschluss, also wie ging man damit um. Ich fand es toll, dass der damalige Oberspielleiter Wolfgang Amberger immerhin der Einzige war, der offen sagte: Ich unterschreibe nicht, dass ich die Stationierung von SS-20 Raketen in der DDR gut finde. Er fand es furchtbar.

Diese Zeit in dieser Buntheit – üblicherweise ist die Rede mehr von grau, repressiv und vor allen Dingen nicht so differenziert wie Sie es gelebt haben.
Mag sein. Bis jetzt ist das Werk mir noch nicht begegnet, das die Zeit und ihr geistiges Klima tatsächlich wiedergibt. Bis jetzt

ist mir auch noch nichts begegnet, was die Verhältnisse ehrlich wiedergibt. Es ist vielleicht schwer, weil in schnelllebigen Zeiten oder in brüchigen – wir merken das ja auch jetzt – schnell simplifiziert wird. Ich muss feststellen, dass sich heute vieles von dem wiederholt, was ich damals vom Innersten meiner Seele heraus zu bekämpfen suchte!

Die Annaberg-Buchholz-Zeit, das war für mich noch pure, ungebrochene, ja gläubige Lust, diesen Beruf weiter zu erlernen. Wir haben dort gelernt, uns in die Stadt zu infiltrieren. Das war mir wichtig, dass man das Publikum nicht nur im Zuschauerraum trifft, sondern auch am Kneipentisch hat oder auf der Straße – bereit zur Auseinandersetzung.

Ich hoffe, Sie hatten Ihr Publikum auch im Theater?

Ja, das Theater war voll. Das ist keine Verklärung. Man muss wissen: Wir haben dort Dürrenmatts Übersetzung von Shakespeares König Johann gemacht. Wir haben dort die Holländerbraut gemacht von Erwin Strittmatter, was ja äußerst umstritten war und heute auch noch wäre. An sich ein Stoff, der sich um die Befriedung nach der Nazizeit kümmert. Angelika Heimlich hat diese Aufführung gemacht, Axel Richter war bei uns, Joachim Siebenschuh vom Theater der Freundschaft in Berlin – man muss sich das so vorstellen: Wir hatten die Leitung und haben uns Regisseure gesucht, die Bock hatten, mit uns da unten was zu machen. Das muss ich meinem Ex-Intendanten lassen, er ließ uns machen. Was das bedeutet hat, ist mir jetzt klar, wo ich selbst Intendant bin – wir waren ja auch Großschnauzen, wir kamen aus Berlin, wussten alles besser und wollten uns ja nur mal kurz in Annaberg umsehen und dann weiter. Natürlich wollten wir alle an die Volksbühne nach Berlin – oder sonstwohin. Es ist bei mir und einigen anderen ganz, ganz anders ausgegangen. Nicht unbedingt schlecht, aber eben anders. Aber vielleicht noch mal kurz zu diesen Jahren zurück, weil wir von Buntheit sprachen.

Das hat was damit zu tun, dass wir natürlich zu der Generation gehören, der indirekten Nachkriegsgeneration, die die Urbegründung, warum sich so eine Gesellschaft, so ein neues Land entwickeln wollte und sollte, für sich noch seelisch und intellektuell nachvollziehen konnte. Die Vision einer menschlicheren Gesellschaft nach diesem Vernichtungskrieg – das war uns doch nahe. Aber wir gehörten auch zu denen, denen beim Aufwachsen die Zweifel daran zu schaffen machten.

Was hat Sie von Annaberg nach Erfurt gebracht?
Als wir das Theater übernommen hatten in Annaberg, war klar: a) Wir wollen hier nach drei Jahren spätestens wieder weg und b) Wie machen wir das? Am besten, wir machen so was wie ein Intendantenvorspiel. Wir luden die halbe DDR ein, die Intendanten: Kommen Sie, gucken Sie und nehmen sich dann mit, wen Sie wollen! Nun kamen tatsächlich viele, und wir mussten sie unterbringen. Da war auf irgendeinem Berg dort eine Jugendherberge, eine, ich würde mal sagen, Unterkunft auf eher unterem Übernachtungsniveau. Wir haben einen Bus organisiert und sind mit denen nach dem ersten Abend in Annaberg auf den Berg, haben die Gitarren ausgepackt und Wein und Käse auch – haben gesungen und geredet, gelacht und getanzt. Wir haben das im Prinzip als verlängerten Partyraum genommen mit anschließenden Betten. Da war eben auch Ekkehard Kiesewetter dabei aus Erfurt. Für mich eine der wertvollsten menschlichen Begegnungen auf dem Jahrmarkt der Eitelkeiten. Also Kiesewetter, der Paasch aus Meiningen, der alte Müller aus Eisenach, aber nicht nur die Thüringer Ecke, es waren auch andere da, klar. Und man kann sagen, wir gingen an diesem Wochenende weg wie warme Semmeln. Es hat geklappt. Ich hatte also ein Meininger und ein Erfurter Angebot. Selbstbewusst, wie ich war, wartete ich aber noch ein Vorspiel am Berliner Ensemble ab, was ich für die halbe Annaberger Mannschaft initiiert und organisiert hatte.

Zwei haben sie genommen, aber eben nicht mich. Ich war fix und fertig.

Reingefallen, und nun?
Am nächsten Morgen lief ich von zu Hause in Berlin zur S-Bahn, und da kommt mir, wie aus heiterem Himmel, Ekkehard Kiesewetter entgegen.

Da denkt man doch an Schicksal.
Ja. Und wie! Der guckt mich so an, stellt seine zwei Koffer ab und breitet die Arme aus – und ich rufe über die Straße: »Ich komme!« – so kam ich nach Erfurt. Ich erzähle das sehr ausführlich, weil: Wenn Annaberg-Buchholz theatermäßig der Frühling war, wo man aufbricht, dann war Erfurt für mich der Theatersommer, anregend, inspirierend. Das hat mit Ekkehard Kiesewetter zu tun, Chef vom Erfurter Schauspiel und ein fairer Ermöglicher.

Wie begann nun Ihr Theatersommer?
Mein erstes Projekt war eine Aneinanderreihung von Ungehorsamkeiten – Texte und Songs von Wenzel, Mühsam, Kramer, Benn. Wir nannten es »Diesseits-Story«, weil in Erfurt die »West Side Story« in der DDR-Erstaufführung lief, »Diesseits-Story oder Wenn Mutti früh zur Arbeit geht«. Das schlug damals ein wie eine Bombe. Ich hatte das Gefühl, die haben wirklich auf uns gewartet – auf solche Sachen, die ihnen auch richtig Schwierigkeiten machen könnten. Bodo Witte war immerhin Mitglied der Bezirksleitung der SED und schien mir aber doch mehr Intendant von uns zu sein! Der nutzte seine Position, hatte ich das Gefühl, für uns aus. Und Ekkehard Kiesewetter hatte es auch nicht leicht mit der Partei, kriegte öfter eine aufs Maul. Er hielt das aus und wusste ganz genau, dass wir bei diesen »Spielchen« seine echten Verbündeten waren.

Trotz der Spielchen – produktiv?
Ja, Erfurt ermöglichte mir zu inszenieren, verschiedene Sachen.
Ich hab dort angefangen mit »Ur-Faust«, »Sommernachtstraum«,
»Der Selbstmörder« von Nikolai Erdman – also die haben mich
an die große Bühne gelassen. Gleichzeitig habe ich im damaligen Pionier- und Jugendtheater auf dem Petersberg in der
Nähe der Severikirche gearbeitet. Die machten dort richtig tolle
inhaltliche Arbeit. Die arbeiteten gerade an Wedekinds »Früh-
lings Erwachen« mit 14-Jährigen. Das war großartig, und ich
hab sofort dort angedockt, und zusammen mit meinem Kollegen Karl-Heinz Krause und der dortigen Chefin Renate Lichnok
haben wir »Emil und die Detektive« von Kästner gemeinsam mit
unseren Schauspielern bei uns am Haus rausgebracht. Wenn
ich an die Wende denke, dann unbedingt daran, dass wir aus
jenem Ensemble des Pioniertheaters, als es die DDR nicht mehr
gab, »Die Schotte« gegründet haben. Da war eine alte, stillge-
legte Schule mitten in der Stadt, die wir besetzten. Das ist heute,
nach der Schließung des Schauspielhauses, das einzige »Quasi-
Schauspielensemble« in der Landeshauptstadt Thüringens. Das
ist meine Spur in Erfurt und eine ganz besondere Geschichte für
mich.

*Diese Zeit bestand fast nur noch aus einzelnen Geschichten. Dach-
ten Sie, hier noch was machen zu können?*
Natürlich. Ich konnte mir sehr viel vorstellen. Und ich hatte
immer das Gefühl, ich werde gebraucht und ich bin gemeint.
Also ich muss mich nicht irgendwo durchwursteln. Ich rede
heute aus dieser Sicht und nicht für jemanden, der verfolgt und
geächtet war, denn so weit ging es bei mir nicht. Ich bin natürlich an Grenzen gegangen, manchmal auch drüber hinausge-
schossen, aber letztendlich – und das habe ich später in meinen
Akten lesen können – gab es sehr viele Menschen, die sich da vor
mich gestellt haben, damit mir nichts passierte. Natürlich waren

wir der Meinung, mit Anspruch Theater machen, um die Gesellschaft zu verändern, nicht nur zu kommentieren.

Nicht nur theoretisch, sondern im normalen Theateralltag?
Ja, das war irre, da von der Bühne herab übers Land zu reflektieren. Eines Tages fand das seinen Gipfel mit Christoph Hein. Fast zeitgleich mit den Dresdner Kollegen spielten wir 1989 sein neues Stück »Die Ritter der Tafelrunde«. Ich spielte den König Artus, und an jenem Tag, dessen Datum ich gleich sage, passierte diese Geschichte: Ich betrete am Anfang vom zweiten Akt die Szene, der Abend läuft, die Hütte ist unglaublich voll. Ich betrete also die Szene und sage zu meinem Ideologen, ich meine die Rolle: Na, wie geht es dir? Ideologe / Mielke: Na, es geht so. Mir geht es ganz gut. Aber, was ist da draußen in der Bevölkerung? Jeschute hat sich auf den Stuhl des Auserwählten gesetzt. Aha? – Da gab es ein Ahh und Lacher im Publikum. Den Lacher konnte ich nicht einordnen. Der Zusammenhang, der sich offensichtlich für die Zuschauer herstellte, war mir nicht klar. Dann sagte ich: Aber Jeschute kann doch nicht der Auserwählte sein? ... Lacher ... Der, auf den wir so lange warten? ... Lacher. Applaus. Stehende Ovationen. Und ich dachte: Was ist denn jetzt passiert? Jetzt haben wir's nicht mehr in der Hand. Irgendwas ist hier, was wir nicht wissen. Ich hab keine Ahnung. Wir spielten die Szene also zu Ende. Es dauerte ewig – wegen der heftigen Zuschauerreaktionen. Es wurde nach jedem Satz im Publikum getrommelt. Nach der Szene fragte ich meinen Kollegen – und dann war es klar: Honecker war zurückgetreten und Krenz saß nun auf dem »Thron«. Das war am 17. Oktober 1989 in Erfurt. Das gehörte alles dazu.

Das vergisst man nicht.
Ach, diese Zeit ... das war die Zeit, in der man schon berufliches Können in sich akkumuliert hatte, Erfahrung. Eine Zeit auch der politischen Brisanz und der direkten Verantwortung.

In Ihrer Geschichte fallen Bühne und Wirklichkeit sehr exemplarisch zusammen. Welche Erwartungen entstehen dann?
Dazu muss ich in diese Herbst-Zeit zurückgehen und über fünf Termine sprechen, die zu den Erwartungen gehören: Der 10. September 1989, die Öffnung der grünen Grenze in Ungarn. Der nächste große Termin für mich war der 9. Oktober, ein Montag, die Demonstration in Leipzig, und ich konnte nicht hinfahren. Ich hatte Vorstellung, und es muss schon eine Menge passieren, ehe ich eine Vorstellung schmeiße. Null Uhr kam eine Meldung im Radio: Großdemonstration in Leipzig von etwa 60- bis 70-tausend Leuten friedlich zu Ende gegangen. Dann klopft's früh um fünf an die Tür. Ein Freund kommt aus Leipzig und erzählt aufgeregt, wie sich alles zugetragen hat. Erzählt von der Masur-Aktion, von Militär, das sich zurückgezogen habe. Trotzdem kamen dann die besten Geschichten zustande. Und die tollste Zeit war, schätze ich, zwischen dem 19. Oktober und dem 9. November. Ist nicht viel Zeit gewesen, aber es war die spannendste Zeit der Entideologisierung. Zeitungen und TV, die Massenmedien, der Umgang miteinander, die Debatten waren die interessantesten, die vielleicht in der moderneren Politik weltweit gelaufen sind. Das war eine Zeit der großen Hoffnungen, doch etwas ausrichten zu können in dieser Welt. Der 4. November dann der emotionale Höhepunkt. Das war, glaube ich, unser aller Irrtum, weil wir da schon ernteten und hatten eigentlich noch gar nichts gesät.

Am 4. November saßen Sie ja auch in Erfurt fest.
Ich saß in Erfurt vor einem ganz kleinen Fernseher, »Junost«, weil ich auch an jenem Abend Vorstellung hatte, und habe die ganze Veranstaltung neidvoll mit angesehen, denn ich hatte ja auch eine gehörige Menge Freunde sprechen hören, wie Christoph Hein und Johanna Schall. Für mich war der Höhepunkt die nüchternen Worte von Heiner Müller, der einfach ein Papier von Gewerkschaftern verlas und sich nicht auf die Euphorie drauf-

setzte, sondern darüber sprach, was in einem halben Jahr los sein wird: Marktwirtschaft. Arbeitslosigkeit. Trotzdem ließ ich mir die Euphorie damals vor dem kleinen Junost nicht nehmen. Der 9. November dann – das ist so bizarr gewesen. Es ist das schönste Erinnerungs-Foto Deutschlands, weil jeder erzählen kann, wie er vom Mauerfall erfahren hat. Ich fülle folgende Stelle auf dem Foto aus: Nach einem heftigen politischen Streit trank ich mit einem Kollegen ein Versöhnungsbier, wir philosophierten über die Lage, z. B. wann die Mauer wohl aufgemacht wird und wie. Wir waren uns einig: Das wird ein ganz schlimmes Chaos. Am Ende waren wir betrunken und gingen nach Hause. Ich wohnte als Single mit ein paar Kollegen in einem Wohnheim des Theaters. Um acht wieder aufgestanden, Probe vorbereiten für den »Selbstmörder«. Da kommt mir meine Kollegin Suse Hoss entgegen und sagt: »Matthias, alles klar?« – »Ja«, sage ich, »wieso?« Sie macht ihre Tür auf, und da sah ich in ihrem Fernseher, wie die Menschen mit den Beinen auf der Mauer baumelten. Mein erster Satz: »Ich geh jetzt erst mal Zähneputzen.« Dann habe ich ungefähr eine Stunde apathisch vor diesem Fernseher gesessen und mir angeguckt, was da passiert ist über Nacht. Dachte noch, was wir gestern für einen Mist geredet haben. Habe dann zwei, drei Flaschen Sekt gekauft, bin ins Theater und habe allen eine Woche frei gegeben: Eine Woche und dann seid ihr alle wieder pünktlich hier. Und wer in den Westen abhaut, der kommt nie wieder zurück, habe ich noch gesagt.

Wie viele blieben weg?
Niemand, musste ja keiner mehr. Wir haben die Aufführung zu Ende gebracht. Ich war natürlich auch bewegt von dem Moment, das ist doch klar, aber gleichzeitig war in mir Enttäuschung, weil ich wusste – wie heißt es bei Schiller?: »Die schönen Tage von Aranjuez sind nun vorüber.« Ich fand's nur schade, weil – das war so eine geile Zeit. Die war nun vorbei. Ein paar Tage

später fand man sich dann schon in der Realität wieder: Kohls
»Zehn-Punkte-Programm«, die ersten Wiedervereinigungs-
apostel, SED-PDS-Lustgartenveranstaltung, die schon keiner
mehr wahrgenommen hat, und die Trabischlangen, die sich zum
Begrüßungsgeld einfanden. Das war für mich eines der demü-
tigendsten Bilder, also ich fand das traurig. Willy Brandt kam
nach Erfurt. Helmut Kohl hielt auch 'ne Rede.

Ist er dort nicht beworfen worden?
Nö, das mit den Eiern war in Halle, einige Monate später. Die
Hallenser sagen, das war unser letztes großes politisches Ereignis.
Aber es gab schöne und aberwitzige und groteske Szenen in diesem Chaos. Beispiel: Meine Stammkneipe »Erholung«. Wir sind
etwa in der Weihnachtszeit 1989, ein Bekannter kommt in die
Kneipe – völlig derangiert, hier ein Pflaster, da eines und die Hand
verbunden. »Was war denn?« – »Ich hab Bratwurst verkauft.« –
»Wo denn?« – »Auf dem Domplatz.« Das war passiert: Schlaue
Händler aus den alten Ländern verkauften die Bratwürste-West
für sieben Ost-Mark – er stellte sich daneben mit Thüringer Brat-
würsten für 95 Pfennige. Da haben die Händler ihm ein paar auf
die Fresse gehauen, weil sie seine Ironie nicht vertragen haben.
Man konnte sich in jener Zeit auf dem Marktplatz sofort ein Auto
kaufen und musste nichts bezahlen – erst ein halbes Jahr später,
wenn die D-Mark da wäre. Da wurden ganz merkwürdige Verträge
gemacht und Leute gewissenlos in Schulden gestürzt, die überhaupt nicht wissen konnten, was ihnen passiert.

Rollback mit Bananen und alten Mercedessen.
Und dann die ersehnte D-Mark! Die Währungsumstellung am
1. Juli 1990 ist etwas, was ich in meinem Leben nicht vergessen
werde. Ich fand es nicht verwerflich, aber dennoch schade, dass
das alles gewesen sein sollte: Geld. Geld hatte in meiner seelischen Prägung bisher nicht die Hauptrolle gespielt. Aber der west-

liche Wohlstand war nun mal die Sehnsucht der meisten Leute! Jedenfalls bin ich an diesem Sonntagvormittag hingegangen zur Sparkasse, wie alle anderen auch, mein Geld umtauschen. Irgendwie war alles ganz normal und ruhig, obwohl die Stadt überfüllt war, logischerweise. Aber irgendwas war anders, ich hatte es noch nicht erfasst, war noch zu sehr mit mir beschäftigt. Dann tauschte ich mein Geld um und ging raus. Da war so eine kleine Treppe am Ausgang der Sparkasse, von der man über den gesamten Anger und diese Straßenbahnstraße gucken konnte, und da fiel's mir auf: Ich hörte mein eigenes Wort. Es sprach niemand. Es schwieg alles. Die hielten alle die Schnauze jetzt in dieser Straße. Höchstens mal ein Tuscheln. Weißt du, was die machten?

Nein.
Die standen alle vor den Schaufenstern und sahen sich die Auspreisungen an, sahen, was wie viel ab morgen kostet. Das war über Nacht eingelegt worden, und die Leute sahen, was sie gestern noch mit Ostgeld für den alten Preis kauften, war einfach umgepreist in D-Mark. Die Läden waren geschlossen. Man konnte nur in die Schaufenster schauen. Diese Stille – wie angehaltene Zeit, die erst am nächsten Morgen weiterlaufen würde. Unter veränderten Vorzeichen, freilich. Das war so unglaublich. Eine Stimmung, wie in einem Museum, als würden sie in einem Museum durch ihre eigene Zukunft gehen, als würde ein Museum die Zukunft ausstellen. Das Gefühl hatte ich. Es stellte sich sozusagen das Markenzeichen der Gesellschaft dar, dem wir alles unterwerfen. Faszinierend *und* gruselig. Ein superhitchcockscher Effekt.

Die Verwandlung.
Wie eine Gesellschaft massenhaft Wirklichkeit multiplizieren kann. Da hab ich schon angstvoll geguckt: Welchen Maximen wird man sich jetzt unterwerfen müssen? Ich gehörte eher zu den Zuversichtlichen und führe ja auch heute wahrlich kein

schlechtes Leben. Aber es sind natürlich Verluste entstanden. Ich meine jetzt nicht diese typischen, ja, früher hat man viel mehr zusammengehalten und man hat das und das gemacht und so und so. Aber es gab eine Utopie, die zumindest für eine gewisse Zeit funktionierte, dann war sie offensichtlich nicht mehr bezahlbar und das Mittelmaß der Machthaber ritt alles zugrunde, was erhofft worden war. Deswegen ist dieses utopische Areal auch eingegangen: Die Verbindung von Arbeit mit Privatleben, dass man das direkt in Beziehung setzen und eben nicht nur als simple Nutzenrechnung, sondern als eine gesellschaftliche Komponente leben könnte. Diese Möglichkeit und Verabredung wurde über Bord geworfen, komplett.

Was hat Sie daran gebunden?
Die gesellschaftliche Idee, ganz klar. Aber die ist nun raus. Nach dem Weltkrieg war es eben nur eine kurze Zeit, wo sich neue Werte rausbilden konnten. Andere Moral entsteht aus anderen Lebensverhältnissen. Ich will jetzt nicht sagen Freiheit, Gleichheit, Brüderlichkeit, aber ich meine so was. Das, was sie mir als Kind gesagt haben: Es wird irgendwann kein Geld mehr geben, das wird nicht nötig sein, wir werden frei sein und gleich und reich – alles das. Dann wurde immer klarer, es wird doch nicht so werden. Es klappt nicht so ganz. Es wurde immer mehr zurückgenommen. Im Grunde wurde die Utopie abgesagt. Aber sie war in meinem seelischen Urknall drin. Und meinen Urknall möchte ich im Leben nicht hergeben. Ich habe diese emotionale Erfahrung, dass man auf einem Weg dahin sein könnte. Ob das ganz der Wahrheit entspricht, entscheidet nicht meine Seele, das wird die Zukunft wissen. Ich habe keinen Grund zu sagen, früher war alles besser und jetzt ist alles Scheiße. Ich kann auch umgekehrt nicht sagen: Früher war alles Scheiße, jetzt ist alles gut. Ich bedaure aber, dass ein großer Lebensabschnitt von mir in der Gesellschaft keine Bühne kriegt.

Make your bets
oder Rien ne va plus

PETER-MICHAEL DIESTEL
Berlin und Potsdam | promovierter Jurist, Anwalt | Jahrgang 1952

Interview mit Peter-Michael Diestel: Er ist freundlich wie immer, in Urlaubsbräune und gut drauf. Sein Büro befindet sich in einer schicken Potsdamer Villa, vorletzte Jahrhundertwende, gehobenes Ambiente, Garten, ruhige Lage. Auf einem Schränkchen liegen Geschenke dankbarer Mandanten. Souvenirs von politischen Partnern, von Widersachern aus Wende und Wandel. Auch ein Dolch ist dabei. Diestel-Devotionalien. Zu jedem Stück gibt es natürlich eine Geschichte – aus der Geschichte.

Der Mann hat ein Bombengedächtnis und erinnert sich noch an das Interview, das ich mit ihm für eine Reportage im DDR-Fernsehen geführt habe – 1990, als er als der letzte Innenminister der DDR für Erich Honeckers Unterbringung und Sicherheit zu sorgen hatte. Wohin mit Honecker war nur eine der politischen Fragen im letzten Sommer der DDR. Diestel wurde per Regierungsamt zum Beschützer des Ex-DDR-Staatsratsvorsitzenden und gewesenen SED-Generalsekretärs, der gewissermaßen auf der Flucht vor seiner ehemaligen Bevölkerung war. Zuflucht fand er in Lobetal bei Pfarrer Uwe Holmer und bei seinen sowjetischen Vor-Wende-Verbündeten. So war das damals. Zeitgleich auf den

Tag wurden im Mai 1990 der Einigungsvertrag paraphiert, das grundsätzliche Verbot von Glücksspiel aufgehoben und das erste Spielcasino in der DDR eröffnet. Make your bets oder Rien ne va plus. Sechs Wochen später kam die D-Mark.

Diestel erinnert sich: »Dann hatten wir noch mal miteinander zu tun, als dieses Komitee für Gerechtigkeit gegründet wurde, mit dem alten Heym und mit Gysi. Schöne Sache und lange her.«

Anfang der neunziger Jahre war das. Warum haben Sie dabei mitgemacht, Herr Diestel?

Na, weil ich ja ein Ostdeutscher bin, und ostdeutsche Interessen wurden damals nicht oder gar nicht wahrgenommen. Der Westen hat sich in einer Art und Weise aufgespielt und mit ostdeutschen Sekundärpolitikern verbrüdert, die in der Regel aus den bestehenden Strukturen, Blockparteien und so weiter kamen und auf ihre eigene Vergangenheit gekotzt haben, so will ich es mal deutlich sagen. Ostdeutsche Interessen interessierten die nicht. Denken Sie an die Eigentumsfragen, an die Eigentumsverwerfungen, die damals eine Rolle spielten, ostdeutsche Universitäten wurden gesäubert von ostdeutschen Menschen. Es kam die zweite, dritte wissenschaftliche Garnitur aus dem Westen. In der Politik wurden in den ostdeutschen Bundesländern ausschließlich Westdeutsche in Führungspositionen gehievt, mit zwei, drei Ausnahmen. Deswegen haben wir in einer gemütlichen Runde, ein bisschen Wein hat auch eine Rolle gespielt, irgendwo bei mir beschlossen, dass wir die Bürgerlichen mal mit einem Nadelstich in den Arsch auf uns aufmerksam machen. Dieser Nadelstich waren die Komitees für Gerechtigkeit, eine fantastische Geschichte, und die haben auch Wirkung gehabt: Die ostdeutschen Interessen, die ostdeutschen Lebenssituationen wurden ernster genommen. Es ist dann einiges über diese Komitees auch an Selbstbewusstsein vermittelt worden und an Gesetzgebungsinitiativen. Dann haben die Linken gesehen, dass sie hiermit was machen können, haben diese Sache für sich okkupiert, und das war natürlich das Ende. Wo dann Leute aus anderen Parteien, Sozialdemokraten, Christdemokraten wie ich und andere, nicht mehr mitmachen konnten. Aber es war eine schöne Geschichte, die deutlich gemacht hat, dass die Intellektuellen im Osten Deutschlands parteipolitisch nicht so leicht zu vereinnahmen sind, wie man sich das gedacht hat.

Wie war das Ende der achtziger Jahre – war diese Zeit für Sie nicht mehr erträglich?
Für mich ist immer jeder Moment, jede Situation, jeder Zeitraum erträglich, weil der liebe Gott mich mit einigen Gaben ausgestattet hat: Wenn ich einen Widerstand sehe, dann wird der gebrochen, dann geh ich um diesen Widerstand drumrum oder geh auf den Konflikt zu. Es gibt nichts, was mich in irgendeiner Weise dazu angehalten hätte, mein Vaterland zu verlassen, einen Ausreiseantrag zu stellen und so weiter. Natürlich war ich mit vielen Dingen unzufrieden, aber: Man konnte in der DDR in der zweiten Hälfte der Achtziger gut leben. Wir haben alle keinen Hunger gelitten, wir hatten alle Arbeit, wir haben politisch diskutiert, dies und das und jenes ... Es war eine relativ freie Gesellschaft, die mir zu eng war ...

Wie erklären Sie sich dann das Grummeln im Lande?
Sie müssen mich ausreden lassen ... Bis auf den Umstand, dass eine durchschnittliche Führung für uns Menschen mitgedacht hat. Dieses ewige Bevormunden, dieses ewige »Wir denken für euch«. Ihr habt eure Wohnung, ihr habt genug zu essen und das muss reichen. Und diese tumbe Bevormundung hat zu dieser großen Unzufriedenheit geführt. Nicht Hunger, Not und alles das, was Lenin mal in der Revolutionstheorie als subjektive Faktoren beschrieben hat, sondern es waren Dinge, die sich im geistig-politischen, moralischen Denken abgespielt haben. Ich will

damit sagen, ich fühlte mich auch nicht bedrängt oder erpresst oder genötigt, ich fühlte mich von für mich unerträglichem politischen Durchschnitt umgeben. Und das alleine war für mich der Grund, mich einzumischen. Die anderen können das alles für sich selber bewerten. Und dann habe ich noch einen ganz kleinen, persönlichen Grund gehabt. Ich wollte gerne Anwalt werden, der Beruf, den ich jetzt ausübe. Das war mit meiner Vita in der DDR nicht möglich.

Warum nicht?
Ich war Jurist in der Landwirtschaft. Ich hab im Recht promoviert. Ich hab immer elitäre Zeugnisse und Berufsergebnisse gehabt, aber ich war eben Christ, ich hab mich nicht bekannt – ich hab mich zur DDR schon bekannt durch Leistung, durch Anwesenheit, durch kritisches Denken. Das entsprach meiner Bildung und meinem Denken. Das reichte aber politisch nicht – und deshalb bekam ich keine Zulassung als Anwalt.
Die haben sich Feinde gemacht, die gar keine Feinde sein wollten, weil eben der Durchschnitt auf dem Vormarsch war. Tendenz: Grau in Grau, Grautöne. Keine Not, kein Elend im Alltag – Not und Elend im Denken und im geistigen Überbau.

Was hat sich für Sie denn dann grundsätzlich verändert? Brachte die Wende überhaupt irgendetwas, das für Sie Sinn ergibt?
Die Wende hat für mich genau das gebracht, wofür ich in die Politik gegangen bin. Ich hab ja in meinem Haus in Leipzig mit Gleichgesinnten – mit CSU-Freunden, mit Vertretern des Demokratischen Aufbruchs, mit den Leuten von der DSU (Deutsche Soziale Union) – diese erste bürgerliche Partei gegründet. Wir sind die allererste politische Struktur gewesen, die die deutsche Einheit gefordert hat. Da bin ich noch aus dem Konrad-Adenauer-Haus als Generalsekretär der DSU aufgefordert worden, das zu unterlassen. Dann hab ich den Herrschaften gesagt, ich

sag, was ich will, was ich für richtig halte, und sie haben überhaupt gar keine Möglichkeit, mich zu beeinflussen. Wir haben damals etwas aufgebrochen, wir haben, sagen wir mal, dieses Graue, diese Tristesse, diese Durchschnittlichkeit geknackt. Ich bin mit diesem Aufbruch genau dahin gekommen, wo ich hin wollte. Ich mach, was ich will. Ich bin ein Anarchist, ein freundlicher Anarchist, der keine Bomben wirft. (Diestel lehnt sich zurück, breitet die Arme aus, lächelt.)

Vielleicht wird es ja noch.
Naja. Ich sage mal so, auch ich werde älter, das ist bedauerlich, aber ich werd auch klüger.

Glückwunsch.
Ja. Und wenn man klüger wird und älter, dann wird man auch toleranter und nachsichtiger.

Also keine Bomben ...
Wie es aussieht, nicht.

Noch mal zurück zu der politischen Durchschnittlichkeit. Finden Sie die nicht auch en masse im heutigen Deutschland wieder? Und stört Sie das nicht – trotz Altersweisheit?
Nein, das stört mich nicht, Frau Kalinowski, weil ich das ja wusste. Ich hab ja wie Sie eine marxistisch-leninistische Grundausbildung genossen, und wir wissen, dass die Politik in dieser Gesellschaft eine lobbyistische Struktur ist. Das heißt, es ist wie im Marionettentheater. Da gibt's kleine Holzfiguren, die hängen an langen Fäden, und die, die die Fäden in der Hand halten, die sitzen nicht im Deutschen Bundestag. Das ist die einfache Erklärung. Das bestreitet ja heute auch keiner. Die Entwicklung unseres Landes wird zum Teil durch die Politik bestimmt und beeinflusst, aber die Masse dieser Entwicklungstendenzen ent-

steht in den großen Konzernen, entsteht in den großen Versicherungen, in den Vorständen, in den riesigen Anwaltskanzleien, die es gibt ... Man hält sich Politiker. Man hält die sich, man macht sie sich gefügig, nimmt auf ihre Entscheidungen Einfluss, und das ist auch gut so. Es ist nicht die Elite des Vaterlandes, die im Deutschen Bundestag sitzt. Ich will auch nicht sagen Durchschnitt, Tristesse, so wie es in der DDR war, weil ich glaube, dass diese demokratischen Verhältnisse, in denen wir jetzt leben, dazu führen, dass eine ganz andere, im positiven Sinne, elitärere Politikerschicht entstanden ist, aber es ist nicht die Elite unseres Vaterlandes.

Ja, wo sitzt die denn bitte?
Na, in den Versicherungen, in den großen Konzernen.

Das ist jetzt nicht Ihr Ernst, dass dort die Elite sitzt. Oder meinen Sie, es sitzen dort die Strippenzieher?
Dort sitzt die geistige Elite unseres Vaterlandes. Das ist meine feste Überzeugung. Ich weiß es, weil ich die ja kennenlerne und hin und wieder als Anwalt auch für sie arbeite. In die Politik begeben sich häufig Berufsschulabbrecher, also teilweise Berufsabbrecher, Menschen, die gescheitert sind, Anwälte, die in ihrem Beruf kein Geld verdienen. Gauweiler ist die Ausnahme. Die sitzen dort rum und sind mit diesen acht-, neun-, zehn- zwölftausend Euro zufrieden und kommen damit gut durchs Leben, aber das ist ja ein Hinweis dafür, dass sie sich dort unterordnen, Fraktionszwang aussetzen – die Bezüge, die sie dort erhalten, reichen ihnen und disziplinieren sie.
Wissen Sie, ich hab mal einen Vorschlag gemacht, den halte ich nach wie vor für sensationell: Wenn eine Reinemachefrau in den Deutschen Bundestag gewählt wird, dann soll sie so viel Geld kriegen, wie eine Reinemachefrau in Deutschland Geld kriegt, aber sie soll eben nicht mehr reinemachen, sondern in der Poli-

tik arbeiten. Wenn ein Vorstandsvorsitzender eines Großkonzerns in den Deutschen Bundestag geht, dann soll er so viel Geld kriegen, wie er vorher hatte. Bei Wahlen sollen die ihre Steuererklärung vorlegen und sagen, ich hab soundso viel verdient – und wenn sie dann gewählt werden, müssen sie das weiterhin kriegen. Das war mein Vorschlag. Dann hätte man Leute, ich sage mal so, die Politik nicht als Mittel des sozialen und wirtschaftlichen Aufstiegs betrachten. Gucken Sie sich die Figuren an, die da rumsitzen. Diese vielen, vielen Lehrer, diese vielen Pappnasen, Milchgesichter, die aus der Jungen Union und aus den entsprechenden Jungen Liberalen und aus den sozialdemokratischen Jugendverbänden kommen, die nichts anderes im Kopf haben, die zum Teil ihre berufliche Ausbildung vernachlässigen, sie wollen über die Tippel-Tappel-Tour der bürgerlichen Parteien in Amt und Würde kommen und haben dann auch ein gewisses gesellschaftliches Ansehen. Das reicht denen völlig aus. Die haben keine Weltanschauung, die sind völlig weltanschauungsneutral. Es gilt nur: Ich möchte in den Landtag gewählt werden, ich möchte in den Bundestag gewählt werden und so weiter.

Da bleibt mir ja die Luft weg, und ich frag Sie, wie wollen Sie das dem verehrten Volk, dem großen Lümmel, als demokratisches Gebilde vermitteln, dem man auch noch seine Stimme geben soll?
Ich will dem Volk überhaupt nichts vermitteln.

Ach so.
Das Volk, wenn Sie das aufschreiben würden, soll sich Gedanken machen über das, was Sie aufschreiben: Wieso redet der Diestel so komisches Zeug? Warum sind unsere Wahl und unser Wahlrecht, unsere Wahlordnung, unser Wahlsystem nicht geeignet, die Elite in die Parlamente zu bringen? In den Parlamenten müssten normalerweise die entscheidenden Aktivitäten beraten und auch verabschiedet werden. Und nicht in den Konzernen, die

vorgeben, wir machen in der Gesundheitsreform das und das. Wir machen im Bauwesen dies und jenes, sondern das müsste in den Parlamenten geschehen. Das Volk, der große Lümmel, der ist ja nicht doof. Politiker, die das nicht erkennen – das ist zum Beispiel eine ganz charakteristische Situation 1989 gewesen: Die Politiker saßen auf dem Schleudersitz und haben nicht erkannt, dass sie am Volk völlig vorbei regiert haben. Und dann ist das Volk auf die Straße gegangen, 1989 in Leipzig. Ich hab damals in Leipzig gewohnt, hab ganz, ganz von Anfang an diese Montagsdemonstrationen mitbegleitet, von Anfang an die CSPD (Christlich-Soziale Union Deutschlands) begleitet. Wir haben diesen Freundeskreis in der Thomaskirche gegründet. Ich war bei den Demonstrationen – immer montags. Da hätten Sie sich mal hinstellen sollen an den Rand und die lustigen, frechen Plakate sehen, die die Menschen mit sich getragen haben. Die waren nie ehrverletzend. Das ist der typische Humor aus dem Volk, mit Verstand, mit Klugheit – Egon Krenz als Karikatur, Honecker, aber nicht verletzend, nicht beleidigend, nicht menschenrechtsverletzend, will ich mal sagen. Das ist für mich das deutlichste Beispiel, wie klug das Volk eigentlich ist. Und wer diese Klugheit nicht ernst nimmt und sagt, ihr könnt das ja nicht verstehen, wenn die Politiker reden – und das Volk versteht sie nicht –, dann sind die Politiker die Dummen und nicht das Volk.

Sie waren in Leipzig bei den Demos dabei?
Ja, natürlich. Ich hab da gelebt und als Jurist gearbeitet. Und hab 1988 mit Pfarrer Ebeling, der später Entwicklungshilfeminister wurde, die CSPD gegründet, die Vorgängerin für die Deutsche Soziale Union, diese CSU-Schwesterpartei. Und wir haben als allererste politische Struktur in den Wendemonaten die deutsche Einheit gefordert. Natürlich waren wir am zentralen Runden Tisch.

Das war 1990.

Der zentrale Runde Tisch begann 1989 in der Regierungsphase mit Modrow und de Maizière, als stellvertretender Ministerpräsident. Am 7. Dezember war die erste Sitzung im Bonhoeffer-Haus in Berlin-Mitte. Und schauen Sie mal die Demonstrationen, die erste große, riesige Montagsdemonstration, die war am Montag, dem 9. Oktober, als alle Dämme gebrochen sind.

Da waren Sie dabei?

Na, selbstverständlich.

Hatten Sie Angst?

Angst? Phh! Doch. Angst nicht vielleicht, aber ein gerüttelt Maß an Vorsicht. Wir haben unsere Kinder mitgenommen, meine Frau und ich. Viele haben ihre Kinder mitgenommen. Unter den Demonstranten waren ja auch viele Genossen. Ich habe meine Rechtsprofessoren von der Karl-Marx-Universität dort getroffen, die mit demonstriert haben. Ich glaube nicht, dass die mir später unterstehenden bewaffneten Kräfte, Polizei, Staatssicherheit und so weiter, also ich glaube nicht, dass es in diesem Kreis eine Bereitschaft zum Schießen gegeben hätte.

Ein Schießbefehl lag ja auch nicht vor, oder?

Das weiß ich nicht. Das ist eine große Meinungsverschiedenheit, die ich mit Egon Krenz habe, den ich gelegentlich anwaltlich vertrete und mit dem ich befreundet bin. Für mich gab's einen Schießbefehl, also an der Grenze, an der deutsch-deutschen Grenze. Wenn es keinen Schießbefehl gegeben hätte ...

Nein, ich meine bei den Demonstrationen.

Da gab es keinen. Ich muss auch sagen, es war ein Glück, dass wir eine vergreiste Parteiführung hatten. Greise greifen nicht zu den Waffen. Es ist einfach so. Die jedenfalls haben es nicht gemacht.

Und das ist eine historische Einmaligkeit, die diese völlig untypische gesellschaftliche Veränderung extrem begünstigt hat. Das ist das Entscheidende: Die Vergreisung und die Krankenakte dieser alten Männer in diesem Zeitraum. Das sind die wichtigsten Argumente für die friedliche Revolution.

Wie haben Sie von Leipzig aus Berlin betrachtet, ist der 4. November für Sie gegenwärtig?
Natürlich ist er gegenwärtig, sehr. Ich bin immer ein großer Fan von Stefan Heym gewesen und habe seine Rede dort verfolgt. Er hat ja weit über den Tellerrand geschaut. Er hat übrigens das Klügste erzählt, was von diesen vielen Leuten dort gesprochen wurde. Er hat gesagt, dass das, was wir alle geliebt haben, ein gewisses soziales Gemeindenken, vielleicht sogar ein sozialistisches – das ist nicht mein Denken gewesen ist, aber seins –, dass das alles aufgegeben wird für das Drängen der Menschen in die deutsche Einheit, zur D-Mark, zum Konsum ...

Sehen Sie das auch so?
Ich sehe das als einen alternativlosen, richtigen Prozess. Jetzt sind wir in dieser Gesellschaft und müssen diese Gesellschaft veredeln, müssen was daraus machen, müssen ihr unseren Stempel aufdrücken. Das machen ja die Ostdeutschen auch.

Wie kommen Sie denn darauf?
Ich bin mir sicher, ja. Nicht so, wie sie's könnten, weil die Entsolidarisierung unter den Ostdeutschen sehr um sich gegriffen hat, aber ich glaube schon, dass sich diese Bundesrepublik in den letzten zwanzig Jahren, wenn sie sich geändert hat, dann ganz extrem vom Osten aus geändert hat. Schauen Sie mal, die Figuren, die bei uns an der Spitze stehen – Angela Merkel, auch Gauck, zu dem ich ein zwiespältiges Verhältnis habe –, die haben zumindest in zwei Gesellschaftsformationen gelebt, die können

in beiden denken, verstehen Sie? Die haben schon einmal alles, was sie an Wissen hatten und auch für richtig gehalten haben, aufgegeben. Haben sich verändert. Das ist ja nichts Negatives. Und ich glaube schon, das geht Tausenden, das geht im Grunde genommen allen Ostdeutschen so. Es geht auch Ihnen so ... Es ging mir so ... Und diese Beweglichkeit, diese Variabilität, die wir in unseren Lebensläufen bewiesen haben, die haben uns stärker gemacht. Und deswegen ist, ich sag es mal konkret bezogen auf Angela Merkel, gegen diese Frau auch in dieser bürgerlichen Politik kein Kraut gewachsen.

Das klingt nach Pest und Cholera.
Das sehe ich anders: Politische Stärke muss man akzeptieren.

Gut zu wissen. Sie haben dann mit an führender Stelle die DDR bis zum Ende begleitet.
Ja. Als Minister und Stellvertreter des Kabinettchefs.

Praktisch haben Sie das Land abgeschafft – wie eine Insel versenkt.
Ist ja nicht versenkt worden. Ich seh das anders.

Wie sehen Sie es?
Unsere Vorfahren haben ein furchtbares Verbrechen zu verantworten, das am 8. Mai 1945 gesühnt wurde mit der Niederlage Deutschlands im Zweiten Weltkrieg. Die Siegermächte haben in Teheran und Jalta festgelegt, wenn Deutschland diesen Krieg verliert, dann ist es eine Kriegsfolge, dass ein Teil der Deutschen unter kommunistisch-sowjetischer Herrschaft lebt und die anderen unter westlicher. Das heißt, die besiegten Deutschen haben sich das nicht ausgesucht.
Und so ist es gekommen, dass Sie und ich und viele andere in einem kommunistisch-sowjetischen Staat leben mussten und auch gelebt haben, gelacht, geliebt haben, Blödsinn gemacht

haben, uns dort arrangiert haben und uns auch zurechtge-
funden haben.

Sie haben mal gesagt, dass das Leben leichter war.
Das ist richtig. Wir haben die Autos nicht abgeschlossen, wir
haben die Wohnung nicht verriegelt, wir hatten kein AIDS,
wir hatten wahrscheinlich keine Existenzängste. Und ich hab
viel, viel weniger gearbeitet als heute, muss ich sagen. Das hat
sich aber auch in dieser West-Gesellschaft so durchgesetzt. Die
Gesellschaft hat jeden Penner und jeden Nichtsnutz durchge-
schleift. Meinen ersten Arbeitslosen hab ich 1989 im Oktober
auf dem Stachus in München gesehen, ein dicker Mann, der auf
so einem Warmluftschacht lag und neben ihm ein fetter Hund.
Mit dem hab ich nachts geredet, als mich Max Streibl, der damalige Ministerpräsident, eingeladen hatte. Ich wohnte im »Bayerischen Hof« in München, dem teuersten Hotel, das Zimmer
kostete wohl 1250 D-Mark. Ich dachte, wenn die mir das Geld
gegeben hätten ... Wahnsinn. Und da bin ich nachts spazieren
gegangen und treff auf dem Stachus den Typen. Und da sagt der,
ich bin so zufrieden. Ich hab lange mit ihm gesprochen. In der
DDR gab's das nicht. Es gab keine Arbeitslosen. Es gab vielleicht
eine Million Menschen, die nicht gearbeitet haben. Und die
halte ich auch für arbeitslos, aber die wussten es nicht, die waren
alle beschäftigt, kriegten ihr Geld, fühlten sich wichtig. Wissen
Sie, man kann das alles nicht in Bausch und Bogen verurteilen.
Diese Gesellschaft hat ihre Lebensfähigkeit auch selber infrage
gestellt, indem kluge Köpfe immer wieder wegrasiert wurden.
Kluge Köpfe, die, wenn sie rausgekommen sind, wie Pilze auf
dem Rasen abgeschnitten wurden. Und das ist das Ende der DDR
gewesen. Damit hat man systematisch die Kreativen gegen sich
aufgebracht. Auch die Kreativen aus den eigenen Reihen.

Kreative aus den eigenen Reihen?
Frau Lengsfeld und Frau Bohley haben mit der Wende nichts zu
tun, die hatte man gut im Griff. Aber die Widersprüche in den
eigenen Reihen – bei den Journalisten, bei der Staatssicherheit,
bei den Uniformierten, die Unzufriedenheit bei den Intellektuellen, in der gesamten Gesellschaft –, das hat den Zusammen-
bruch der DDR nicht mehr aufhalten können.

Deshalb wurde sie abgeschafft?
Nicht abgeschafft! Ich wollte diesen unnatürlichen Zustand der
Teilung beenden. Als Generalsekretär der DSU hatte ich Verantwortung, dass dieser Wiedervereinigungsgedanke als allererste
politische Forderung bei uns aufgenommen wurde. Ich habe
diese Teilung infolge des Zweiten Weltkrieges als überwindungs-
bedürftig, aber als berechtigte Strafe empfunden. Wir haben uns
das nicht ausgesucht. Mein Vater nicht, ich nicht, wir haben in
der DDR auf 108 000 Quadratkilometern gelebt und haben da
auch teilweise gut gelebt. Aber wir wollten so nicht leben. Wir
wollten Reisefreiheit, Freizügigkeit, Freiheit des Gedankens, Freiheit des Wortes und so weiter. Das gab es in der DDR nicht, nicht
in dem Maße, wie es das im Westen gab. Ich sehe das nicht als
Untergang. Ich sehe das als Aufbruch und Anfang.

Ah ja.
Natürlich. Wenn ich heute als Anwalt Unternehmer vertrete, ostdeutsche, dann sind das in der Regel erfolgreiche ostdeutsche
Unternehmer, zum Teil Leute aus der damaligen Nomenklatura.
Und Sie glauben gar nicht, wie gewerkschaftsfeindlich und wie
arbeitnehmerfeindlich und arbeitnehmervertretungsfeindlich
die heute sind. Das sind die klassischen Manchesterkapitalisten.
Wie schnell die umgedacht haben, das spricht für ihre Intelligenz und spricht auch dafür, dass die weltanschaulichen Positionen, die in der DDR vermittelt wurden, nicht manifestiert waren.

Nur an der Oberfläche?
Ja. Nicht verankert waren. Einfach nur dahergeplappert wegen der Karriere. Vielleicht ist das Land deshalb verschwunden, weil nicht alle dahinter standen. Ich bin deswegen nicht traurig.

Was ist heute so, dass Sie wie damals sagen würden: Es muss sich was ändern?
Wissen Sie, ich habe meine Leistung, meinen Anteil schon erbracht. Mit Gleichgesinnten habe ich das Vaterland an ganz vorderer Stelle mit geeint ... Das ist aber eine Ausrede. In Wirklichkeit will ich mich nicht mehr einmischen. Ich will dieses dumme Gequatsche nicht. Jeder denkt, er kann alles besser. Das versaut einem den Sonnabend, das versaut einem den Montag, den Dienstag, den Mittwoch – das will ich nicht. Da bin ich lieber Anwalt, schreib meine Klagen, vertrete meine Mandanteninteressen.

Ein sauberes Geschäft?
Ein sauberes Geschäft.

Heißer Stuhl in Budapest

GERD VEHRES
Diplomat, 1988–1990 Botschafter der DDR in Ungarn |
Jahrgang 1941 | gest. 2009

Im Bruch der Zeiten wandelte sich Leben in Davor und Danach.
Träume wurden wahr oder zu Albträumen, manchmal entstand
aus Enttäuschung auch Mut. Aus verlorenen Hoffnungen ein
Anfang. Die Wendezeit wurde für Gerd Vehres eine Lebenswende,
notgedrungen. Im August 2004 sprach ich mit Gerd Vehres über
seine Zeit in Ungarn 1989, als die massenhafte Flucht von DDR-
Bürgern nicht mehr zu stoppen war und sich auch einen Weg
über Ungarn bahnte.

Wie wurde man in der DDR Botschafter?
Ach Gott ... Auf der Oberschule wurde ich auf meinen Studien-
wunsch Außenhandel angesprochen, ob ich nicht Außenpolitik
studieren wolle. Ich habe ja gesagt, weil mich Sprachen interessieren. Außenpolitik konnte man nur in Potsdam-Babelsberg oder in
Moskau studieren – ob ich auch nach Moskau gehen würde. Mir
war das recht. Ich habe sechs Jahre in Moskau studiert, davon ein
Jahr in Budapest im Austausch. Ich hatte die Spezialisierung Ungarn. Nach dem Diplom habe ich im Außenministerium der DDR
gearbeitet. Dann war ich – wie üblich – ein Jahr zur politischer
Weiterbildung. Danach wurde ich zum Botschafter ernannt.

Im August 1988 sind Sie nach Ungarn gegangen. Schon zu diesem Zeitpunkt ein heißer Stuhl?
Ich hatte den Eindruck, es gab viele heiße Stühle ringsherum. Das betraf auch Polen, Albanien und andere Länder. Ich hatte den Eindruck, dass jetzt Spezialisten ran mussten, weil es nun sehr kompliziert wurde, die Dinge vor Ort zu betreiben. Ja, da saß man dann auf einem heißen Stuhl oder zwischen den Stühlen.

Wie haben Sie die politische Situation in der DDR wahrgenommen?
Einerseits sah es so aus, wir kämen vorwärts, andererseits spürte man, dass es zu einem immer größeren Riss zwischen Führung und Volk kommt. Auch in den Parteiorganisationen gab es Fragen und Zweifel. Als der Generalsekretär der rumänischen KP, Nicolae Ceaușescu, zu seinem Geburtstag den Karl-Marx-Orden von Erich Honecker erhielt, kamen starke Proteste aus der Partei. Dann die Sputnikaffäre – das Magazin aus der Sowjetunion wurde praktisch verboten. Solche Ereignisse nahmen zu, die Versorgung wurde nicht besser, die Unzufriedenheit größer. Natürlich kam ich auch ins Grübeln, mehr als bisher.

Wann wurde Ihnen in Budapest die Eskalation der Entwicklung klar?
Ein gutes halbes Jahr später. Das Frühjahr 1989 verging für uns zunächst mit den Vorbereitungen auf den 40. Jahrestag der DDR. Aber schon im März 89 hatte der ungarische Ministerpräsident Miklós Németh in Moskau über Pläne zum Abbau der Sicherungsanlagen an der Grenze zu Österreich informiert. Anfang Mai begannen die Ungarn damit und im Juni traten sie der Genfer Flüchtlingskonvention bei. Die Konvention untersagt, Flüchtlinge zurückzuschicken. Das hatte große Bedeutung für DDR-Bürger, die über Ungarn in die BRD wollten. In diesem Sommer nahm ihre Zahl sprunghaft zu. Vor allem waren es Jugendliche. Das war besonders erschreckend. Die Probleme waren nicht mehr lösbar, ohne dass die DDR bedeutende Zugeständnisse machte.

Und dazu war sie nicht bereit?
Offensichtlich nicht. Als Botschafter wird man zwar nicht in alle
Dinge eingeweiht ...

... aber man macht sich Gedanken?
Ja, natürlich. Ich machte Vorschläge, wies Berlin darauf hin, dass
sich auch in Ungarn etwas zusammenbraut – dann hieß es: Ja,
ja, das klären wir schon, aber erst nach dem 40. Jahrestag. Die
Führung war meinem Eindruck nach in dieser Frage handlungs-
unfähig. Das war bedrückend und beunruhigend.

*Es gab für die sozialistischen Länder ein Zusatzprotokoll über den
Umgang mit den sogenannten Republikflüchtlingen. Was besagte
dieses Papier?*
Von dem geheimen Zusatzprotokoll habe ich als Botschafter
erst erfahren, als ich eine Note aus Berlin bekam, in der dagegen
protestiert wurde, dass die Ungarn das geheime Zusatzprotokoll
aufheben wollten. Das bedeutete: Wer ohne Visum für westliche Länder an der jeweiligen Westgrenze aufgegriffen wurde,
der kam wegen versuchter Grenzverletzung zunächst in Unter-
suchungshaft und wurde dann den Ermittlungsorganen des Hei-
matlandes übergeben. Als diese Fälle immer mehr zunahmen,
haben die ungarischen Organe nur noch mit einem Stempel im
Reisedokument kenntlich gemacht, dass diese Bürger im Grenz-
bereich festgenommen wurden. Ich habe einen solchen Stempel
nie gesehen. Auf Druck der ungarischen Opposition im Sommer
89 wurde dieser Stempel dann nicht mehr benutzt.

*Nach der zeitweisen Öffnung der Grenze bei Sopron war klar, die
Ungarn halten sich nicht mehr an das Zusatzprotokoll. Was passierte in der DDR-Botschaft?*
In dieser Sache nicht mehr viel. Die DDR-Bürger wollten mit uns
nichts mehr zu tun haben. Die wollten in die bundesdeutsche

Botschaft. Als die überfüllt war, wurde ein Gebäude angemietet, das bundesdeutsche Wappen angebracht und das Gelände zum exterritorialen Gebiet erklärt. Und als das auch überfüllt war, gingen die Leute zum bundesdeutschen Konsulat ganz in der Nähe meiner Residenz. Sie wurden in einer Kirche untergebracht – das war das erste Flüchtlingslager für DDR-Bürger in Ungarn. Die Ungarn haben anfangs immer noch gehofft, die DDR-Regierung lasse sich breitschlagen und ermögliche den DDR-Bürgern die Ausreise über unsere Botschaft. Die Linie war aber: Nein, die Leute sollen zurück in die DDR. Ihnen würde Straffreiheit zugesichert, und sie könnten einen Ausreiseantrag stellen, der dann bearbeitet würde.

Hätte die DDR überhaupt eine eigenständige Lösung finden können?
Na ja, man hatte sich darauf festgelegt, dass die Souveränität des Staates zu achten ist. Man wollte jeden Eindruck vermeiden, dass die Bundesrepublik die DDR-Bürger wie bundesdeutsche Bürger behandeln konnte. Aber das machte sie schon seit Jahrzehnten. Das war eines der großen politischen Traumata der DDR und spielte bei allen Entscheidungen eine Rolle: Wir können nicht diesem Alleinvertretungsanspruch stattgeben, auch nicht den Anschein erwecken – dann kann man ja gleich einpacken. Abgesehen davon lag die Entscheidung nicht mehr in unserer Hand. Auf einem Geheimtreffen am 25. August auf Schloss Gymnich bei Bonn hatte Ministerpräsident Németh bereits mit Bundeskanzler Kohl und Außenminister Genscher vereinbart, die DDR-Flüchtlinge in Ungarn in die BRD ausreisen zu lassen. Es ging nur noch um den Termin.

Was konnte die Botschaft tun?
Wir haben einen Campingwagen gemietet und eine zeitweilige Beratungsstelle eingerichtet. Da gab es auch Drohungen gegen uns. Wir haben Flugzettel über Straffreiheit und Beratungsmög-

lichkeiten drucken und aushängen lassen. Aber wer wollte denn unter den Augen der anderen Ausreisewilligen schon zu einer DDR-Stelle gehen? Das war eine Farce. Und wir kamen auch nicht mehr ran an die Leute.

Haben Sie die Motive der Flüchtlinge verstanden?
Wir haben versucht, die Motive zu ergründen, hatten aber wenig Möglichkeiten, uns durch eigene Gespräche ein Bild von den individuellen Umständen zu machen, denn in die Lager kamen wir nicht rein. Dass es so viele Menschen waren, auch in Prag und Warschau, Familien mit Kindern – das habe ich sehr ernst genommen. Aber die Motive waren für jemanden, der sich als Vertreter des Arbeiter-und-Bauern-Staates fühlte, der persönlich eine Entwicklung genommen hatte, die er sonst nicht hätte nehmen können ... ja, das machte die Motive für mich zweifelhaft. Ich hatte Verständnis für die Menschen, aber nicht für diesen Weg.

Gab es in dieser Situation eine Verständigung zwischen den beiden deutschen Botschaften?
In dieser Zeit nicht. Der neue Botschafter der Bundesrepublik war erst 1989 gekommen. Wir hatten einen ganz normalen diplomatischen Kontakt. Über Bekannte hatte ich in dieser Zeit dem bundesdeutschen Botschafter übermitteln lassen, dass wir uns über die Situation verständigen sollten, aber es kam keine Reaktion. Er hat mir später mal gesagt, seine Regierung habe nicht zugestimmt. Wofür ich Verständnis hatte. Ich konnte ja als Botschafter auch nichts machen ohne das Einverständnis meiner Regierung.

Welchen politischen Handlungsspielraum hatten Sie?
Keinen. Ich hatte das zu tun, was die Regierung entschied. In dieser heißen Zeit bekam ich von Berlin die Texte von Noten, mit denen wir gebeten, protestiert, gefordert haben. Kleine Dinge waren

natürlich möglich. Zum Beispiel, als ich ohne Auftrag dem ungarischen Außenminister sagte: Du redest immer nur mit der anderen Seite über unsere Bürger. Worauf er zurückgab: Naja, wenn ich eine Einladung kriegen würde, komm ich auch zu euch. Das habe ich sofort nach Berlin gemeldet, und auf diese Weise wurde am 31. August 1989 Außenminister Horn vom DDR-Außenminister Fischer und von Günter Mittag, der Honecker vertrat, empfangen. Es kam zu keiner Einigung. Im Gegenteil: Horn kündigte die Öffnung der ungarisch-österreichischen Grenze bereits für den 4. September 1989 an. Dieser Termin wurde dann verschoben, um uns angeblich noch eine Lösung zu ermöglichen.

Die es nicht geben konnte.
Ja, natürlich. Aber es gab einen letzten Versuch. Im ZK der SED war bekannt, dass nicht die ganze Führung der USAP hinter den Schritten des Ministerpräsidenten stand. Daraufhin erhielt ich noch am 9. September den Auftrag – einen Tag vor der Grenzöffnung durch die Ungarn – dem Parteivorsitzenden Rezsö Nyers ein Schreiben von Erich Honecker zu überreichen. Es ging darum, dass die ungarische Parteiführung die Grenzöffnung verhindert.

Und?
Das war eine komplizierte Sache. Der Auftrag traf Freitag ein. Am Abend habe ich dann den persönlichen Sekretär des Parteivorsitzenden um einen dringenden Termin am Wochenende gebeten, habe den Briefinhalt erklärt – und erhielt die Terminzusage für den Sonnabend. In der Nacht vom Sonntag zum Montag Null Uhr sollte die Grenze geöffnet werden! Ich also hin zu dem Treffen. Erst wurde mir erklärt, der Vorsitzende sei verhindert, dann kam er aber doch und erklärte klipp und klar: Der Termin 11. September ist nicht zu kippen. Die wollten auch keine Rücksicht mehr auf die DDR nehmen. Es lohnte sich ja auch für die Ungarn – politisch und überhaupt.

Wie haben Sie sich gefühlt?

Schlecht. Wie auch sonst, wenn einem die Menschen davonrennen. Die DDR-Bürger fuhren nun von Bratislava nach Ungarn und dann rechts weg Richtung Österreich, so dass in Budapest dieses Problem nicht mehr so eine große Rolle spielte. Es war gelaufen. Aber zu Hause wurde an einem neuen Reisegesetz gearbeitet. Viel zu spät – dass es zu keiner Lösung kam, zeigt der Ablauf der Maueröffnung am 9. November 1989.

Waren Sie nicht spätestens ab da Botschafter auf Abruf?

Nein, noch nicht. Es kam die Modrow-Regierung. Wir kriegten auf einmal unheimlich viel Aufträge. Es gab auch in Budapest Überlegungen. Da musste ja wieder miteinander gesprochen werden. Für mich war es der Moment der Wahlen zur Volkskammer im März 1990. Als ich die ersten Hochrechnungen hörte, da wusste ich, mein Auftrag als Botschafter nähert sich dem Ende.

Gab es Überlegungen einer Übernahme in den Auswärtigen Dienst?

Nein. Ich war zunächst davon ausgegangen, solange sowjetische Truppen im Land sind, wird es – wie auch immer – noch eine DDR geben, doch unter einem Minister Meckel gab es für mich keinen Platz. Am Anfang war ich allerdings der Meinung, wenigstens unsere jungen Diplomaten hätten eine Chance. Aber nein – die Westdeutschen und ihre damaligen ostdeutschen Lakaien hatten ganz andere Interessen als ausgerechnet DDR-Leute zu übernehmen. Das betraf nicht nur die Diplomaten, wie wir wissen. Die Regelungen zur weltweiten Übernahme der diplomatischen Vertretungen der DDR ließen an Deutlichkeit und Interessenlage nichts zu wünschen übrig: Das Silber, das Meißner Porzellan, die Immobilien – die vor allem ja – aber doch keinen von den Leuten.

Wie haben Sie sich als Botschafter von Ihrem Gastland verabschiedet?
Danke, dass Sie danach fragen. Das sollte ja auf gar keinen Fall
stattfinden: eine würdige Verabschiedung. Das war und wurde
immer deutlicher als *die* Doktrin des Vereinigungsvorgangs: keine
Ehre oder Anerkennung für die DDR und ihr bisheriges Wirken,
z. B. auf internationalem Parkett. Es kam also vom neuen Dienst-
herren eine interne politische Extraweisung: DDR-Botschafter
geben keine Abschiedsempfänge oder Cocktails. Ich habe dann
Briefe an alle Partner geschrieben, dass ich dann und dann den
letzten Tag in der Botschaft bin. Sehr viele haben meine »Einladung« richtig verstanden. Es kamen insgesamt 300 Gäste, auch
aus dem diplomatischen Korps. Am 2. September 1990 bin ich
nach Hause zurück. Am 2. Oktober wurden die Schlüssel und die
Botschaft übergeben. Besenrein, wie es in der Weisung hieß.

Wie ging es für Sie weiter?
Aus einer Umschulung heraus habe ich Arbeit bei einem Ver-
sicherungsunternehmen in den alten Ländern gefunden. Für
diese Firma bin ich nach Budapest gegangen und habe dort bis
zur Rente gearbeitet.

War das eine gute Zeit?
Ja, ich habe viel gelernt, hatte viel zu tun und erfuhr auch Anerkennung.

Eine solche Lebenswende – wie haben Sie die weggesteckt?
Das war nicht einfach. Und ja, es schmerzt. Ich wollte noch vieles erreichen. Aber es haben sich auch neue Perspektiven eröffnet, die ich genutzt habe. Wobei das auch schwierig war. Andererseits rückwirkend betrachtet: Ich bin dabei gewesen bei einer
solchen einschneidenden historischen Veränderung. Wie man
es auch politisch und persönlich bewertet: Es war ein Epochen-
wechsel. Im Wortsinne: Eine ungeheure Erfahrung ...

Cambia todo Cambia –
Alles verändert sich

ALICIA GARAY-GARATE
Brandenburg | Erzieherin | Jahrgang 1942

Der 1. Mai 1988 war einer der letzten Drehtage für den Film über chilenische Emigranten in der DDR. Alicia, Enrico und ihre sechs Kinder nehmen mit Freunden und Genossen vom Büro Chile Antifascista an der Demonstration in Berlin teil. Mit ihrer Fahne, mit Tanzen, Singen und Sprechchören fallen die etwa fünfzig Chilenen im Zug der Demonstranten auf. Den Refrain des Liedes »Venceremos – Wir werden siegen« singen auch DDR-Deutsche. Idee, Kraft und Glanz des »Venceremos« riss selbst politikverdrossene und DDR-müde Bürger mit. Auch noch 1988, was heute gern vergessen wird. Im Zug von Brandenburg nach Berlin war es zu Gesprächen mit völlig fremden Leuten gekommen. Ein Mann fragte, warum es die Putschisten so leicht hatten, die demokratisch gewählte sozialistische Regierung Allendes wegzubomben. Die nie verheilte Wunde. Enrico wurde nachdenklich, erzählte von seinem letzten 1. Mai in Santiago: Über 200 000 Leute waren gekommen. Wir wollten demonstrieren, dass unser Volk noch Kraft hat. Aber wie konnten wir uns gegen diese militärische Macht verteidigen? Wie? Mit den Händen? Mit unserem Willen? Mit unserer Seele? Mit unserer Fahne?

Die Frage aller Fragen: Warum? Antworten finden sich an den Gräbern der Geschichte, zum Beispiel bei der Pariser Kommune, in den 1000 Tagen der Unidad Popular. Auch in den Wendetagen des Herbstes 1989? Vielleicht.

Im Dezember 1973 flieht Enrico Garate nach Argentinien. Im April 1974 kommen seine Frau Alicia und die sechs Kinder nach. Sie verlassen ihre Heimat. Abschied für lange, lange Zeit. So lang, dass das fremde Land DDR, in das sie gehen, über die Jahre ihre zweite Heimat wird. Die Hoffnungen, die ihnen blutig zerschlagen wurden, nehmen sie mit. Gemeinsam fliegt die Familie von Argentinien in die DDR. Am 24. Juli 1974 landen sie in Berlin-Schönefeld. Fahrt nach Eisenhüttenstadt, Hotel Lunik in der Straße der Republik. Die erste Nacht im Exil. Vierzig Jahre ist das nun her, und die DDR, ihre zweite Heimat, gibt es nicht mehr.

Wie hast du die Wende 1989 erlebt?
Also für mich war das wie ein zweiter Putsch. Nur ohne Blut, Mord und Terror. Nach unserer Flucht vor der Junta war es wichtig für uns, dass hier in der DDR kein Kapitalismus möglich ist. Haben wir gedacht. Und dann kommt diese kapitalistische Gesellschaft uns sozusagen in die DDR hinterher. Als hätte einer dran gedreht.

Die Wende war keine Hoffnung?
Nein, Burga. Nicht für mich – wie sollte das gehen? Ich glaube, um deine Frage zu beantworten, muss ich etwas vorher sagen. Was wir hier gefunden haben in der DDR, war das, worum es eigentlich in unserem Tun, unserem Kampf in Chile gegangen ist. Natürlich nicht alles ganz genauso, aber von den grundlegenden Dingen her. Das wollten wir auch.

Was meinst du?
Ein kleines Beispiel: Wir zahlten in Chile für unsere drei größeren Kinder Schulgeld, jeden Monat. Geld für Schuluniform und sol-

che Sachen kam noch hinzu. Bildung war nicht umsonst, höhere Bildung ein Privileg der Reichen. Und die Unidad Popular und Allende, wir, wollten das ändern. Dafür haben wir bei den Wahlen 1970 36,3 % der Stimmen bekommen. Verstehst du, in Chile wurde die Geschichte geändert. Das habt ihr hier in der DDR nach dem Krieg auch gemacht. Aus Träumen wurde ein bisschen Wirklichkeit. 1000 Tage hat sie in Chile gedauert. Ihr hattet mehr Zeit. Ist trotzdem schiefgegangen, leider. Und jetzt wird fast nur über die Fehler geredet. Aber den Aufbruch und die Gründe dafür darf man doch nicht vergessen! Das Wissen darüber muss erhalten bleiben, auch welche Fehler und Irrtümer es gegeben hat. Weißt du, in Chile haben wir damals so gehofft, dass sich unser Leben verändert. Wir spürten den Schimmer von etwas Neuem. Und dann wurde das alles zerschossen, zerbombt, ermordet.

Ihr musstet fliehen.
Ja, es war gefährlich, lebensgefährlich. Sperrstunde, Soldatenpatrouillen, Durchsuchungen. Auf den Straßen floss Blut. An dem Tag, am 11. September, das war ein Dienstag, lief mittags kein Fernsehen mehr, kein Radio. Flugzeuge und Rauch am Himmel. Krieg. Es war uns klar, dass Enrico zuerst weg musste. Er war Mitglied der Radikalen Partei Chiles, eine linke progressive Partei, und er arbeitete in der Allende-Regierung. Die verdammten Faschisten hätten ihn gnadenlos umgebracht. Kurz vor Weihnachten 1973 ist er nach Buenos Aires geflüchtet und hat sich dort mit anderen Flüchtlingen in einer illegalen Wohnung versteckt. Dort hat er sich übrigens das Rauchen abgewöhnt. Den Achat-Aschenbecher aus der Zeit haben wir immer noch. Und die Fahne.

Was war damit?
Das ist irgendwie zum Lachen, aber eigentlich ein Wunder aus der Verzweiflung von Enrico damals. Als er nach Buenos Aires ging, wollte er was von seiner Heimat mitnehmen. Aber was?

Also wenigstens die Fahne. Das Risiko hat er in Kauf genommen – erst in der Reisetasche und kurz vor der Grenze hat er sie unters Hemd gesteckt. So ist sie seine, unsere Wege mitgegangen.

Wo ist sie heute?
Bei mir im Schrank.

Ihr hättet auch in ein anderes Land gehen können?
Ja, Frankreich oder Schweden oder Italien wären auch möglich gewesen. Mitarbeiter der DDR-Botschaft in Argentinien sagten uns: Wenn ihr in Ruhe leben und arbeiten wollt, für eure sechs Kinder ein sicheres Leben mit Schule und Studium, dann geht in die DDR. Das haben wir gemacht.

Und später bereut?
Wir nicht, trotz aller Probleme. Wir haben die Solidarität nicht vergessen. Denk mal: Am Tag des Putsches waren drei Schiffe von euch in Valparaíso im Hafen und brachten Lebensmittel und Medikamente für Chile. Das hatte mit dem Putsch nichts zu tun, aber mit den Schwierigkeiten in Chile, als aufgetakelte Mittelstandsfrauen, die noch nie gehungert haben, mit leeren Kochtöpfen klappernd durch die Stadt gezogen sind. Die berüchtigte Cacerolazo. Das stinkt doch: Junta und CIA auf der Straße zum Putsch. Die DDR nahm dann sofort chilenische Flüchtlinge auf, half auch, Fluchtwege zu organisieren.

Die Solidarität war nicht verordnet.
Das glaube ich auch. Bestimmt war nicht jeder DDR-Mensch davon überzeugt, aber viele. Ich habe nach der Wende gelesen, dass allein im FDGB und beim Solidaritätskomitee bis Dezember 1974 insgesamt 9,6 Millionen Mark gespendet wurden. Jede chilenische Familie erhielt mindestens 2500 Mark Übergangsgeld. Viele kamen doch nur mit ihrem Leben an. Insgesamt waren

5000 Chilenen hier. Dann gab es langfristige zinslose Kredite für uns, die wir nur in sehr niedrigen Raten zurückzahlen mussten, ich glaube 5% vom Nettoeinkommen. Einmal hatte mich eine Frau in der Poliklinik in Potsdam gesehen, hat mich ausfindig gemacht und in ihre Brigade eingeladen. Ich habe über Chile erzählt, über Allende und Neruda und Patti (die älteste Tochter, Ärztin in Franken) hat alles übersetzt. Das war in einem Lampenladen in Babelsberg. Ich weiß noch heute den Namen der Frau: Helga Beier. Das alles vergesse ich nicht. Ich weiß, dass das heute niemanden mehr interessiert. Aber das gehört für mich eben auch zu eurer Geschichte. Und zu der Wendefrage.

Wie ging es damals weiter?
Erst mal haben wir Deutsch gelernt. Nicht ganz gut, aber zumindest konnten wir uns verständigen. Da waren wir mal in Leutenberg, 1974 zu Weihnachten und Erholung in einem Regierungsheim. Ein Schloss. Wir wohnten in einem Turm, wie im Märchen, und haben eure Sprache gelernt. Nach einem Jahr konnten wir etwas. Dann habe ich gearbeitet als Kindererzieherin, und das war mein Beruf. Und mit den Kindern habe ich die Sprache weiter gelernt. Von der Arbeit wurde ich delegiert an die Fachschule in Potsdam und habe dort meinen Abschluss gemacht.

Und Enrico?
Er hat im Stahl-und Walzwerk gearbeitet als Betreuer von kubanischen Lehrlingen, später als Mitarbeiter in der Rechtsabteilung. Da war er bis zum Schluss. Das genaue Datum kann ich dir nicht sagen, aber es waren ein paar Jahre über die Wende. Dann musste der Betrieb schließen – kannst du dich erinnern, diese Frau, die Birgitta aus Deutschland ...

Du meinst die Breuel?
Ja.

Birgit Breuel, die Chefin der Treuhand, die dann sozusagen die DDR-Wirtschaft in ihren Händen ...
... ausgewickelt hat.

Abgewickelt.
Oder abgewickelt, ja. Jedenfalls weg, verkauft, verschenkt, verscherbelt. Da konnte man auch nichts mehr machen. Weißt du, was die erste Maßnahmen nach dem Putsch bei uns waren? – die Privatisierung verstaatlichter Betriebe, wie Chuquicamata, die größte Kupfermine des Landes. Zuerst werden immer die Besitzverhältnisse geändert. Ich denke, das war überhaupt der Grund für den Putsch. Ihr hattet dafür die Treuhand. Frag mal, wem die Wende wirklich genützt hat, wirtschaftlich.

Wie war euer alltägliches DDR-Leben?
Na so wie deins auch – normal. Ich denke, wenn du das Wesentliche hast, eine Wohnung, eine Arbeit, die Spaß macht, dass die Kinder in die Schule gehen, dann hast du schon eine Basis, die Perspektiven bietet. Und das war, was ich eigentlich schön fand, dass ich, obwohl ich nicht perfekt deutsch sprach, doch arbeiten konnte. Das war für mich das Wichtigste. Unser Alltag? Also: ein Paradies war die DDR nicht, aber sie gab uns Ruhe und Willkommen. Wir haben gedacht, es ist für zwei, drei Jahre. Wie oft haben wir über Rückkehr gesprochen, jede Nachricht verfolgt, Heimweh gehabt, unsere Lieder gesungen zusammen mit deutschen Freunden und eure Bücher gelesen. Und plötzlich sind die Kinder groß und haben Ausweise der DDR.

Wir habt Ihr euch gefühlt?
Naja, manchmal fragst du dich: Was ist Heimat? Wo ist Zuhause? Wir haben mal gesagt: Sehnsucht nach Santiago und Heimweh nach Eisenhüttenstadt, unsere erste Station in der DDR. Alle Kinder haben einen Beruf erlernt oder studiert. Ich glaube, man kann

Integration dazu sagen. So im Alltag war es natürlich wichtig für uns, das merkt man erst jetzt. Aber mehr wert war, dass wir ohne Angst hier waren. Geachtet waren. So ein Gefühl von Würde ... verstehst du? Dieses Gefühl ist mit der DDR verschwunden.

Wirklich?
Ja, Burga. Das war ein Bruch wie nach dem Putsch. Und immer die Frage: Was ist richtig, was ist falsch.

Was hast du dann gemacht?
Ich hatte Angst, war eine Zeitlang arbeitslos und habe um eine ABM im Asylbewerberheim gekämpft. Dort konnte ich mit ausländischen Kindern arbeiten. Das war für mich eine sehr gute Sache, weil ich wieder mit Exil konfrontiert wurde und mit meinen Erfahrungen helfen konnte.

Wie siehst du die Wende heute?
Ich finde traurig, dass alles so geworden ist. Weil die Menschen in der DDR vieles hatten, wofür die jetzt kämpfen. Ich weiß, es gibt immer Leute, die lachen darüber, wegen Ostalgie oder so, aber ich finde, dass die Leute, je weiter sie in diesem System heute leben, umso genauer werden sie sich erinnern.

Kannst du dich an den 4. November erinnern?
Ja, na sicher. Ich dachte, dass es gut ist, wenn die Leute ihre Meinung sagen. Aber ich habe nichts gehört davon, dass sie den Kapitalismus haben wollten. Ich hab gedacht, nun könnte die DDR vielleicht besser werden. Von 1974 bis 1989 haben wir doch gemerkt, wie schwierig es ist, Sozialismus zu machen. Wenn ich daran denke! Reisen. Die chronische Wohnungsnot. Wir hatten eine Neubauwohnung, manche Nachbarn haben gehässig gestichelt. Andere Leute mussten lange auf eine Wohnung warten. Das war uns peinlich. Wir waren doch keine Bourgeois. Für das,

was wir brauchten, wollten wir arbeiten. Unter uns Exilchilenen wurde auch diskutiert, ob wir die Äffchen für den Staat sind und benutzt werden für seine politische Propaganda.

Und?
Das kann schon sein, aber jede Regierung macht ihre Propaganda und ein schönes Bild von sich. Solidarität war wirklich eine Hauptsache von der DDR. Und ich war froh darüber. Warum bin ich denn hergekommen, Burga? Weil ich in meinem Land nicht leben konnte. Und nach der Wende hatte ich Angst, dass ich hier nun auch nicht mehr leben kann.

Warum?
Ich habe die Grenzöffnung zu Hause miterlebt im Fernsehen. Ich habe gedacht, die Welt ist für uns wieder kaputt. Noch einmal von vorn anfangen. Irgendwann kamen die Anrufe: Da wurde uns gesagt, warum geht ihr nicht nach Chile zurück? Was macht ihr denn hier? Ausländer wollen wir nicht haben – Heil Hitler.

Mittlerweile warst du einige Male in Chile.
Du kennst unser Lied: Cambia todo Cambia. Das Lied der Emigranten: Alles verändert sich, nur die Liebe zur Heimat nicht. 1991 war ich zum ersten Mal wieder da. Nach fast zwanzig Jahren. Ich war überrascht: Ich sehe, wie das Land gewachsen ist, die Menschen sind auch irgendwie selbstbewusster. Ich sehe aber auch die Armut. Ich sehe immer noch den schwarzen Schatten der Diktatur. Ich sehe Protz und Reichtum. Es gibt viele Möglichkeiten in Chile – aber nur für einen Teil der Bevölkerung, wie immer in einer kapitalistischen Gesellschaft. Die Leute, die gut verdienen, leben, wie sagt man hier, wie Gott in Frankreich. Es gibt zu viele Arbeiter, es gibt zu viele Menschen, die moderne Sklaven sind – im 21. Jahrhundert. Es ist zwar besser geworden, aber trotzdem schlecht geblieben.

Vier Gründe für die DDR

VICTOR GROSSMAN
Berlin | Journalist und Autor | Jahrgang 1928

Ich heiße, seit ich in der DDR lebte, Victor Grossman. Geboren bin ich 1928 in Manhattan. 1952 kam ich in die DDR – als Deserteur von der US-Armee, stationiert in Bayern. Seit 1961 wohne ich in der Karl-Marx-Allee. Ich habe in einer Fabrik gearbeitet, war Leiter in einem Klubhaus für Ausländer, dann habe ich Journalistik in Leipzig studiert, was mich zum einzigen Menschen auf der Welt macht, der ein Diplom hat von Harvard und von der Karl-Marx-Universität. Vermutlich wird es ewig so bleiben: Harvard heißt immer noch Harvard, aber die Karl-Marx-Uni nicht mehr nach Karl Marx. Ich war dann Redakteur, freischaffender Übersetzer und Artikelschreiber und tingelte in der DDR herum mit Vorträgen über die USA. Und das mach ich im Grunde bis jetzt.

Quer durch die DDR-Jahre ... Wie ging es dir dabei?
Privat ging es mir ganz gut. Ich hatte eigentlich immer Arbeit und Vorträge. Obwohl, in den letzten späten achtziger Jahren, da merkte man beim Publikum einen Unterschied im Denken.

Wie zeigte sich das?
In den frühen Jahren hatten die Leute großes Interesse an Themen wie Indianer, Bewegung der schwarzen Panther, an Martin

Luther King, an Gewerkschaften bis zu den politischen Attenta-
ten. Besonders groß war das Interesse natürlich bei John F. Ken-
nedy. Die Leute waren froh, von mir zu hören, dass nicht alles
so schwarz-weiß war wie oft in den DDR-Medien. Mir schien,
dass die Leute ab Mitte der Achtziger immer negativer dachten –
sie hatten keine gute Laune mehr für die DDR. Es wurde immer
schwieriger, ganz für die DDR zu sein. Wenn ich in Vorträgen
und Gesprächen sagte, in den USA wäre der Lebensstandard im
Allgemeinen zwar höher als hier, aber es gebe viele bedrohliche
Sorgen mit Arbeitslosigkeit und anderen Problemen – an den
Augen hab ich gesehen, dass die Leute das gar nicht hören wollten. Es nicht glauben wollten.

Was wollten sie?
Reisen. Die waren sehr sauer, dass sie nicht reisen konnten. Aber
auch Konsumgüter, Computer, Elektronik wollten sie. Wir, die
DDR, hinkten ja hinterher. Und: Die Leute wollten nicht mehr
diese fürchterlich langweiligen Sachen in den Medien. Eine
große Zäsur, nein, es waren zwei ... eine Zäsur war schon die
Biermann-Geschichte in den Siebzigern, aber dann, in den Acht-
zigern, war Gorbatschow die zweite in dieser Zeit. Alles zusam-
mengenommen führte zu der Unzufriedenheit.

Die es offiziell nicht gab?
Nö, offiziell war davon nie die Rede. Wie gesagt, ich hab es in
meinen Vorträgen angesprochen. Ich hatte eine gewisse Narren-
freiheit, weil ich freischaffend war, weil ich Ausländer war, weil
ich genügend Vorträge hielt. Wem nicht gefiel, was ich sagte,
der brauchte mich nicht wieder einzuladen. Das war mir egal.
Ich sagte solche Sachen, wie: »Aktuelle Kamera«, das ist des Fein-
des schärfste Waffe. Da haben sie fast alle mitgelacht, und sie
dachten auch so. Die »Aktuelle Kamera« und die Parteipresse
haben alle geärgert oder gelangweilt oder beides. Mich auch. Es

gab natürlich Ausnahmen, wie »Eulenspiegel« und »Magazin« und vielleicht »Für Dich« oder »Junge Welt« oder »NBI«. Da gab es interessantere Sachen drin. Die politisch Interessierten lasen »Horizont«, aber die sonstige Tagespresse war schwer auszuhalten, obwohl die Journalisten nicht schlechter waren als die im Westen.

Zurück in die achtziger Jahre. Hattest du den Eindruck, dass sich die Politik veränderte?
Ich sah, dass es bergab geht. Das war ja auch 'ne gewisse Veränderung. Besonders seit Mitte der Achtziger sah ich, dass es bergab geht. Man hat nicht geglaubt, oder ich habe noch nicht so richtig geglaubt, dass es zu Ende geht, jedenfalls nicht so schnell. Aber langsam bekam man schon Angst davor, ich jedenfalls. Ich sah, wie es immer schlechter wurde. Mein Schwiegervater, der eigentlich ein ganz treues Parteimitglied war, verstand Partei und Politik nicht mehr. Beides war starr und stur. Dazu die Einflüsse vom Westen, die immer stärker wurden – wie neonazistische und rassistische Ausfälle zum Beispiel. Das hat mir mehr und mehr Sorgen gemacht. Ich hoffte darauf, dass beim nächsten SED-Parteitag eine neue Garde käme. Die Alten waren selbstherrlich, wurden langsam ein bisschen senil vielleicht, sie bekamen immer weniger Sympathie, obwohl fast alle alte Antifaschisten waren; sie hatten gekämpft gegen die Faschisten und viel durchgemacht. Ich hoffte, dass die Neuen, die kommen sollten, nicht etwa nur eine Karrieristen-Bande wären, doch war man nicht so sicher, dass es gut geht. Trotzdem, ich hoffte, dass diese Alten zurücktreten, aber sicher war das nicht 1988/89.

Wie hast du das in Berlin erlebt?
Ich hatte Angst.

Wovor?

Ich hatte Angst, dass die DDR zugrunde geht. Ich hatte zunehmend Angst, wirklich ... Also ich weiß, wann ich anfing zu fürchten, jetzt ist die DDR kaum noch zu retten. Das war aber ziemlich am Ende. Das war am 4. November 89.

Warum denn da?

Weil ich an dieser Demo teilnahm und als ich rauskam auf die Straße oder ein bisschen weiter und sah diese riesige Menge von Leuten mit ihren Schildern, das war das Neue Forum damals, mit Schildern, die zwar erfrischend witzig und klug und scharf waren, was immer gefehlt hat über die Jahre, aber ich merkte, das Ganze geht verloren. Das habe ich vorher schon im Schriftstellerverband gemerkt, schon einen Monat zuvor. Ach, das habe ich noch früher gemerkt. Im Frühling war zu merken, dass denen da oben alles verloren geht. Ich habe mehrere Versuche gemacht. Ich habe lange Briefe geschrieben und ich habe Anrufe gemacht. Ich habe einen langen Brief ans ND geschrieben, einen 14-seitigen Brief an Margot Honecker über die Situation an den Schulen. Ich habe Sindermann geschrieben, ich hab dann versucht mit dem von der Presse im ZK, Joachim Herrmann, zu sprechen – im Sommer, als so viele Leute über Ungarn abhauten. Ich sagte: Mein Gott, können wir nicht ein Blättchen machen, an die Leute appellieren, jedenfalls irgendetwas unternehmen, um den Exodus aufzuhalten. Aber Honecker sagte: Wir weinen ihnen keine Träne nach.

Das war im September ...

Ja. Mitte Oktober kam ich aus dem Urlaub zurück und ging in den Schriftstellerverband. Da herrschte jetzt ein ganz anderer Geist. Erst sprach Christa Wolf, die sich sehr kritisch äußerte, auch Daniela Dahn. Sie traten fürs Neue Forum ein. Ich war sehr erschrocken. Der Schriftstellerverband hat sich dann sehr schnell auseinandergestritten, und zwar gar nicht freundlich, sehr hart. Und dann kam der 4. November 89, und ich sah diese Tausenden mit diesen Schildern. Ich sagte Einem von der »Aktuellen Kamera«, den ich kannte: »Merkst du, das sieht schon so aus wie Konterrevolution.« Das wollte er nicht wahrhaben. Er hat mich schräg angeguckt und wollte das nicht akzeptieren. Dann traf ich noch jemanden von der »Wochenpost«. Auch er hat mich nicht verstanden. Ich hab gedacht, wenn sie es einmal aus der Hand geben, wenn sie es verlieren, dann ist es vorbei. Ich hatte dann auch Angst, dass der Zug vor dem Palast der Republik nicht nach links abbiegt, sondern geradeaus marschiert Richtung Brandenburger Tor. Inzwischen weiß ich, dass viele diese Sorge teilten. Das waren Zehn-, Hunderttausende Menschen. Was hätte sie stoppen können? Höchstens Schüsse. Aber sie sind abgebogen und zurück zum Alex. Und da habe ich die Reden gehört. Und die Reden waren gemischt. Manche waren sehr gut, von der Hoffnung für eine bessere DDR angeregt. Darunter waren Christa Wolf, Stefan Heym, Gregor Gysi und noch ein paar andere. Aber da waren auch welche, die offensichtlich ganz klar Schluss machen wollten mit der ganzen DDR. Einer war der Wissenschaftler Jens Reich, einer der führenden Dissidenten. Einer sagte: Jetzt wird ganz anders gekocht. Mit Pfeffer, scharf und brennend. Ich dachte, was haben sie vor? Für die »Junge Welt« habe ich einen Kommentar geschrieben: dass man aufpassen muss, welche Köche rankommen und was für Gerichte die machen, die zwar schön klingen, die aber für viele Menschen nur noch Knochen und Reste übrig lassen. Das ist nicht gedruckt worden. Jedenfalls habe ich ein bisschen Hoffnung geschöpft bei einigen Reden, die interessant waren. Und die Leute klatschten, wenn es ihnen gefiel, und sie buhten, wenn's ihnen nicht gefiel. Das war erstmalig in der DDR. Es wurde auch gelacht, oft auf Kosten von Egon Krenz. Jedenfalls ging es dann wirklich bergab. Ende November war ich in Leipzig zur Dok-Filmwoche.

Ich war bei einer dieser Montagsdemos dort. Fast alle Filmleute kamen an diesem Abend zu dem Platz.

Welcher Platz war das?
Das war damals der Karl-Marx-Platz. Auch das Motto der Montagsdemo änderte sich von »Wir sind das Volk« plötzlich in »Wir sind ein Volk«. Und das wurde offensichtlich von organisierten kleinen Trupps initiiert.

Hattest du diesen Eindruck?
Diesen Eindruck? Ich sah, dass solche Trupps es vorsagten und die Leute zu diesen »Wir sind ein Volk«-Rufen animierten. Die meisten Demonstranten reagierten darauf verunsichert. Und ich sah auch einen Westberliner Lieferwagen mit Flugblättern, ich glaube, von den Republikanern.

Das war nach der Grenzöffnung am 9. November.
Ja. Mich betraf die ganze Mauerfrage übrigens weniger als die meisten Menschen. Ende 1958, als ich herkam, gab es noch keine Mauer. Neunzig Prozent der Leute gingen regelmäßig oder häufig nach Westberlin rüber. Ich setzte nie auch nur einen Fuß über die Grenze, weil ich Angst hatte als Deserteur der US-Army. Die Mauer war gewissermaßen für mich ein Schutz, weil ich als Deserteur von meinen Landsleuten hätte geschnappt werden können. Es soll so was gegeben haben.
Als dann am 9. November die Nachricht kam im Fernsehen – na, ich bin nicht rüber. Vielleicht zwei Jahre später ging auch ich mal nach Westberlin, erst als die Armee weg war, die US-Army. Ich kann sagen: Ich hab diese Mauer nie geliebt, und man musste sich freuen für die Leute, dass sie endlich zu ihren Verwandten konnten. Aber froh war ich nicht, dass es jetzt zu Ende ging.

Du wolltest die Verhältnisse ändern?
Ja. Absolut. Natürlich sehr, deshalb meine Briefe und Aktionen. Es musste Veränderungen geben. Eigentlich schon seit Jahren, Jahrzehnten habe ich das gedacht. Es muss anders gehen. Aber nicht so. Nicht die DDR abschaffen.

Was denkst du, weshalb hätte die DDR erhalten werden sollen.
Es sind etwa vier Sachen, weswegen ich mich treu zur DDR verhielt. Erstens: Ich bin in den USA in den dreißiger, vierziger Jahren aufgewachsen. Ich war überzeugter Antifaschist, um so mehr, weil ich jüdisch war. Ich bin in der Zeit aufgewachsen, als Spanien kämpfte, da war ich neun, zehn Jahre alt. Die DDR war auf Antifaschismus gebaut, von Anfang an. Es gab Routiniertes, aber trotzdem, die Grundlage war antifaschistisch und die Führung war antifaschistisch. Und als ich bei dieser Zeitung, »German Report«, arbeitete und recherchierte, las und lernte ich, wie die Bundesrepublik von oben bis unten absolut bis in die sechziger, siebziger Jahre von Nazis durchsetzt war. Absolut. Militär, Diplomaten, Akademiker, Journalisten, Gerichte, Polizei. Und die DDR war nicht so. Das war Punkt eins. Punkt zwei: Aufgewachsen bin ich auch im Sinne von internationaler Solidarität, Spanien zum Beispiel und anderes. Die DDR war auf Seiten der Algerier gegen Frankreich, bei den Vietnamesen gegen die US-Army, auf Seiten von Allende 1973 in Chile, gegen Franco in Spanien. Für Angela Davis in USA. In Afrika, vor allem im Süden Afrikas, waren wir für und mit dem ANC. Die DDR war praktisch ihr Zentrum in Euroapa. Wir unterstützten ANC und Swapo und die anderen ...

Die Befreiungsbewegungen ...
Ja. Ihre Zeitung wurde englisch in der DDR gemacht und, ich glaube, sie wurde auch subventioniert von der DDR.

Das ist ziemlich unbekannt.

Ja, das soll vergessen werden. Aber in Südafrika, die wissen schon, dass die DDR auf ihrer Seite war und die Bundesrepublik nicht. Bloß als es keine DDR mehr gab, mussten die sich mit der Bundesrepublik abfinden und verhalten sich pragmatisch. Aber die wissen es. Noch. Der dritte Punkt war, ich kam aus den USA rüber. Da war der soziale Unterschied zur DDR noch krasser, als wenn ich nur aus Westdeutschland in die DDR gekommen wäre: Studium umsonst für mich, für meine Söhne. Dazu Stipendien, man konnte damit auskommen. Medizinisch: neun Wochen im Krankenhaus mit Hepatitis und zweimal Kur, vier Wochen, alles umsonst. Neunzig Prozent meines Lohnes noch dazu bekommen. In den USA musste mich meine Mutter mal nach zwei Wochen aus dem Krankenhaus herausholen, weil sie es nicht mehr bezahlen konnte. Ich traf auf diese ganze medizinische Szene, auf Bildung, auf Kindergärten, auf Sommerferien – was sehr, sehr teuer ist in den USA –, und jetzt und heute auch hier. Das waren damals zwölf Mark für ein Kind, achtzehn Mark für zwei Kinder, für drei und mehr Kinder gar nichts. Alles umsonst! Und vor allem Exmittierungen aus Wohnungen waren verboten. Man konnte nicht obdachlos werden. Man konnte nach Jahren des Nichtbezahlens in eine andere Wohnung eingewiesen werden, in eine schlechtere, aber auf die Straße konnte niemand gesetzt werden.

Das sind die alten und bekannten sozialen Argumente.

Natürlich sind sie das. Und zum Glück noch nicht vergessen, obwohl politisch und medial heute so gut wie alles betrieben wird, um auch diese Erinnerung zu löschen. Damit bin ich immer noch bei der dritten Sache, warum ich zur DDR stehe: Am wichtigsten war, man hatte keine Angst vor Arbeitslosigkeit. In den USA hatte ich es nur kurz erlebt, arbeitslos zu sein. Aber ich merkte in dieser kurzen Zeit, dass du da immer kleiner wirst. Du hast den Hut in der Hand und musst von einem Personalbüro zum anderen wandern und wirst immer kleiner dabei. Es ist ein fürchterliches Gefühl. Du wirst zu einem Nichts gemacht. Und ich war damals ledig, hatte niemanden zu ernähren. Zur Not konnte ich mich durchschlagen. In der DDR war das nie ein Problem. Das war der dritte Punkt. Der vierte und letzte Punkt ist ein bisschen wie der erste. Ich hasste Krupp, Thyssen, IG Farben aus Bayern und BASF, Siemens, Deutsche Bank. Das waren die Kräfte, die die Nazis aufgebaut hatten, die direkt zuständig waren für Auschwitz und alle anderen Lager. Für Versklavung, Ausbeutung und Tod von zig Tausenden bei Siemens und bei den anderen. Und die waren hier in der DDR weg. Verjagt, enteignet, verurteilt. Das bedeutete sehr viel für mich. Jetzt, am Alex, hab ich Krupp-Thyssen in meinem Fahrstuhl. Ich kenne den Horror von der Thyssen-Familie: 1945 kurz vor Toresschluss hat die Thyssen-Tochter in ihrer großen Villa in Österreich kranke und schwache Juden nackt durch die Wälder jagen lassen und ihren Gästen Gewehre gegeben. Bevor die Sowjets kamen, ist die Familie in die Schweiz abgehauen. Und jetzt sponsert sie Museen irgendwo in Spanien. Das ist Thyssen. Und Krupp war kein bisschen besser. Und die waren hier weg. Das war für mich am wichtigsten, und die DDR war für mich trotz all ihrer Dummheiten und ihrer Bosheiten ein großer Fortschritt. Solange die DDR nicht Kriege machte, war es schwer für die Bundesrepublik, welche zu machen. Die DDR war eine Barriere gegen diese ganzen Krupp-, Thyssen-, Deutsche-Bank-Leute. Deshalb blieb ich der DDR treu.

Verstehe. Trotzdem: War das die Wende, die du wolltest?
Nein, keinesfalls, ist ja klar. Ich wollte gerade das nicht. Ich wollte Verbesserungen und Reformen, damit die Leute für den Sozialismus zu gewinnen waren, nicht den Untergang. Dass die Krupps und die Thyssen und die Deutsche Bank siegen – das konnte ich nicht wollen!

Für mich ist es fantastisch geworden

HELLMUTH HENNEBERG

Sellessen (Niederlausitz) | Journalist, Fernsehmoderator | Jahrgang 1958

Wie ging die Wende im Fernsehen der DDR eigentlich vor sich?
Erst mal gar nicht. Das Schweigen in Adlershof war beklemmend
und peinlich. Fast ein Lichtblick war da die neue Sendung Elf 99,
benannt nach der Adlershofer Postleitzahl. Eine Mischung aus
Unterhaltung und Politik für junge Leute, »jugendgemäß« hieß
das im Konzept. Start war im Sommer oder Herbst 1989. Ich
gehörte zur Jugendredaktion und wurde auch gefragt. Eigentlich hatte ich keine Lust und ging nur unter der Bedingung
dahin, keine Wirtschaft machen zu müssen. Elf 99 griff dann
aber wenigstens einige Probleme der Zeit auf und wurde schnell
bekannt – ich erinnere mich zum Beispiel an ein Interview mit
Stefan Heym. Das waren vereinzelt neue Töne.

Was hat Sie geärgert und wo dachten Sie, o Gott, nur weg?
Ich hab mehrere Parallelleben geführt: Adlershof und öffentliche Veranstaltungen für die FDJ und Kulturveranstaltungen im
ganzen Land. Wir haben uns Abwechslung gesucht und dabei
manchmal den Spaß gehabt, den wir beim DDR-Fernsehen nicht
fanden. Das ging problemlos. Geärgert? In gewisser Weise ständig. Wahrscheinlich bin ich deshalb in die SED eingetreten,
nach dem Motto: Von innen verändern. Das war 1987, zu einem

Zeitpunkt, wo man es nicht mehr hätte machen sollen, und bin wiederum ausgetreten zu einem Zeitpunkt, wo es sich nicht gehört hat, 1990. Von daher war ich also verquickt und verwoben mit allem. Wir arbeiteten, schließlich hatten wir Sendungen zu machen, und haben Pläne gesponnen, an die man nicht richtig glauben konnte. Ich erinnere mich an die Stimmung: Wir machen unser Ding. Es war ein ruhiges Leben, irgendwas fehlte zwar, aber es lief so einigermaßen.

Woher kam diese Lethargie?
Es war so erwartbar. Es war so wie immer. Es war mit wenig Überraschungen. Zu der Zeit war ich dreißig, und da hat man ja noch nicht mit allem abgeschlossen. Ja, das ist der Grund. Wir haben uns natürlich gefragt, warum wir so fürchterlich neben der Aktualität liegen, warum wir nicht vernünftig berichten über das, was passiert in dem Land, dessen Stimmung wir doch mitbekommen haben. Es gab diese große Diskrepanz zwischen dem, was wir an Nachrichten produzierten, und dem, was im Lande passierte. Das war schmerzlich. Bei mir hat es dazu geführt, dass ich mich zurückgezogen habe in der Hoffnung, dass es nicht so schrecklich ist, wie ich es doch eigentlich wusste. Das heißt, eine Stimmung, die bei mir eher zu Lähmung führt als zu Aktivität. Für mich war es das große Glück, dass die Wende kam und man sah, es können Dinge eintreten, die man selbst nicht für möglich hält.

Wie hat sich die Zeit im DDR- Fernsehen gespiegelt?
Ich glaube, spätestens mit der Übertragung der Demonstration am 4. November zog die Wirklichkeit ins Fernsehen, es kamen Filme wie »Warum wollt ihr weg?« oder »Ist Leipzig noch zu retten?« Der »Schwarze Kanal« von Schnitzler flog vom Sender. Die Zeitereignisse bestimmten das Programm. So passierte es auch, dass ich am 26. November 1989 plötzlich Fernsehmoderator in der ersten Live-Talkshow des DDR-Fernsehens wurde.

Nun doch eine Überraschung?
Ganz große Überraschung: Weil ich kein Telefon hatte. Wir
wohnten in Adlershof, und an dem Tag bin ich überhaupt nur
in den Sender gegangen, weil ich irgendwas telefonieren musste.
Ich bin zu Elf 99 rein, da kommt mir der Kollege Hans Sparschuh
entgegen und sagt:»Heute Abend machen wir die erste Live-Talkshow. Der Carpentier hat zu tun mit seiner Wandlitz-Reportage,
und wir brauchen dringend einen dritten Moderator.« Habe ich
gesagt, ich bin hier eine große Nummer, nehmt mich mal, hab
gelacht und bin weitergegangen. Dann sitze ich in der Kantine,
und plötzlich kommt eine Kollegin und sagt, du sollst zu Büchel
kommen, ganz schnell! Büchel war Intendant des zweiten Pro-
gramms damals. Bin ich hin, und er:»Heute Abend moderierst
du die Live-Talkshow Elf 99.« Live im DDR-Fernsehen! Und open
end dazu. Wir haben das gemacht, ohne zu wissen, wie es eigentlich geht. Das war im Grunde auch die einzige Möglichkeit, einfach loszulegen, sonst hätte man sich das gar nicht getraut.

Das DDR-Fernsehen änderte sich und wurde spannend?
Das änderte sich erst täglich, dann stündlich. Die Macher
staunten, was sie konnten und durften. Ich weiß, Jan Carpentier machte Interviews, die dann schon mutiger waren, wobei ...
mutig? Überraschend für uns war, dass es tatsächlich auf den
Bildschirm gelangte und zugelassen wurde und die Kollegen
dafür nicht entlassen wurden. Das ging so, bis dann der ganz
große Damm brach.

Wann war das?
Aus meiner Wahrnehmung brach der, als Egon Krenz Generalsekretär wurde. Ich erinnere mich an die Stimmung. Man sagte
sich: Das kann es nicht sein! Die Benennung von Krenz war
gesellschaftlich eine erhebliche Veränderung – so klein, wie sie
von außen erscheinen mochte, für die innere Struktur war es

ein Novum. Da entstand der Gedanke, wenn sich diese Personal-Politsachen ganz erheblich ändern, kann es auch im Fernsehen so sein.

In der Zeit fanden große Demonstrationen statt, die man nicht mehr ignorieren konnte.
Man hat sie noch ignoriert. Die Demonstration am 9. Oktober in Leipzig war jedenfalls nicht Gegenstand der Berichterstattung in dem sich dann verändernden Sinne. Auch die Ereignisse um den 7. Oktober nicht. Ich weiß nicht mehr, ob verquaste Meldungen verlesen wurden, aber tatsächlich berichtet wurde noch nicht – nicht im DDR-Fernsehen. Wir haben es im Westfernsehen geguckt. Auch die Dresdner Geschichten über diese Züge, die mit Botschaftsflüchtlingen durch Dresden nach dem Westen fuhren, wurden nicht gesendet. Es wurde viel geredet, aber berichtet wurde darüber noch nicht.

Diese Zeit war voller Ereignisse – welche Erwartungen hatten Sie?
Ich hatte damals keine Erwartungen. Das war für mich eine Zeit, in der es mich überall hätte hinwirbeln können. Am 9. November, als ich die Pressekonferenz mit Schabowski live im Fernsehen gesehen habe, hatte ich nur Angst. Meine damalige Lebensgefährtin sagte, ich geh da jetzt hin, mal gucken, an die Grenze. Ich sagte, mach das nicht. Was ist, wenn die da schießen? Das heißt, ich hab Angst gehabt. Ich bin der, der zu Hause geblieben ist und sich dann hat anhören müssen, was ich verpasst habe, weil ich nicht dabei gewesen bin in jener Nacht. Ich war der Ängstliche, der Besorgte, der sich nicht vorstellen konnte, was da passiert. Günter Gaus hat mal geäußert, er wartet nur auf den Moment, dass jemand sagt, er habe die Wende vorhergesehen oder die Maueröffnung. Solche Leute sind Jahre später dann auch aufgetreten. Ich gehöre nicht dazu, ich hab das nicht gewusst, ich hab's nicht vorhergesehen. Ich habe das, was in der

Nacht passierte, im Fernsehen verfolgt, und habe gedacht, die schießen da.

An welchem Datum machen Sie die Wende für sich fest?
Diese Wende hat sehr viel früher als im Jahr 89 begonnen. Sie hatte zu tun mit vielen Aktivitäten, die den »Bürgerbewegten« – unter dieser Überschrift und zwar sehr ehrenhaft – zuzuordnen sind. Die Wende hatte zu tun mit den Diskussionen um das Sputnik-Verbot 1988, mit Biermann 1976 ... Das sind Sachen, die dazu beigetragen haben, das darf man nicht vergessen. Das, was jetzt Wende genannt wird, ist ja nur so ein Umkippen, das Überlaufen des Fasses, das Brechen des Dammes.

Haben Sie gedacht, jetzt fegt's das Land weg?
Ja, hab ich gedacht. Ich hab gedacht, das fegt das Land weg, und mir war das Rufen »Wir sind ein Volk« nicht angenehm, weil ich nicht fand, dass wir ein Volk sind. Ich hab diese sehr schnellen Anschlussbemühungen mit großer Skepsis verfolgt. Ich habe gedacht, die Leute aus dem Osten, die das mit befördern, wissen nicht, was sie tun. Ich hab gedacht, es wird ganz schrecklich werden.

Und, wie ist es geworden?
Für mich ist es fantastisch geworden: durch den Zufall, dass ich diesen Beruf machte, durch den Zufall, dass ich nicht als irgendwie belastet gelten konnte – dadurch habe ich Arbeitsmöglichkeiten angeboten bekommen, die dem, wozu ich mal imstande sein würde, sehr entsprachen. Ich war ja ein vergleichsweise junger Journalist damals. Da passte plötzlich alles sehr gut. Ganz viele Zufälle, glückliche Begegnungen mit Leuten, denen ich viel zu verdanken habe. Und unser Beruf wurde im neuen Westen finanziell ganz anders und erfreulich besser bewertet. In der Endphase der DDR zogen die Gehälter an. Das war auch nicht schlecht.

In dieser Zeit begann Ihre Zusammenarbeit mit Günter Gaus – mehr konnte nicht gutgehen.

Von Gaus habe ich versucht zu lernen, dass das, was man für richtig hält, nicht stimmen muss, dass es ganz anders sein kann. Und dass es Sinn hat, die Dinge, die verbreitet und für richtig gehalten werden, zu hinterfragen, misstrauisch zu sein, misstrauisch zu bleiben und die erste gefundene Wahrheit für *eine* Wahrheit zu nehmen und zu begreifen, dass die Wahrscheinlichkeit, dass sie nicht stimmt, sehr groß ist. Das ist für mich wichtig, alles zu hinterfragen. Einfach gesagt: Das hat mich geprägt.

Gaus galt als DDR-Versteher.

Ja, das stimmt wirklich. Er hat die DDR verstanden. Wobei, wenn wir auf die DDR schauen, ist auch klar, dass es *die DDR* nicht gegeben hat. Die DDR war 1949 eine ganz andere als 1961 oder dann 1968 oder 1973 oder 1980/81 oder eben 1989. Und Anfang der Achtziger wieder anders als Mitte der Achtziger. Auf diese Differenziertheit hat Gaus großen Wert gelegt. Ich habe ihn ja dreizehn Jahre lang betreuen dürfen als Redakteur der Gesprächssendung »Zur Person« im ORB. Eigentlich hat er mich die ganze Zeit gefördert und versucht, mir zu helfen, die DDR zu verstehen.

Wie ging das?

Das ging mit diesem Hinterfragen. Ich war auch in der Zeit der Wende einigermaßen orientierungslos. Ich sehe das mit Staunen, wenn ich mir, was ich mir nicht gern und gar nicht oft zumute, Sendungen aus der Wendezeit angucke. Ich sehe dadurch auch, wes Geistes Kind ich zu diesem Zeitpunkt gewesen bin.

Wes Geistes Kind waren Sie?

Ich war geprägt durch Erziehung aus sozialistisch-kommunistisch-stalinistischem Elternhaus, ein sozialistisch verblendeter, neugieriger, sensibler Mensch.

Was heißt verblendet?

Dass ich sehr unzureichend bereit war zum politischen Nachdenken, also auch Meinungen zu akzeptieren, die abwichen von sozialistischer Staatsdoktrin. Ich habe die DDR für das bestmögliche Modell gehalten mit ein paar Fehlern, die eben da sind, die man aber mit den Instrumentarien dieses Systems selbst beheben könnte. Und ich habe festgestellt, dass das ein Irrtum war.

Gaus hat daran seinen Anteil?

Ja. Und zwar einen sehr produktiven, weil er immer imstande war – so, wie es auch aus seinen Interviews ausstrahlt – Positionen, die er nicht teilt, auszuhalten, seine Sicht daneben zu stellen und dem Gegenüber einzuräumen, das gut zu finden, nicht gut zu finden oder sich gegebenenfalls zu korrigieren. Das macht seine Interviews spannend.

Wie haben Sie diese Zeit als Journalist im Ganzen erlebt, mit welchen Wandlungen und welchen Wirkungen?

Wir waren plötzlich frei in allem. Ab dem Zeitpunkt, also Ende November 1989, als ich sehr plötzlich Moderator wurde und die Sendung dann einmal im Monat lief und die Sendung »Am Tag, als ...« mit Gisela Oechelhaeuser dazu kam. In diese Zeit fiel auch meine Arbeit für und mit »Ozon«, ein Umweltmagazin. In der Zeit hat es keinerlei Zensur gegeben. Ein Zustand, der vorher nicht war und der sich danach auch nicht wiederholt hat. Das war sensationell. Wir hatten jegliche Freiheit, zu der Talkshow einzuladen, wen immer wir wollten – und es kamen ja auch alle, die man danach nicht mehr kriegte. Diese sehr selbstbestimmte Arbeitsweise trifft auch auf »Ozon« zu. Die Kollegen – verdienstvoll wie Hartmut Sommerschuh und andere – kämpften diese Sendung unter sehr großen Mühen, Anstrengungen und auch persönlichen Repressionen ins Programm. »Ozon« hat dann viele Wandlungen durchgemacht. Damals war es wesentlich,

Dinge aufzuklären und zu entdecken. Aufklärung zu leisten. Das alles war möglich in der Wende, und keiner quatschte uns rein.

Mit der Sendung »Am Tag, als ...« begann dann die Zeit, in der zeitgeschichtliche und politische Sendungen zu Straßenfegern wurden.
Die Reihe »Am Tag, als ...« war eine Produktion des ORB-Fernsehens mit dem »Tagesspiegel«. Ich glaube, das ging 1993 los. Das war zu der Zeit, als der ORB auch Partner suchte für bestimmte publizistische Veranstaltungen, die ins Fernsehen gelangen sollten. So kam es auch zur Zusammenarbeit mit dem »Tagesspiegel«. Ich weiß nicht, ob das Straßenfeger waren.

Na, zumindest hat es viele Leute interessiert, nicht nur die Macher. Besonders war auch, dass DDR-Geschichte am Beispiel und eben auch weitestgehend frei von Häme, Eifer und Geifer behandelt wurde.
Das fand ich auch. Und ich glaube, dass das wirklich Besondere und Einzigartige dieser Sendereihe war, dass wir darauf bestanden haben, im Erinnern ein Thema zu besprechen, dass nicht zu hoch gegriffen war, sondern fassbar für unsere Zuschauer. Also kein Historiker-Kolleg. Zum Beispiel: Am Tag, als ich Bausoldat wurde, oder ... als der Sputnik verboten wurde. Konkrete Geschichte mit Zeitzeugen. Ich habe sehr bedauert, dass der ORB die Sendung dann eingestellt hat. Wir hatten damals fünf oder sechs verschiedene politische Gesprächssendungen. Schließlich ist aber der ORB den Weg gegangen, den viele Anstalten gegangen sind, dass diese Sachen immer mehr abgeschafft wurden. Von dem Liedermacher Jürgen Eger stammt die Formulierung: Abschaffung der Zensur durch die Abschaffung der Inhalte. Das finde ich ganz zutreffend.

Was aus Ihrem DDR-Leben vermissen Sie?
Ich glaube nichts, nicht auf Anhieb. Manchmal höre und lese ich, wir hatten eine andere Gemeinschaft, Leute waren sich

menschlich näher, weil sie sozial nicht auseinander waren – also heute sei es kälter im Umgang. Das mag alles sein, aber ich kann nicht erkennen, dass man nicht auch selbst was dafür tun kann und tun sollte, damit es eben kein kalter Umgang ist. Es ging auch in der DDR nicht überall fröhlich und gemeinschaftlich zu, wie solche Vorstellungen, die manchmal im Nachhinein idealisiert werden, es behaupten. Es hat auch Kälte gegeben.

Das war die Wende, die Sie wollten?
Was heißt wollte? Ich habe mir nichts gewünscht – und eine großartige Entwicklung erlebt. Insgesamt. Was nicht heißt, dass ich diesen Geschichten, die hier passieren, unkritisch gegenüberstehen würde, im Gegenteil. Zum Glück ist uns auch die Kritikfähigkeit, mit der wir die Prozesse heute betrachten, geschenkt worden – quasi per Herkunft aus der DDR. Wer aus der alten Bundesrepublik stammt, sich kritisch befasst mit dem eigenen Land, hat in der Regel eine größere geistige Strecke zurücklegen müssen, um diesen Blick zu kriegen. Wir sind ja mit dieser Distanz reingekommen. Übrigens haben wir noch so ein Geschenk der Geschichte: Manchmal verblüffe ich westdeutsche Alters- und Berufsgenossen mit der Feststellung, dass von den drei journalistischen Systemen, die ich erlebt habe, nicht das jetzige das beste und interessanteste ist, sondern das der Wendezeit. Eindeutig. Vielleicht erreichen wir einen solchen Zustand wieder, wenn es den nächsten großen gesellschaftlichen Umbruch gibt – und den wird es geben.

Denken Sie?
Davon bin ich seit der Wende überzeugt. Es können Dinge eintreten, die man nicht für möglich gehalten hat. Solche Umbrüche wird es wieder geben. Es wird nicht immer so weiterlaufen, wie es läuft.

Vorwärts in die Vergangenheit

NICO HOLLMANN
Berlin | Musiker und Komponist | Jahrgang 1952

Ich bin bekannt als Nico Hollmann. Ich heiße eigentlich Nikolaus Wilhelm Anton Hollmann. Bin das zweite Mal verheiratet, habe fünf Kinder, acht Enkel. – Seit 1973 bin ich freiberuflicher Musiker, mit allen Höhen und Tiefen. Ich sag immer: Außer Opern habe ich alles gemacht. Und auch heute noch schreibe ich Musik, obwohl es kein Schwein mehr interessiert. Ich komm aus dem Osten, aus Sachsen-Anhalt, geboren in Bitterfeld.

Da stand ich neulich auf dem Bahnhof. Es war trostlos, aber sauber. Sehn wir uns nicht in dieser Welt, sehn wir uns in Bitterfeld. War so 'n Ostspruch. Früher hieß es immer: Wo wohnst du? Sag ich: in Bitterfeld. O Gott! Heute: Wo wohnst du? In Hellersdorf. O Gott! Da fühle ich mich gleich zu Hause.

Wann hast du mit Musik angefangen?
Schon früh. Mit sieben Jahren musste ich Geige lernen und später Klavier. In den Schulpausen habe ich immer Klavier gespielt.

In den Pausen? Standen dort Klaviere auf dem Schulflur?
Nein, aber oben im Hort, im Musiksaal.

Tatsächlich?
Ja, was dachtest du denn? Ein Musikzimmer war da. Da standen mehrere Flügel und Klaviere rum. Das war halt so.

In einer normalen Schule?
Ja, in einer ganz normalen Schule. Flügel. Das war in der 6., 7., 8. Klasse. In dieser Otto-Grotewohl-Schule, da waren Flügel von Schimmel ..., nein, Blüthner-Flügel waren das.

Na sag mal ...
Ja, das war so in der DDR. Da wurde nicht gespart an kulturellen Geschichten. Das war nichts Besonderes.

Und da haben die Kinder rumgeklimpert?
Na, ich auf jeden Fall. Als Zwölfjähriger, Dreizehnjähriger, Vierzehnjähriger habe ich dann auch einen Chor begleitet. Und mit sechzehn hatte ich die erste Band gegründet. Da waren wir ruckzuck bekannt wie ein bunter Hund.

Wie hieß die Band?
Die hieß Hollmann Sextett. Die Idee zur Band kam durch die Beatles. Das hat mich stark motiviert. Wir hatten wie alle Jugendlichen auf der Welt den gleichen Musikgeschmack: Die Beatles-Welle ging um die ganze Welt und ließ die DDR nicht aus, blieb auch bei uns hängen.

Damit seid ihr rumgetingelt?
Ja, sind wir, ein Jahr lang, und dann gab's ein Spielverbot. Das war in der DDR auch ein Thema – Spielverbot.

Warum?
Spielverbote gab es, wenn wir quasi unseren kulturellen Auftrag nicht erfüllt haben, wenn wir also gesoffen haben oder weil wir

unsere T-Shirts ausgezogen haben, wie unsere Band damals mit nacktem Oberkörper. Das war so: Kulturpolitisch sollten wir Vorbild sein. Und wenn wir das nicht erfüllt haben – dann stopp.

Es sollte eine gewisse Etikette herrschen?
Ja. Das ist ja auch richtig, aber wir hatten damals nicht die Reife.

War euch egal.
Scheißegal.

Und dann?
Ein Jahr Verbot. Vorher machte ich Abitur, da haben sie mich beim Fahnenappell früh vorgeholt und gesagt: Guckt ihn euch an, das ist ein Opfer der Subkultur des Kapitalismus.

In einer kleinen westdeutschen Stadt wärst du damals vielleicht auch von der Bühne geholt worden, so halb nackich.
Kann sein. Da wäre ich vielleicht ein Beispiel für kommunistische Unkultur gewesen. Aber nun war ich Subkultur-Opfer und nicht mehr auf der Bühne.

Aber Abitur hast du gemacht?
Ja, hab ich gemacht. Und abends wieder auf der Bühne gestanden mit der Band. Dann bin ich zur Armee gekommen anderthalb Jahre. Dort habe ich auch Musik gemacht.

Im Soldatenchor?
Nein. Tanzkapelle.

Bei der Armee?
Ja, bei der Armee. Da waren auch Musiker. Die wurden dann zusammengezogen und uns wurde gesagt, ihr könnt Musik machen, eine Band. Also Tanzkapelle. Wir wurden überall mit

dem LKW hingefahren. Das war alles locker und easy und endete natürlich auch brachial, als unser Schlagzeuger die große Trommel voller Bierflaschen gestapelt hat. Die Trommel war dann so voll, konnte ja keiner mehr heben. Dann ist sie runtergefallen, die Flaschen alle kaputt, Bier floss gewissermaßen in Strömen – wieder Spielverbot. Nach der Armee habe ich in Halle eine Profi-Band gegründet, unter anderem auch mit Bimbo, der jetzt bei den Puhdys spielt. Dann hab ich mich beworben in Weimar für ein Musikstudium an der Liszt. Studium und Musik gemacht. 1977 nach Berlin zu Angelika Mann. Paar Jahre gespielt, neue Band gegründet, die hieß Mondie, dann zum Haus der jungen Talente gekommen. Dort habe ich meine ersten kompositorischen Versuche gemacht und ruckzuck war ich drin im Geschäft und hatte wirklich gut zu tun. Da stand eines Tages ein Typ vor meiner Tür: Schönen guten Tag, meine Name ist XY, ich wollt Sie mal fragen, ob Sie mit nach Norwegen kommen? Und das in der DDR! Da denkst du doch gleich, jetzt kommt die Stasi. Das war der erste Gedanke, der mich durchzuckte. War nicht so – Ein Vierteljahr später war ich mit der Band in Norwegen.

Welche Band war das?
Das war eine ganz beschissene Tanzkapelle, die kein Schwein kennt. Die war grottenschlecht und durchzogen mit ganz merkwürdigen Typen. Aber um mal Norwegen zu sehen, dachte ich, nimmst du das in Kauf. Dann waren wir in Norwegen, dann in Westberlin, dann in Hamburg, in Wiesbaden, dann waren wir in der Schweiz, Holland. Und im Westen und Osten hab ich produziert, war also quasi zwischen den Welten.

Nico, das höre ich ja nicht zum ersten Mal. Trotzdem: Mit dem gängigen Bild über die DDR stimmt es ja nicht gerade überein.
Das kann ich dir heute erklären. Die DDR hatte Devisenprobleme, und irgendwie sind sie auf die Idee gekommen, nicht nur

die Sportler nach dem Westen zu lassen, sondern auch die Musiker. Kleinkunst. Und jede Band hat ja nun Devisen eingebracht für den Staat. Das hat uns damals aber keiner gesagt, das weiß ich heute. Das ging schon Ende der Sechziger los. Solisten wie Peter Schreier oder Gisela May. Große Namen. Die waren gefragt, weltweit. Und dann kamen Kulturensembles, Tanzensembles, Theatergastspiele und auch die Tanzmusiker. Die waren unbekannt, haben in irgendeinem Schuppen gespielt. Da wurden extra Fotos angefertigt, war alles top secret, und es kamen Typen aus dem Westen, da mussten wir vorspielen, in so merkwürdigen Räumlichkeiten, Café Moskau, was weiß ich wo. Die Typen, haben uns angehört und dann Vertrag. Wir waren billiger als Westgruppen.

Ein nettes Leben. Oder?
Genau. Und haben der DDR Devisen gebracht.

Und wie viele sind drüben geblieben?
Bei fast jeder Reise ist einer drüben geblieben. Das habe ich mir eine Weile angeguckt – die Großen hauten ja dann auch ab. Holger Biege, Veronika Fischer, Ute Freudenberg – die hauten alle ab. Und da wurde man auch nervös. Was machst du denn jetzt? Ich bin nicht der Letzte, der das Licht ausmacht, habe ich zu meinem Kumpel gesagt. Pass auf, Erhardt, ich geh auch rüber. Da sagt er, gut, ok, da musst du aus der Band aussteigen. Aber eins sage ich dir, mein lieber Hollmann, ich bin eher drüben als du. So war's auch. Mein Kumpel ist 1987 komplett mit der ganzen Band abgehauen. Ich bin dann ausgestiegen, hab einen Ausreiseantrag gestellt: Das war 1986. Und vier Wochen vor der Wende haben sie mich rausgelassen. September 1989.

Was war dein Ausreisegrund?
Ich wollte einfach nur reisen mit meinen Kindern. Die Puhdys haben ihre Frauen mitgenommen, Karat haben ihre Frauen mit-

genommen. Ich wollte Urlaub machen drüben. Mehr will ich nicht, habe ich denen gesagt. Haben die nicht verstanden: Das geht doch nicht, leider. Haben die gesagt.

Mit der Band hat dir nicht gereicht?
Das war kein Reisen. Du hast vier Wochen in einem Laden gespielt. Nach vierzehn Tagen kriegst du eine Ladenmacke, da wirst du rammdösig. Ich hab mir alles angeguckt, was ging, aber mit Reisen ist das nicht zu vergleichen.

Und wie war deine künstlerische Situation?
Ich bin von der ersten Liga in die zweite, dritte gerutscht, durch die Tingelei. Die erste Liga, da war ich dann draußen. Mit der Ausreise habe ich, ehrlich gesagt, nicht viel nachgedacht. Wenn ich nachgedacht hätte, hätte ich es nicht gemacht.

Warum?
Wegen der Familie. Drei Kinder und eine kranke Frau. Ich war so naiv zu glauben, die Ärzte im Westen können ihr helfen. Bis ich mal einen Arzt gefragt habe: Was die West-Ärzte mit meiner Frau die Jahre gemacht hätten. Weißt du, was er gesagt hat?: Die haben Geld mit ihrer Frau verdient. Da war die Sache für mich erledigt.

Wo bist du denn überhaupt hin?
Ich wollte in die Schweiz. Da kam ich drauf durch einen, den ich kannte, den Schlagzeuger von Modern Soul, der auch abgehauen ist. So bin ich am Rhein gelandet, in Bacharach am Rheine.

Achja: ... Zu Bacharach am Rheine wohnt eine Zauberin ...
Genau: Sie war so schön und feine und riss die Herzen hin. Nahe der Loreley. Also da, in Bacharach, war ich zwei Jahre Kirchenorganist. Dann Musikunterricht in Bingen. Schließlich noch nach

90 Vorwärts in die Vergangenheit

Wiesbaden, aber das war vielleicht ein Dorf ... Wunderschön, aber Inzucht hoch zehn und die ganzen Nazis, die sich da abgetarnt haben, das kannst du dir gar nicht vorstellen.

Was war dort mit Nazis?
Nach dem Krieg haben die sich doch alle einen Unterschlupf gesucht, haben sich entnazifizieren lassen, sind irgendwo untergetaucht. Der Westen war voll mit denen. Die lebten gerade auf solchen Käffern, gemütlich und versteckt. Wenn sie nicht gerade in der Regierung waren oder Anwälte oder so ... Die haben doch alle irgendwo ein Plätzchen gefunden, so abgetarnt als Jäger, als Jagdgruppen oder Wehrgruppen. Das hat mir einer selbst erzählt. Der saß mir gegenüber, hat zu mir gesagt: Wissen Sie was, Herr Hollmann, gehen Sie doch dahin, wo Sie hergekommen sind. Unglaublich, was ich da erlebt habe. Aber diese Erfahrung, die macht das wieder wett, obwohl ich heute den Schritt bereue, weil er mir eigentlich außer Erfahrung nichts Gutes gebracht hat.

Erfahrung ist ja auch nicht schlecht.
Richtig, die kann mir keiner wegnehmen.

Wie und wo hast du die Wende mitbekommen?
Im September 89 bin ich rüber. War gerade vier Wochen dort und bei meinem Onkel. Sagt der: Gucke mal hier im Fernsehen, die stehen alle auf der Mauer in Berlin. Sage ich: Häh, was ist denn das? Konnte ich gar nicht begreifen.

Was hast du gedacht, dort am rheinischen Ufer?
Ich war so verpeilt. Das hat mich eigentlich gar nicht interessiert.

Du wolltest raus aus dem Osten in den Westen, und nun war der Osten plötzlich auch Westen.
Verrückt. Die Wende war in meiner Kalkulation nicht drin.

Was hast du von der Situation politisch erwartet, denn das war ja nun auch für einen, der nur Musik machen wollte, eine sehr offensichtliche Veränderung.

Ja. Das war eine Zäsur. Hätte eigentlich wieder zurückgehen können. Aber ich habe mir keine Zeit genommen zum Nachdenken. Die Familie musste ernährt werden. Ich habe nach vorn geguckt, wie ich das immer gemacht habe. Ich musste ranschaffen. Ich war so beschäftigt, dass die Wende an mir vorbeigerutscht ist.

Was hat denn aus deiner Sicht die Wende für die Musiker im Osten verändert?

Alles. Sagen wir mal so: Was ich nach der Ausreise im Westen erlebt habe, das haben andere nach der Wende auch im Osten erlebt, diese Erfahrung mit dem Funktionieren des kapitalistischen Systems.

Du bist damit klar gekommen.

Ja. Da waren wir ja noch willkommen. Danach war es aus mit dem Willkommen. Geht mal zurück. Bleibt mal dort. Das hat sich komplett umgekehrt. Wie war die Frage noch mal?

Was sich für die Musikszene in der DDR verändert hat.

Das ist alles schiefgegangen. Das hab ich von meinem Kollegen gehört. Da ging alles schief, da hat nichts mehr geklappt. Die großen Bands, wie Puhdys oder Silly, die waren mit einem Schlag arbeitslos. Andere wiederum haben verdient. Aber das hat sich dann so Mitte der Neunziger wieder eingepegelt. Also in ein Loch sind sie alle gefallen.

Warum, die konnten doch was.

Weil die Systeme knallhart aneinander vorbeigeratscht sind. Die haben anders funktioniert, im Osten und im Westen, völlig anders.

Musik ist nicht gleich Musik?
Einfaches Beispiel: Elektrostecker von hier und einer aus der Schweiz. Gleiche Funktion, sehen völlig verschieden aus, passen nicht zueinander. Muss ein Adapter gefunden werden. Und dieser Adapter, das war die Zeit. Das dauert eine Generation. Hier war die entrechtete Zeit. Was ich gehört habe, was hier lief in Ostberlin, da bin ich ja froh, dass ich weg war. Aber es war überall das Chaos. Nicht zeitgleich, aber es hat alle erwischt. Die Ellenbogengesellschaft schwappte über den Osten, und platsch wurden die meisten breitgemacht. Die Wessis, die sind damit großgeworden, die wussten, dass sie hier Geld machen können, sie wussten auch, was sie zu tun haben: Uns überrennen, überlaufen, verarschen, über den Tisch ziehen, 'n Finger zeigen. Die Erfahrung hat mehr oder weniger jeder gemacht. Jeder.

Wir reden immer noch von der Musikszene.
Zuerst war ein Teil der Bands für den Westen exotisch und wurden rübergeholt und haben gut verdient die ersten fünf Jahre. Umgekehrt war die DDR für die Westbands exotisch, die wurden hierher geholt. Das war so. Das hat ein paar Jährchen gedauert, bis sie gemerkt haben, aha, ok – und dann war die Exotik vorbei. Dann hat sich das alles normalisiert, sind etliche rüber und nüber und haben sich vermischt oder wie auch immer. Die Zeit des wohlbehüteten Künstlerdaseins, die war im Osten nun endgültig vorbei. Jetzt warst du auf der freien Wildbahn.

Da konntest du auch abgeschossen werden.
Genauso ist es. Und zwar schneller, als du gucken konntest. Bis du das mitgekriegt hast, warst du schon dreimal tot. Das war die Erfahrung. Ich habe das Gefühl, dass ich drüben nicht so richtig Fuß gefasst habe, weil ich zu gut war als Musiker. Ich habe nur schlechte Musiker erlebt und die, die einen Namen hatten, die hatten sich mit Glück irgendwie hochgemogelt.

Fast alle DDR-Musiker hatten eine fundierte Ausbildung – war das so?
Ja. Absolut. Unschlagbar der Osten darin. Das war so. Heute
brauchst du kein Papier mehr, heut brauchst du keinen Nachweis. Heut sagst du, ich bin Gitarrist oder ich bin Außenminister oder ich bin Bürgermeister. Ich mach jetzt eine Firma auf, ich
bin Systemadministrator. Ich mach jetzt ein Kabarett auf, oder
ich bin Regisseur. Hab zwar keine Ahnung, bin aber Macher. Da
kommt dann vom Westen ein Regisseur, der sagt: Ok, ich hab die
Kohle, ich bin der Regisseur und dann kommt der mit hochaus-
gebildeten Ost-Schauspielern zusammen. Oder eben Musikern.
Das ist wie Gewitter: Hoch- und Tiefdruckgebiet auf einen Schlag.
Da gibt es Feuer und nichts funktioniert. Habe ich alles erlebt.
Die quatschen dich zu und machen dich klein. So werden sie
groß. Die bluffen. Weil sie es gelernt haben, mit den Ellenbogen
zu wedeln. Das ist das amerikanische System. Die Amerikaner haben uns über Jahrzehnte lang verarscht. Das ist meine Theorie: Es
geht nur um Ausbreiten, Einsacken, Konfiszieren, Kleinmachen.

Moment mal, aber gerade amerikanische Sänger und Bands waren
die westlichen Supernummern – da rannten doch im Osten alle hin.
Das ist das begreiflich Unbegreifliche. Weil das Verkaufen eines
Produkts im Vordergrund steht. Und an verkaufen haben wir
im Osten überhaupt nicht gedacht. Freude und Spaß hatten wir.
Handwerkliches Können stand im Vordergrund. Und die drüben haben an verkaufen gedacht. Das ganze System, die ganze
Infrastruktur geht nur ums verkaufen. Wenn sich irgendwas entwickelt, dann – oh, oh, dann stürzt sich alles drauf wie die Kroko-
dile auf eine Kuh. Dann kommt das nächste Opfer dran.

Also Nico, das glaube ich nicht, dass die keine Ahnung hatten.
Nein, nicht keine Ahnung. Sie haben keine Ausbildung gehabt.
Sie haben sich das zusammengefummelt, wie man das unter
Amateuren irgendwie so macht. Wir haben komponiert. Das war

anders, das war völlig anders. Und da muss ich auch sagen, da habe ich die Achtung auch ein bisschen verloren vor diesen großen Stars, die eigentlich alle bloß mit Wasser kochen. Die waren uns eine Nase lang voraus, aber nicht handwerklich, sondern funktionell, infrastrukturmäßig, businessmäßig.

Aber die Welthits kamen ja dann doch von denen oder was?
Marketing, alles Marketing. »Sieben Brücken« war ja auch ein Welthit, kann man so sagen, man hätte ja bestimmt aus der DDR so einige Lieder zum Welthit machen können, wenn unsere Infrastruktur in dieses Business mit aufgenommen worden wär. Davon hatte von uns keiner eine Ahnung zur Wende.

War die Wende denn das gewesen, was du damals gewollt hättest?
Mit Sicherheit nicht. Wir haben andere Blickwinkel. Unser Fokus ging darauf, dass das Gras drüben grüner war, dass man reisen konnte. Die Welt war rund, die Welt war bunt. Und unsere Welt reichte von Rostock bis Suhl und von Wernigerode bis ans Schwarze Meer, und dann war es schon zu Ende. Was da alles dahintersteckt, na darüber haben wir uns keine Gedanken gemacht. Und die positiven Seiten, die wir hier hatten in der DDR, die haben wir nicht erkannt. Konnten wir ja gar nicht, wir hatten ja keine Vergleiche.

Was hat dir das Leben im Osten gebracht?
Ich bin hier ausgebildet worden, ich bin hier groß geworden, ich habe mich hier entwickeln können. Man hatte bloß immer das Gefühl, dass da hinter der Mauer noch etwas anderes war, noch mehr war. Das war aber nicht der Fall. Ich bin eigentlich in die Vergangenheit gelaufen. Ich wollte Zeit überspringen und bin losgelaufen: immer Vorwärts in die Vergangenheit. Das ist so. Das ist meine Erkenntnis. Wir sind heute wieder dort, wo wir vor dreißig Jahren schon einmal waren. Sagen wir so: In der

DDR war die Nähe zu einer menschlicheren Gesellschaft. Das war mir näher, obwohl sie dort auch viel falsch gemacht haben, sie haben es eben auch nicht geschnallt. Heute ist hier die reine Raubtiergesellschaft. Das einzige System: Es gibt keine Alternative – nichts ist schlimmer. Und es wird härter. Von heute rückblickend: Die DDR, das war ein Schlaraffenland eigentlich. Aber kein Schwein hat es gemerkt. Und wenn, dann ganz wenige.

Na gut. Trotzdem: Hatte die DDR denn nun gute Musik, gute Rock-, gute Tanz-, was auch immer?
Ja, sie hatte sehr gute Rockbands, hatte sehr gute Sänger und Komponisten. Das Problem in der DDR waren die Texte, die wurden zum Teil beschnitten. Es gab ein Lektorat, Zensur kann man sagen. Gibt es heute auch.

Quatsch.
Ja selbstverständlich, wahrscheinlich heute mehr als früher. Jedenfalls Zensur. Im Osten war das so: bestimmte Worte wurden bemängelt, weil die könnten missverstanden werden und so weiter. Das war so das Lektorat. Beispiel. Ich hatte als junger Komponist für Petra Zieger vier Titel produziert. Kurt Demmler hat die Texte gemacht. Und im Endeffekt blieb ein Titel übrig. Das war »Schmusen auf dem Flur«. Die anderen drei Titel wurden gestrichen, weil das Lektorat sagte: Kurt, das Wort musst du ändern und diese Zeile musst du ein bisschen abschwächen oder verändern. Und da hat Kurt gesagt, Kurt war der Guru: Ich ändere nicht mal ein Komma. Und damit war die Sache erledigt. Und ich war der Jungkomponist, der die Fresse zu halten hatte. Das ist unglaublich, was ich da erlebt habe.

Und wie ist das nun heute?
Heute geht's aber mehr nach Aussage der Huck Line. Huck Line hieß früher der Refrain, heute heißt es Huck. Die Huck muss

starke Worte haben, dass der Käufer, der Konsument – Ah, das kenn ich – sich erinnern kann und die CD kauft. Was dazwischen an Texten läuft, das ist scheißegal, das interessiert kein Schwein, das ist eben anders. Du musst trendig sein.

Wie kommen Leute musikalisch an die Spitze?
Sie müssen sich unter mehr Konkurrenz durchsetzen. Früher waren wir vielleicht fünf Bands, und heute sind's fünfhundert. Wo sie sich irgendwie hochmogeln durch irgendwelche Castingshows und Internet und YouTube und so weiter, und wenn sie irgendwie rauskommen, dann findet sich schon irgendjemand, irgendein Label, der sie dann ein bisschen fördert. Das ist heute eigentlich genau wie früher, bloß ganz anders. Bestimmte Hürden, wie Handwerk, Studium, Berufsausweis, Papiere – sind heute nicht mehr. Heut kannst du einfach machen. Ich werd Sänger. Wofür braucht man denn heute noch ein Papier? Als Politiker brauchst du kein Papier, als Künstler brauchst du kein Papier, als Pfarrer vielleicht noch oder als Lehrer oder als Arzt. OK.

Papier, damit meinst du ja –
Einen Nachweis, Studium, Qualifikation.

Was haben diese hohen Anforderungen für die DDR-Musik gebracht?
Es war ein Bremsklotz. Man konnte sich nicht so frei entwickeln wie heute. Heute kannst du machen, was du willst. Das ist auch gewöhnungsbedürftig für mich, gebe ich zu. Heute ufert es aus in alle Himmelsrichtungen. Das ist wie ein Urknall nach allen Seiten und keiner weiß, wo es hingeht.

Welche Hits der DDR bleiben, was meinst du?
Da bleibt zum Beispiel die Band, über die Erich geschimpft hat: die Puhdys. Wo sie alle gelacht haben. Da stehe ich heute und

sage: Respekt! Die haben überlebt, weil sie klug geführt wurden, weil sie drei, vier richtige Ohrwürmer hatten. »Alt wie ein Baum, möchte ich werden« überlebt. Danach kommt Karat ... Da sind schon ein paar Leute, ein paar Lieder, sagen wir zehn Stück – die überleben. Veronika Fischer sowieso, Veronika Fischer ist ganz vorne für mich, Holger Biege, Silly, obwohl deren Stil mir nicht gefällt, wirkt so konstruiert, aber die haben die heutige Show-Infrastruktur drauf. Von denen hab ich nur ein Lied im Kopf. Das ist, wie hieß das?

»Mont Klamott«?
Ja. Es sind schon einige, die heute mithalten können. Das Interessante ist, dass wirklich gute Leute klanglos untergehen heute. Zum Beispiel Jürgen Ecke, der Komponist, der hat übrigens auch in Weimar studiert, hat über vierhundert Filmmusiken gemacht und war immer herausragend – heute geht er unter. Er geht tatsächlich unter zwischen den ganzen Pfuschern, die keine Ahnung haben. Und das versteh ich nicht. Ich könnt dir sagen, es gibt Leute, die machen Filmmusiken, die haben vom Tuten und Blasen keine Ahnung. Und weißt du, wie das kommt?

Nein.
Weil die Agenturen, die zwischen Auftraggeber und dem Komponisten sitzen, auch keine Ahnung haben. Die können nicht einmal eine Oboe von einem Kaffeemixer unterscheiden. Das ist die nackte Realität. Die habe ich kennengelernt, hautnah. Das kannst du dir gar nicht vorstellen. Wenn ich jetzt diese Erfahrungen der Zeit zusammentrage und sie wie Mosaiksteinchen zu dem Puzzle meines Lebens im Kopf zusammensetze, dann müsste ich eigentlich für mich noch ein Ziel finden als 61-Jähriger. Das wäre es: Die 25 Jahre seit der Wende mit einem Blattschuss überholen.

Man weiß nie, wie Geschichte läuft

ARNO KIEHL
Berlin | Maschinenbauer, Lehrmeister | Jahrgang 1934

Jeder hat eine Geschichte zur Wende. Welche haben Sie?
Ich habe keine.

Nanu.
Ich hab geschlafen, den Schlaf der Gerechten. Ich wurde nachts geweckt durch meinen Sohn, er sagte, er wär auf dem Ku'damm. Da habe ich gedacht, er spinnt. Und habe weiter geschlafen. Am nächsten Tag: Nee, war keine Spinnerei. Ich gucke ins Fernsehen und die Leute rennen hin und her. Meine erste Frage damals war, gewissermaßen an mich selbst: Und nun? Wie weiter?

Die Wende beginnt für Sie mit dem 9. November, mit der offenen Mauer ...
Ja. Nicht nur. Aber: Ich bin nun mal Berliner, hier geboren, aufgewachsen, alt geworden. Und dann rauscht diese Nacht an mir vorbei. Am nächsten Tag bin ich sofort los, musste sowieso zum Zahnarzt in der Wisbyer Straße, ist ja nicht weit zur Bornholmer. Also hin, Ausweis gezeigt, Stempel gekriegt und bin so die Straße langgegangen bis zum Wedding, wie früher als junger Mensch. Komisch war das. Ich habe mir das angeguckt. Ich dachte: Mann, da stehn ja noch die alten Klamotten von Häusern da. Haben

die denn gar nichts Neues gebaut in der Ecke. Hab mich eben so umgeguckt. Ich war nicht euphorisch. Und dann bin ich wieder zurück. Das war für mich die Grenzöffnung. Und dann habe ich gedacht: Was wird der Kapitalismus aus uns machen?

Das ist eine große Frage. Wie sieht Ihre Antwort aus?
Dreimal können Sie raten. Erst mal werden wir höchstwahrscheinlich nicht mehr alle Arbeit haben, das haben wir gewusst. So viel konnte man begreifen. Einige werden vielleicht denken: Ach prima. Schwere Täuschung. Das ist aber nur der Anfang, ein erster Satz. Die Antwort geht tiefer. Stellen Sie sich eine Leiter vor und dann: Sprosse für Sprosse steigen Sie hinunter auf den Boden der Tatsachen und finden die ganze Antwort. Man könnte auch Wahrheit sagen. Die ist gruselig, das sage ich Ihnen.

Was ist es denn?
Das Land ist geteilt, nun nicht mehr in Ost und West, schlimmer: in oben und unten. Die einen heißen Elite oder so, die anderen werden Prekariat genannt, oder Arbeitslose, oder Alte. Dazwischen fummelt der Staat, nennt das Ganze die wahre Freiheit und sagt, nun wären wir ein Volk. Das hört sich besser an. In Wirklichkeit zahlen die Schwachen die Zeche, es geht ja schon wieder los gegen die Ausländer. Soziale Verwahrlosung wächst, und die kulturelle kommt gleich hinterher, das ist der Schatten der Armut. Ich würde es Barbarei nennen. Auch wenn es bei uns noch hübsch aussieht und nicht gleich weh tut. Gucken Sie sich die Welt an. Tja, keene Arbeit ist nur der Anfang.

Wie ging es Ihnen denn?
Erst mal bin ich abgewickelt worden im polytechnischen Zentrum des KWO. Wir durften nicht mehr unterrichten, weil wir ja nur Fachschulabschluss hatten. Wir wurden dann entlassen. Da habe ich das erste Mal gespürt, was arbeitslos ist. Ich musste

mich auf der Storkower Straße beim Arbeitsamt melden. Ich war entsetzt über diese Situation: Ich bin arbeitslos. Waren ja viele. Gucken Sie sich meinen ehemaligen Betrieb an: Wissen Sie, wie viele Arbeiter unser Betrieb in Weißensee hatte? Zweitausend-neunhundert und noch was, nur ein Betrieb vom Kombinat. Unser ganzes Werkzeugmaschinenkombinat hatte fast 23 000 Werktätige. Nach der Wende nicht mehr, klar. Arbeitslos, den Begriff kannten wir doch in der DDR gar nicht. Das war für mich ein Schock, da auf dem Arbeitsamt anzutanzen und um Arbeit zu bitten. Wo man mir gesagt hat: Wie alt sind Sie? Aha. Ja, dann müssen Sie jetzt noch ein paar Lehrgänge machen. Ich frage: Können Sie mir garantieren, dass ich dann ... Nein. Dafür sind Sie schon zu alt. Dann wurde man in den Vorruhestand geschickt und dann in die frühzeitige Verrentung. Das waren für mich ganz neue soziale Erfahrungen, die ich sehr schwer verdaut habe, sehr schwer verdaut habe. Und das habe ich meinem Sohn gesagt. Und da sagt er: Was willst du denn? Du hast doch unheimlich viel studiert: Ökonomie und wie sich 'ne Gesellschaft entwickelt und über den Kapitalismus sowieso. Das war Theorie, jetzt hast du die Praxis. Und da hatte er vollkommen Recht.

Wo haben Sie gearbeitet?
Im Werkzeugmaschinenkombinat »7. Oktober«, Betrieb in Weißensee, in den Nileswerken habe ich Maschinenbauer gelernt. Zum Schluss war ich Lehrmeister in der Polytechnik vom KWO. Wissen Sie, für die Schüler im Polytechnischen Unterricht, die haben dort neben der Schule praktisches Leben im Betrieb geschnuppert, und bei mir haben die auch was gelernt, beruflich und fürs Leben. Naja, das haben sie heute ja auch abgeschafft.

Das haben Sie 1989 alles so geahnt?
Nee, alles nicht. Obwohl, im Grunde schon. Aber weil Sie mich gefragt haben, wann für mich die Wende anfing: Das war natür-

lich die ganze Zeit vor dem 9. November schon. Ich habe verfolgt, was in Leipzig los war, zuerst in der Kirche da, dann auf der Straße. Da war es in Berlin noch gar nicht mal so akut. Aber ich habe gemerkt, dass irgendwas im Anzuge ist, das hat man irgendwie gespürt. Man hat auch viel gehört und gesehen, die ganze Ausreisewelle über die ČSSR damals und Ungarn. Dann der Spruch, dass man diesen jungen Menschen keine Träne nachweint, da war ich echt entsetzt über diese Formulierung. Das habe ich nicht kapiert. Weil es ja unsere Jugend war, die bei uns in der DDR groß geworden ist. Da muss doch irgendwas falsch gelaufen sein. Und dann habe ich gedacht, dass man so was sagt, das ist nicht richtig. Denn die Ausreisewilligen können ja nicht alle prinzipielle Feinde der DDR gewesen sein. Da fragt man sich doch ...

... warum wollen die weg?
Genau, das ist die Frage. Darüber denke ich heute noch nach. Damals war ich traurig darüber, zumal ich ja junge Menschen erzogen habe als Lehrmeister in der Polytechnik. Mit den Schülern aus den neunten und zehnten Klassen haben wir uns auch darüber unterhalten, welche Motive die jungen Leute hatten. Wir haben ehrlich darüber gesprochen. Da gab es keine Tabus.

Da haben Ihnen die Ohren geklungen, oder?
Ja, klar. Ich habe immer sehr aufmerksam beobachtet, was um mich herum passierte, und natürlich haben mir da die Ohren geklingelt. Es muss irgendetwas aus dem Gleis gelaufen sein, dass es zu diesen Massenerscheinungen gekommen ist. Das war ja nun nicht bloß, wie der Berliner sagt, gekleckert, sondern geklotzt.

Frag ich ja: Was, denken Sie, ist schief gelaufen?
Vieles. Könnte ich ihnen alles aufzählen. Mach ich nicht, na
doch als Beispiel: Reisen war das eine, Mangelwirtschaft, diese
ewigen Klimmzüge nach normalen Konsumgütern. Da verloren
viele die Geduld. Aber ... Ich habe ja eine Theorie.

Ja, erzählen Sie ...
Ich glaube, dass die meisten Leute diese Widrigkeiten noch weggesteckt hätten, nicht gern, aber immerhin, wenn es wenigstens
ehrlich zugegangen wäre. Ich glaube, diese Verarsch-Nummer:
offiziell ist alles prima und wir sind die Größten – und dagegen stand dann immer der alltägliche Reinfall. Nicht mal ernst
genommen zu werden, nee! Unsere Bevölkerung hatte genug
von Ignoranz, Verschweigen, Lügen und faulen Kompromissen.
Und der Rest kommt noch dazu: alles ein bisschen sehr beto-
niert, festgefahren und keine Flexibilität drin. Man ist auf viele
Dinge, die so passierten in der DDR, erst gar nicht eingegangen,
hat gesagt, wir gehen unseren Weg, die Einheit von Wirtschafts-
und Sozialpolitik, die muss durchgezogen werden, aber man hat
nicht nach links und nach rechts geguckt. Und die Leute konnten es nicht mehr hören.

Sie waren auch enttäuscht?
Glauben Sie mir, es ist nicht einfach, ein großes Ideal gegen die
schwierige Wirklichkeit zu verteidigen. Man wollte doch auch,
dass es gut wird. Weil es doch auch gut war für viele Menschen.
Und irgendwie haben wir ja auch eine Menge ganz gut hingekriegt. Es hat keiner gefragt, wie, mit wie viel Anstrengung man
das machen musste, um diese Klippen zu überwinden. 1987 war
ich mal bei Verwandten in Westdeutschland, hab mir so ein paar
Kataloge angeguckt und hab gesehen, guck mal einer an, das sind
ja DDR-Produkte, die da drin sind, obwohl die nicht so deklariert
waren. Für einen Schleuderpreis, sag ich Ihnen. Das war hart.

Dafür haben in unseren Betrieben hier die Kollegen geackert! Und wenn man dann hört, die Mauer wird in hundert Jahren noch stehen ... Zu der Aussage hätte ich mich nicht hinreißen lassen, weil man ja nie weiß, wie die Geschichte manchmal läuft. Die kann man ja nicht vorher bestimmen. Aus manchen Themen wurden dann Kabarettnummern, eigentlich traurig.

Sie haben Satire gemacht?
Ja. War ein gefundenes Fressen für uns.

Wer ist für uns?
Für unser Kabarett »Die Reizzwecken« im damaligen Haus der jungen Talente in der Klosterstraße. Wir haben uns zusammengesetzt zu unseren sogenannten Spinnstunden, da waren auch Textautoren dabei, und wir haben Themen für unsere Programme gesammelt. Probleme gab es ja genug. Zum Beispiel die Oma, die in den Westen fahren kann – diese Schizophrenie, die da drin lag, die Oma fährt rüber in den Westen, kauft dort billig ein – und es sind Ostklamotten, die man hier nie im Laden gesehen hat.

Was war das für ein Kabarett?
Wir waren ein sogenanntes Nachwuchs- oder Jugendstudio.

Ja, weiß heute kein Mensch, was das ist.
Es gab einen Beschluss der SED, dass jedes Theater eine Nachwuchsgruppe betreuen und fördern soll. Klingt komisch, aber der wirkliche Witz ist, dass das sowieso stattfand, weil junge Leute Talent haben und Spaß daran, auf die Bühne zu gehen, weil die Theater ein natürliches Interesse an Nachwuchs hatten, weil die DDR-Bürger ihre Kabaretts liebten. Durch so einen Beschluss kam ein bisschen Nachdruck in die Sache. Die »Distel« hatte dann eine Nachwuchsgruppe. Ich hatte schon früher mal

Kabarett gespielt und kam dazu. Unsere kleine Truppe, wir waren fünf Leute, machte sich selbständig und zog ins Haus der jungen Talente, heute das Haus Podewil in Mitte an der Spree.

Und dort?
Es gab dort die Möglichkeit für junge Leute, sich künstlerisch zu betätigen in allen Genres, die es gibt, bis hin zur Artistik und dergleichen.

Was hat das gekostet?
Für uns? Nichts. Keine Miete und nichts. Jeder konnte mitmachen. Wir haben proben können, und wir haben uns die Spielstätte auch ausgebaut mit Freunden. Wir haben unsere Programme selbst gemacht, vor allem zu Jugendproblemen in der DDR. Da hatten wir gut zu tun. Über 16 Programme bis zum bitteren Ende. Bis das Haus abgewickelt wurde, 1991/92.

Warum?
Es war ja nun wieder das neue Haus Podewil. Sehr repräsentativ in Berlin Mitte. Da passten wir nicht hin. Nicht mehr.

Was haben Sie 1989 erwartet?
Na, ich habe vor allem gehofft, wenn es zum Protest der Bürger kommt, dass sich dann die DDR reformieren würde. Aber: Sie kennen den Spruch: Wenn der Hund nicht ... So ist es auch mit der Geschichte. Wenn und dann und falls, das ist wie »Mensch, ärgere dich nicht«. Das haben wir nicht geplant. Ist ja auch Quatsch: Geschichte kann man nicht planen.

Machen Sie noch Kabarett?
Nee, aber ich denke oft an diese Zeiten. Für mich waren es gute Zeiten.

Hoffnung ist nicht Gewissheit

RAINER KIRSCH
Berlin | Schriftsteller und Dichter | Jahrgang 1934

Auf dem Weg zum Gespräch mit Rainer Kirsch geht mir eine Gedichtzeile von ihm unentwegt im Kopf herum. »... Und malvenfarben dehnt sich der Moment«. Zauber mit Worten, suggestiv und unsentimental. Gedichte, die süchtig machen nach mehr in dieser Sprache, ihrer Klarheit, ihrer Musikalität.
Kirschs Gedichte geben Antworten auf fast alle Fragen. Es sind poetische Botschaften. Worte, verwoben mit Genauigkeit und Fantasterei, Kenntnis und Erkenntnis, Leichtigkeit und Anmut. Durchwirkt mit Ironie und scharfsinnigen Anspielungen. Kirschs Essay über die Kunst des poetischen Übersetzens hat den Titel »Das Wort und seine Strahlung«. Wirklich zuwider sind ihm falsche Worte und schlechte Verse.
Er wohnt in Berlin-Marzahn, ist hierher gezogen der Wohnung wegen. Sie ist geräumig und sehr aufgeräumt. Platz für sein Klavier, die vielen Bücher, Schaukelstuhl und den kleinen Panzerschrank, in dem Manuskripte liegen und Unterlagen. Er blickt ins Grüne.
Ich erzähle ihm das mit der Zeile im Kopf. Er lächelt und sagt »Ja ja. Das ist aus ›Petrarca hat Malven im Garten und beschweigt die Welträtsel‹.« Wir reden von fernen Zeiten, die wieder nahe sind. Von vergangenen Zeiten, die natürlich nicht vergangen

sind. Wie sollten sie auch? Sie stecken in den Alltäglichkeiten. Vergangenheit verlässt einen nicht. Gespräch über die Wende, ihr Davor und Danach.

Heut ist Montag, der 8. September 2014. Herr Kirsch, was haben Sie von der Wende in Erinnerung?
Meine Skepsis. Ich beobachtete, wie ein nicht mehr existenzfähiges System zusammenbrach, aber das haben Systeme so an sich. Ich kann also von keinem Schrecken berichten. Erstaunt hat mich allenfalls die Masse der krähenden Wendehälse, die auf einmal alles schon gewusst hatten und nun stolz waren, das Sagen zu haben. Und was für Leute da hochgespült wurden! Einer, ein weitgehend unbekannter Filmregisseur, verkündete täglich neue Wahrheiten, indem er sich eine Fliege vorband und gewählt werden wollte.

Was nehmen Sie der DDR übel?
Wissen Sie, ein Staat ist ein Gebilde. Und ein gerechtes Staatswesen ist etwas so Unwahrscheinliches wie der liebe Gott. Es ist schon viel, wenn das Staatswesen einen leben lässt.

Was ist heute für Sie faul im Land?
Ich fürchte, der ganze Kapitalismus ist faul, dafür gibt es ja genügend Beispiele. Nach 1990 war ich kurze Zeit Vorsitzender vom DDR-Schriftstellerverband, da wurde man dann zu Tagungen eingeladen. Einmal habe ich neben einem Bankmenschen aus den höheren Etagen gesessen, wir haben geplaudert, und er sagte: »Wissen Sie, was Lenin über Imperialismus sagt, das stimmt doch alles.«

In einem Text reden Sie von Desillusionierung, das heißt: erst die Euphorie, dann die Ernüchterung.
Das steht in einem Gedicht. Es heißt »Ich-Soll«, so wie das Ablie-

ferungssoll in der Landwirtschaft. Es geht um die Unterwerfungsrituale, die vom Osten erwartet und oft auch geliefert wurden, vielfach vorauseilend. Da sind auch lustige Passagen drin. Eine gewisse Heiterkeit im Sarkasmus.

Das zieht sich durch all Ihre Arbeiten: untergründige Heiterkeit.
Ja, das habe ich mir erarbeitet. Von der Gemütsanlage bin ich eher ein Melancholiker. Man weiß ja nie, was alles in einem steckt. Ich habe es jedenfalls hervorgeholt, mir eine epikureische Grundierung erarbeitet.

Mit der konnten Sie vieles gelassen betrachten?
Etliches schon. Ich erinnere mich, wie Schabowski in seinem berühmten Fernsehinterview in seinen Jackentaschen kramte und mit bauernschlauem Lächeln den Zettel hervorzog, auf dem die Grenzöffnung verkündet wurde.

Es wurde Bedeutsames mitgeteilt?
Sicher. Ein weltgeschichtliches Ereignis, das dann Revolution genannt wurde.

Und was war es?
Ein Umsturz am Rand des sowjetischen Imperiums. Gedacht habe ich damals an die Französische Revolution, die ja angetreten war, um den Feudalismus abzuschaffen und die Gerechtigkeit einzuführen. Der Feudalismus wurde abgeschafft, nur die Gerechtigkeit ließ auf sich warten. Stattdessen kam die Herrschaft des Bürgertums. Und all das im Namen des Volkes. Hypostasen wie das Volk waren mir schon immer suspekt. Dauernd tauchen Leute auf, die angeblich wissen, was das Volk will. Und im Ernst ersetzt eine Ausbeutung die andere.

Wenn Sie schon vom Volk reden – 1989 wurde es aktiv.

Ich bin ein alter Skeptiker. Und ich sah und hörte den und jenen reden und erlebte, wie ringsum Häme aufkam und Leute für schuldig erklärt wurden an allen eingewurzelten Übeln, die nun getilgt werden würden. Ich selber hatte es ja gut, ich saß in meiner Wohnung, mich hat niemand behelligt. Aber bis in die ersten Wendetage hatte ich eine Furcht.

Furcht wovor?

Dass irgendjemand vom alten Herrschaftssystem verrückt werden könnte und schießen ließ. Dann hätte die sowjetische Armee eingreifen müssen, mit unabsehbaren Folgen.

Waren Sie denn zu der Demonstration am 4. November?

In einer Demonstration mitzulaufen ist nicht meine Art. Woran ich mich erinnere, ist der Tag mit den Reden auf dem Alexanderplatz. Meine Frau und ich standen in der oberen Etage des Kaufhauses, da hatte man guten Überblick. Stefan Heym begann seine Rede mit: »Bürger! Landsleute!« Das kennt ja jeder aus »Dantons Tod«. Eine Schauspielerin schloss ihre Rede mit: »Abtreten!« Klingt schön. Nur wer sollte hin dafür?

Ich hätte gewettet, dass Veränderungen in der DDR Sie interessierten.

Gewiss, obwohl mein Optimismus sich sehr in Grenzen hielt. Ich halte Optimismus für keine zuverlässige Erwartungshaltung bei geschichtlichen Vorgängen.

Hatten Sie überhaupt keine Erwartung?

Mäßige. Immerhin sah ich meine Aufgabe auf dem Gebiet der Kultur.

Das Amt des Dichters nicht nur als Beobachter, Begleiter, Beschrei-
ber, Mahner auch, sondern nun im Wortsinne: Im März 1990 wur-
den Sie Vorsitzender des Schriftstellerverbandes, kurz vor Tores-
schluss gewissermaßen. Warum?
Na ja, es waberten chaotische Zeiten los. Da gab es so lustige
Sachen, dass Künstler plötzlich ihre Nationalpreise zurückgaben.
Ich fand das grotesk. Und manches Vernünftige sollte ruckzuck
abgeschafft werden. Ein paar Monate vorher war nach jahrelangen Querelen durchgekommen, dass DDR-Schriftsteller, wie
viele andere Intelligenzler, Anspruch auf eine zusätzliche Altersversorgung hatten. Und nun stand eine, übrigens rundum gut
versorgte Kollegin auf und verlangte, wir sollten diese Altersversorgung zurückgeben, gewissermaßen als Einstand in die
neue Freiheit.

Das haben Sie verhindert?
Das ja, aber vieles konnte ich nicht verhindern. Was ich meinte,
war: Da ist ein Verband mit 500 Mitgliedern, von denen sind
vielleicht fünfzehn sehr gut, fünfzig gut, und der Rest genügte
schlichten Ansprüchen. Wie immer man zählte, war das ein
Reservoir von Leuten mit Erfahrung, dieses Reservoir sollte für
später erhalten bleiben. Das lag mir am Herzen, darum habe ich
mich zur Wahl gestellt.

Vor dem Vereinigungskongress der ost- und westdeutschen Schrift-
steller, das war Anfang Dezember 1990, ging die Rede von der
privilegierten Kaste der Ost-Schriftsteller: Sie hatten ein eigenes
Urlaubsheim, und in den DDR-Verlagen gab es doppelt so viele
angestellte Lektoren wie im Westen.
War das nicht erhaltenswert? Im Verlag Volk und Welt, der
ausländische Literatur machte, saßen hochkundige Lektoren,
die die Übersetzungen betreuten. Was mein Gebiet, die Poesie,
anlangte, wurden die Nachdichtungen ordentlich bezahlt. Man

wurde nicht reich dabei, aber es ging. Und man bekam noch eine Rohübersetzung dazu, die andere machten. Die kriegten eine Mark pro Zeile, wir vier oder fünf.

Sie konnten leben.
Ja, aber wir waren keine Kaste, sondern professionelle Dichter. In einer Zeit, wo etliche Verlage von mir Abstand hielten, insbesondere nach meinem Parteiausschmiss, konnte ich mich zwei, drei Jahre lang vom Nachdichten ernähren. Und jetzt wurde vom Westen behauptet, wir alle hätten Monatsgehälter bekommen. Kein Wort davon stimmte, aber es wurde geglaubt. Und das nächste Schlagwort gegen uns war Staatsschriftsteller. Das heißt, jeder, von dem etwas in der DDR gedruckt worden war, war nun suspekt und sollte sich rechtfertigen.

Auf einer ihrer Tagungen hat Ronald Schernikau dazu was gesagt.
Das war eine bedeutende Rede.

Warum?
Schernikau, ein schütterer, von AIDS gezeichneter Mann, aber hellwachen Geistes, ging ans Pult und stellte fest: Die Kollegen hier befürworten öffentlich die Streichung der Subventionen für Literatur und die Abschaffung ihrer Altersversorgung. Sie sind allesamt verrückt geworden und offenbar mit Lust dabei, sich selber abzuschaffen.
Das kam schlecht an.

Es klingt fast prophetisch.
Er kam ja aus dem Westen. Und die Ausdünnung der Verlage und den prekären Zusammenhang von Überleben und Konkurrenz kannte er aus dem Effeff. Früher war das DDR-Argument gewesen: kein Papier. Jetzt hieß es: Ihr Werk verkauft sich nicht. Auf einem Empfang kam der britische Botschafter zu mir und

sagte: Mich freut, dass wenigstens ein Schriftsteller, er meinte mich, in der DDR zu Recht subventioniert worden ist. Und war perplex, als ich sagte, ich lebte von meinen Tantiemen und nicht von Subventionen. Dann fügte er überflüssigerweise hinzu, jetzt würden auch die DDR-Autoren dem Markt ausgesetzt sein. Meine Antwort war: Ja, das ist die stillschweigende Übernahme des Thatcherismus durch die DDR.

Wann war Ihnen klar, nun ist es aus.
Ich war so fantasielos zu glauben, nach einer Weile würde es ruhiger und vernünftiger zugehen.

Aber den Schriftstellerverband hatten Sie nun am Hals.
Allerdings, und bald zeigte sich, dass er Politiker verlockte, sich zu profilieren. Einer, wie hieß der, er hatte später eine Putzfrauen-affäre ...

Krause, der war am Einigungsvertrag mit beteiligt ...
Richtig. Der profilierte sich, indem er eines Tages sagte: Ich habe dem Schriftstellerverband erst mal den Etat gestrichen. Das konnte der. Das heißt, meine erste Amtshandlung war, durch den Verband zu gehen, jedem die Hand zu geben und dann mangels Geld Leute zu entlassen, von ungefähr 60 alle bis auf zwei oder drei. Und Ende des Jahres mussten wir dann den Verband auflösen. Es gab Verhandlungen mit dem VS, dem Verband der Schriftsteller in Westdeutschland.

Freuten die sich über den Zuwachs aus dem Osten?
Der Vorsitzende war sehr kooperativ. Immerhin gab es eine Entscheidung über eine kollektive Aufnahme aller Ost-Kollegen, sofern die wollten. Als ungeachtet dessen vierzehn DDR-Schriftstellern vom VS-Vorstand empfohlen wurde, auf die Aufnahme zu verzichten, bin ich aus dem Vorstand, dem ich als kooptier-

tes Mitglied angehörte, ausgetreten. All die Vorwürfe, die ich erwähnt habe, liefen ja weiter um.

Was haben Sie dazu gesagt?
Anfangs habe ich mich gewehrt, dann habe ich das aufgegeben, weil ich den Mechanismus kapiert hatte. Der ist ja: Man knallt jemandem eine Beschuldigung an den Kopf, was den Beschuldiger fünf Minuten kostet, und dann muss ich Contenance wahren und vierzehn Tage an einer überzeugenden Entgegnung schwitzen; habe ich die fertig, kommt der nächste Vorwurf. Auf diese Weise wird man ziemlich erfolgreich am Dichten gehindert und würde, passt man nicht auf, zum Politclown.

Woher dieser Beschuldigungseifer?
In vielen Menschen wohnt eine Lust, als Sieger der Geschichte dazustehen. Und wenn man selber nichts leistet, haut man wenigstens andere in die Pfanne.

Wie haben Sie reagiert?
Ich habe mich nicht kleinmachen lassen. Aber gegen die allgemeine Mentalität konnte ich nicht an. Schließlich glaubte die halbe westdeutsche Bevölkerung, die Arbeiter in der DDR wären nur zu faul gewesen zu arbeiten. Entsprechend fuhrwerkte die Treuhand im Land herum und liquidierte die Betriebe. Und ein guter Teil der DDR-Bevölkerung fiel auf Kohl herein, als der orakelte, er sähe blühende Landschaften.

Gab es so was wie DDR-Werte?
Die Werte, um die es mir ging, waren menschheitliche Werte. Ein paar davon mögen zeit-und ortsweise in der DDR gegolten haben. Aber dabei gab es natürlich Schwierigkeiten, denn auch gutwillige Kunstverwalter konnten nicht offen reden. Ich habe darüber ein Gedicht gemacht, wollen Sie es hören?

Wer aber vortäuscht, er täusche, täuscht?
Nein, ich meine ein anderes, vom August 1973. Es heißt »Würdigung« und geht so:

> Auch die Beamten, hör ich, sind nicht froh,
> wenn sie uns Balken auf die Köpfe hauen;
> Ja, manche stört es ernsthaft beim Verdauen!
> Und ehrlich hau'n ja sie auch nicht so,
> dass wir nicht spüren müssten: mit Bedauern.
> (Obschon nach Kräften, denn das will die Pflicht,)
> tun sie ihr Amt, doch böse sind sie nicht
> und wir begreifen es mit leichtem Schauern:
> hieben sie weniger, würden sie entsetzt
> was unser Schade wär zuguterletzt:
> dann nämlich kämen die, die gerne prügeln,
> welche mit ihrem Prügeln jene zügeln.
> So, kaum erstaunt, seh ich, wie es gelingt,
> den Stock zu schätzen, den man auf uns schwingt.

Das ist in der DDR veröffentlicht worden?
Naja, manches kam eben durch. Es gehört zum Amt des Dichters, derlei einzuordnen, ohne euphorisch zu werden.

Und das Amt des Dichters heute?
Das bleibt, die Verantwortung bleibt. Und wenn die Mitwelt einen nicht hören mag, bleibt die Verantwortung vor der Nachwelt. Der will ich ja möglichst haltbare Botschaften hinterlassen.

Das ist das Dichten und Schreiben.
Ja, das Formulieren von merkbaren Sätzen, das Darbieten.

Auch das Beschreiben, wie zum Beispiel in Ihrem Gedicht »Ich-Soll«.
Behauptungen geraten leicht abstrakt, genaues und elegantes Beschreiben unterfüttert sie gleichsam und lässt eine Struktur aufscheinen.

Wenn Sie jetzt auf Ihre zwei Leben blicken, Ihr Leben dort und Ihr Leben hier ...
Das sind, entschuldigen Sie, nicht zwei Leben, sondern es ist eins. Im Grunde habe ich mein Leben fortgeführt, wie es war. Die äußeren Bedingungen, die Zwänge waren andere – aber die Maximen, die ich mir zu DDR-Zeiten erworben hatte, gelten weiter.

Welche?
Mein Epikureismus. Gelassenheit gegenüber den Weltläuften, Respekt vor den Klassikern. Dazu gehört, gewisse Kompromisse nicht zu machen. Es gibt einen Zweizeiler von Karl Mickel: *Erst dann hat ein Mann seine Arbeit getan / Wenn er für sie erschossen werden kann.*

Anpassung nicht um jeden Preis.
In dem Moment, wo man sich selber aufgibt, ist man eigentlich ein Gezeichneter für das ganze Leben. Es gibt Handlungen von Verrat, die alles andere wertlos machen.

Zwei Deutschländer – wie, dachten Sie, geht das zusammen?
1978 hatte ich in einem Aufsatz über das Nationale geschrieben, an der Vereinigung der deutschen Nation bestehe aus Macht-Gründen kein Interesse, so dass jeder Teilstaat auf seinem Gebiet etwas für die Humanität oder die Kunst leisten, also für eine womöglich spätere einheitliche Nation vorsorgen müsse. Aber nun kam die Vereinigung administrativ.

Trotzdem: Haben Sie nicht gehofft, dass die DDR sich reformiert?
Vermutlich habe ich das gehofft. Ich habe ein langwährendes
Nebeneinander für wahrscheinlich gehalten, auch für wün-
schenswert. Wobei ich mir über das Ökonomische wenig Gedanken gemacht habe, aus Unerfahrenheit.

Einmal Sozialismus und nie wieder?
Die Frage ist, ob irgendein neuer sozialistischer Versuch derzeit
praktikabel ist – das Herbeiführen vernunftgemäßer Zustände
setzt ja eine hinreichende Menge von Vernünftigen voraus.
Woher die nehmen, wenn der Weltzustand andauernd Vernunft-
lose produziert? Freilich war das zu vielen Zeiten der Mensch-
heitsgeschichte so, dass man sich wundern kann, dass überhaupt
Wissenschaft, Philosophie, Kunst entstanden sind und gleichsam als Inseln der Weltweisheit noch fortleben. Ich gebe zu,
dass darin auch ein Fünkchen Hoffnung steckt. Andererseits, die
Inseln schrumpfen. »Denn die Güte war im Lande wieder einmal
schwächlich / Und die Bosheit nahm an Kräften wieder einmal
zu«, dichtet Brecht.

Sie sind ein unverbesserlicher Skeptiker.
Kein Einspruch.

Denken Sie nicht, besagte Verhältnisse könnten am Ende das Ver-
nünftige produzieren aus Gegenwehr?
Dum spiro, spero, sagt der Lateiner – solange ich atme, hoffe ich.
Aber Hoffnung ist nicht Gewissheit.

Solche Wunden schmerzen lange,
und die Narben wird man immer spüren

CHRISTA LUFT
Berlin | promovierte Wirtschaftswissenschaftlerin, Wirtschaftsministerin
in der Modrow-Regierung 1989/1990, Autorin | Jahrgang 1938

Würden Sie wieder Politikerin werden wollen?
Nein. Ich hab ja einen Beruf gehabt, den ich geliebt habe, und es
hatte mir niemand an der Wiege gesungen, dass ich in die Politik
gehen werde. Dann kamen eben die Wendeereignisse, und ich
wurde da reingeschleudert.

Kann man sagen, dass Sie ein Verantwortungsmensch sind?
Ja, ich glaube, das kann man. Und manchmal kommt dann der
Zwang der Ereignisse dazu. So wie damals.

*Damals, 1989, waren Sie Rektorin der Hochschule für Ökonomie
Bruno Leuschner in Berlin-Karlshorst. Offensichtlich waren die Probleme zu groß oder die Hochschule war nicht effektiv genug oder
die sozialistischen Wirtschaftswissenschaften nicht sinnvoll genug,
denn an der Wirtschaft ist das System krachen gegangen, oder?*
Das ist mir zu vereinfacht. Ja, Wirtschaftsprobleme hatten einen
gravierenden Einfluss. Aber es gab ein ganzes Bündel weiterer
Ursachen. Demokratiedefizite, ein idealisiertes Menschenbild,

eine reformunwillige politische Führung sind einige Stichworte. Die meisten DDR-Ökonomen reflektieren selbstkritisch, dass sie nicht mutig genug waren, als falsch oder unzureichend Erkanntes rechtzeitig laut zu benennen. Das hatten sie aber gemein mit Vertretern vieler anderer Berufsgruppen.

Aber waren Wirtschaft und damit auch Wirtschaftswissenschaft nicht ziemlich ergebnislos für das Land, vom Ende her gesehen? Also das weise ich zurück.

Zumindest Kunst und Kultur haben wesentlich einprägsamer ein Bild der DDR hinterlassen, Absichten, gesellschaftliche Vorstellungen der DDR, Lebensweisen, Werte, Bleibendes. Das kann man von der sozialistischen Wirtschaft nicht sagen.
Vergessen Sie doch bitte nicht, dass die DDR-Wirtschaft gemeinwohl-, nicht profitorientiert und der Mensch mehr als nur ein Kostenfaktor war. Mit Grund und Boden konnte nicht spekuliert, Steuern konnten nicht hinterzogen werden usw. Nicht nur an die Schwächen, auch an solche Merkmale erinnern sich immer mehr Menschen, seit ihnen ein anderes System übergestülpt wurde. Die Ökonomie-Studierenden wurden nicht als »Fachidioten« ausgebildet. Sie wurden mit Philosophie und Ethik vertraut gemacht, haben Wirtschaftsgeschichte, Informatik und anderes gehört. Viele von ihnen erzählen, die westsozialisierten Chefs, die sie nach der Wende bekamen, hätten gefragt: Haben Sie zwei Diplome? Wieso? Weil Sie so komplex denken können. Das ist doch etwas, was wir hervorgebracht haben. Heute beschweren sich Wirtschaftsstudenten über die oft praxisferne, dem Leitbild der Mathematik folgende Lehre. Wie war die Frage?

Zurück zur damaligen Situation.
Also, ich kann von mir sagen, ich hab zu den Hunderttausenden, vielleicht sogar Millionen Menschen in der DDR gehört, die von

manchen Zuständen, von manchen Vorgängen mehr als frustriert waren. Und dennoch ist mir nie in den Sinn gekommen, irgendwie, auch bei Gelegenheiten, die ich gehabt hätte, das Land zu verlassen. Ich hätte nie meine Eltern, nie meine Familie im Stich gelassen, meinen Mann, meine Kinder. Trotz zunehmender Unruhe habe ich nie gewollt, dass dieses Land irgendwann zur Fußnote der Geschichte wird. Ich wollte das Land mit von innen verändern.

Bestand dafür eine Chance: von innen her zu verändern?
Das ist doch keine Ja- oder Nein-Frage. Ich wollte einen Wandel, keinen Wechsel des Systems. Gesellschaft und Wirtschaft waren nicht nur stark angelehnt an das sowjetische Modell, sondern die sowjetische Besatzungsmacht hatte uns sozusagen dieses System eingepflanzt.

Sie empfanden die Sowjetunion als Besatzungsmacht.
Ich war 1945 sieben Jahre. Ich kannte das Wort Besatzung nicht. Ich sah nur die vielen Trecks, die aus Ostpreußen, aus Schlesien kamen nach Mecklenburg, wo ich groß geworden bin und wo wir versucht haben, Flüchtlingen ein Quartier zu geben. Wir haben zum Beispiel von unseren drei Zimmern ein Zimmer abgegeben, mit Küchenbenutzung und so weiter. Wir waren doch damals froh, dass endlich die Bomberei aufhörte. Wismar wurde auch bombardiert, ich wohnte sechs Kilometer davon entfernt. Im Übrigen waren in Mecklenburg zuerst die Tommys, die Engländer, später wurden wir sowjetisch besetzte Zone, SBZ, also Besatzungszone. Ich will den Faden wieder aufnehmen: Alles – das zentralistische Planwirtschaftssystem, das staatliche Außenhandelsmonopol, die fast völlige Verstaatlichung des Eigentums an Produktionsmitteln, das alles war ja damals vorgegeben von der sowjetischen Besatzungsmacht. Dafür gab es Gründe und Ursachen, keine Frage.

Es ging an den Alltagsinteressen vorbei?
Auch. Dazu komme ich gleich. Das Problem war aber doch, wie lange man das ursprünglich Unvermeidliche weitergeführt hat. Planung ist notwendig, gerade Perspektivplanung ist etwas, was in diesem kapitalistischen System ganz kleingeschrieben wird. Perspektivplanung ist aber notwendig und wird immer notwendiger angesichts von Ressourcenverknappung, angesichts notwendiger Bildungskapazitäten, die man realistisch planen muss, damit die ausgebildeten Leute nicht auf der Straße stehen, weil man sie nicht beschäftigen kann in den Berufen, die sie haben. Aber was wir praktizierten, das war eine überaus administrative Angelegenheit, so dass die Wirtschaft reaktionsunfähig wurde gegenüber heranreifenden Herausforderungen. Beispiel Textilindustrie und Mode. Wenn man zwei Jahre vorher bestellen muss, welche Knöpfe man braucht und welchen Reißverschluss, dann funktioniert es nicht. Das ist ein simples Beispiel, aber es verdeutlicht die überbürokratisierte Planung. Viele Ideen, die die Menschen in den Betrieben hatten, gingen unter, obwohl sie gut waren, weil die Kapazitäten für die Umsetzung nicht geplant waren. Das hat Menschen nicht gerade beflügelt. Im Gegenteil. Ich steh heute noch dazu, dass die Verstaatlichung notwendig ist in Bereichen der Infrastruktur, im Bereich der Daseinsvorsorge, keine Frage. Aber dass das hingehen musste bis zur Privatisierung jeder kleinen Bäckerei, jeder Wäscherei oder Textilbude, wie es 1971 passierte – nein, das schadete nur.

Eine Lähmung gewissermaßen.
Da wurde Kreativitäts- und Produktivitätspotenzial stillgelegt. Menschen, die unternehmerische Fähigkeiten hatten, wurden verärgert, stellten dann auch Ausreiseanträge, es war wirklich ein gravierender Einschnitt in die wirtschaftliche Entwicklung der DDR. »Wirtschaftslenker« Mittag hatte geglaubt, wenn er nur noch große Kombinate hat, dann klappt alles. Aber damit ist viel

Flexibilität und Reaktionsvermögen verlorengegangen. Das ist so ein Problem, was mit zu den Sargnägeln der DDR gehörte. Auch Markt war zu jener Zeit ein Wort auf dem schwarzen Zettel, also ein Tabu-Wort. Das hatten wir damals schon als Fehler erkannt und aufgeschrieben, aber es wollte keiner wissen.

Denken Sie, dass die Dominanz des Kapitals zu brechen ist?
Kein leichter Weg, aber ich sage: Ja. Markt und Kapital setze ich nicht gleich. Den Markt hat es schon lange vor dem Kapitalismus gegeben, und es wird ihn auch nach dem Kapitalismus geben, bin ich überzeugt. Nein, mit der Dominanz des Kapitals ist doch gemeint, dass nur noch Konzerne und Banken das Sagen haben, dass die vorgeben, was zu machen ist. Das zu brechen, das ist natürlich wichtig. Zu den Bereichen, die in Gemeinhand oder Volkseigentum sein sollten, gehören für mich auch Banken.

Was von Ihren Vorstellungen haben Sie dann 1988 an der HfÖ eingeführt?
Als ich vom Internationalen RGW-Institut in Moskau zurückkam nach Berlin, hatte ich mir vorgenommen, dass die Studentinnen und Studenten einen größeren geistigen Horizont kriegen. Wie Sie wissen, war der Zugang zu internationaler Fachliteratur eher beschränkt. Nicht nur wegen der Devisenkontingente, sondern weil manches eben gar nicht angeboten werden sollte und durfte. Und das war natürlich bei der Wirtschaftswissenschaft genauso. Ich hatte also die Idee, dass jährlich eine Truppe von Außenwirtschaftsstudenten zu einem Teilstudium in ein kapitalistisches Land an eine Universität geht. Theater: Woher willst denn du das Geld nehmen? Gut, dann bin ich zu Außenhandelsminister Gerhard Beil gegangen, der hatte für uns Außenwirte immer ein offenes Ohr und war angetan von meiner Idee. Der sagte: Pass mal auf, das kriegen wir irgendwie hin. Er stellte uns in Wien Wohnungen der Handelsvertretung zur Verfügung. Da

kannst du deine Studenten unterbringen, kostet nichts. Bis Bratislava lässt du die Leute mit der Reichsbahn fahren und von da holen wie sie mit einem Bus der Handelsvertretung ab, kostet auch keine Devisen. Gerhard Beil hat dann den Hochschulminister Böhme am Rande einer ZK-Sitzung so weit gekriegt, dass der sagte: Na gut, machen wir das. Dann kam das MfS und sagte: Was machen Sie denn, wenn da einer abhaut? Ich sage: Wenn da einer abhaut, sind die alle hier falsch bei mir. Viele sollen später mal in kapitalistischen Ländern arbeiten. Na gut, also die Sache kam in Gang, und es wurden dann jährlich zwölf Leute ausgesucht, die für zwei Semester nach Wien gingen. Funktionierte hervorragend.

Wie viele blieben weg?
In sieben Jahre einer, der mit der aller-, allerbesten Papierform. Der hatte nicht mal eine Großtante im Westen gehabt. Alle anderen kamen zurück nach dem Jahr und erzählten dann ihren Kommilitonen, was sie dort erlebt haben. Wo die viel weiter waren als wir. Zum Beispiel hatten natürlich alle einen Computer, das war für uns ein Fremdwort, Kopiersysteme noch und noch. Damit fing das an. In Betriebswirtschaft waren sie weiter als wir, auch in Controlling, bei uns erst in den Anfängen. Das alles war interessant für uns und die großen Kombinate. Wo müssen wir uns auf den Hosenboden setzen? Aber dann sagten die Rückkehrer auch: Wisst ihr was, da muss man sich morgens um sechs anstellen am Seminarraum, damit man um acht einen Platz kriegt. So was wie ein Mentorensystem gab es natürlich auch nicht. Da war jeder auf sich gestellt. Diese Erfahrungen waren für uns wichtig, damit wir uns nicht immer nur an uns selbst gemessen haben. Das war doch ein Problem der DDR: Wir haben uns jedes Jahr gefeiert, weil wir ein bisschen besser waren als im Vorjahr, aber wie war das im internationalen Vergleich? In der Wirtschaft hatten wir im Grunde nur ein Messinstrument: Tonnen, Liter, Quadrat-

meter und so weiter. x Tonnen Stahl waren in diesem Jahr mehr produziert worden als im Vorjahr, die Kühe hatten mehr Milch gegeben. Nur: Die Kostenseite hat keine Rolle gespielt. Wir hatten Preise, die von den Kosten weit abwichen, zum Teil subventioniert waren, da konnten sie kein exakter Effektivitätsmaßstab sein. Alle sozialistischen Länder maßen sich so, und da waren wir von der DDR immer Spitze.

In der DDR wurde so gut wie alles subventioniert?
Nicht alles. Aber fast alles, was zum Grundbedarf gehörte. Jeder kennt das berühmte Beispiel mit dem Brot für fünfzig Pfennig, was dann am Ende verfüttert wurde. Das ist sicher das Toppbeispiel. Aber wenn es kein Getreide als Viehfutter gibt, was Bauern kaufen können, dann kaufen sie das billige Brot. Das war ein falscher Anreiz. Wir hatten in der Modrow-Zeit dann damit zu tun und wollten die ersten Subventionen ein klein wenig reduzieren, darunter für Schnittblumen und Sträucher. Es war verrückt. Ich seh uns immer noch spät abends im Johannishof sitzen.

Wer saß da noch?
Da saßen alle Minister, die mit Wirtschaft zu tun hatten. Und da wurden Listen gemacht: Wie könnte man den massiven Abverkauf von Westleuten bei Büchern, Schallplatten, Kinderbekleidung verhindern? Denn das hat ja Milliarden für die DDR an Defizit gebracht. Von diesen Gesprächen drang dann irgendwann mal ein Detail nach draußen. Gleich hieß es: Nun wollen die Neuen uns auch noch abschöpfen. Dabei war immer klar für uns, wenn wir Subventionen abbauen, kriegt jeder pro Kopf, ich sag mal eine Hausnummer: da kriegt jeder bis zu 300 Mark der DDR obendrauf auf sein Gehalt, auf die Rente oder was auch immer. Alle wussten, das mit den Subventionen ist schlimm, aber als es darum ging, da mal Hand anzulegen, war das Drama groß.

Kam Ihnen in diesen Zeiten nicht der Gedanke, es geht auf einen Abgrund zu?

Ich kann nur sagen, jedem Menschen, mit einigem Verstand gesegnet, war klar, dass wir auf dem Schlauch stehen. Die Ökonomen haben ja versucht, mit der Statistik zu arbeiten, war ja leider auch frisiert, die Statistik in der DDR. Aber dennoch war unverkennbar, dass die Akkumulationsrate von Jahr zu Jahr zurückging. Also das, was für neue Investitionen zur Verfügung stand, wurde immer, immer weniger. Der Export zeigte jedes Jahr eine steigende Kurve, der Import eine schwächere, also muß es doch Exportüberschüsse geben. Laut Statistik ging es uns ganz gut. Es geht aber auf Kosten der Substanz, wenn man immer mehr Produkte aufwenden muss, um Importe zu bezahlen, das höhlt Substanz aus. Und das war eben so, dass man in den 1980er Jahren für eine D-Mark Exporterlös im Inneren 4,40 DDR-Mark aufwenden musste. Das heißt, jede Exportsteigerung war ein Eingriff in die Substanz. Unter anderem deshalb sagte ich in meiner Antrittsrede als Rektorin, dass wir Wissenschaftler in Zukunft im Vorfeld an Beschlüssen der Partei- und Staatsführung mitarbeiten wollen, statt sie im Nachgang für weise halten zu sollen. 1989 liefen an unserer Hochschule gut angenommene Herbstforen, auf denen wir mit Berliner Bürgern Antworten auf aktuelle Fragen diskutierten. Wir haben Analysen erarbeitet und Vorschläge gemacht. Die Bereitschaft mitzuarbeiten, war groß. Am Ende waren vierzehn Studien entstanden. Wenn ich mir die heute angucke, sage ich: Aus damaliger Sicht mutig, aus heutiger zahm. Solche Aktivitäten waren letztlich der Auslöser dafür, dass Hans Modrow mich dann in seine Regierungsmannschaft holte. Da konnte ich auch nicht kneifen.

Inzwischen hauten die DDR-Bürger ab. Wie ging es Ihnen damit?

Ich habe das mit Sorge verfolgt. Niemals hätte ich den berüchtigten Satz über die Lippen gebracht.

Wir weinen ihnen keine Träne nach.
Ja. Das war schon bitter. Ich meine, um das zu verhindern, darauf war ja all unser Tun und Denken gerichtet. Es ging ja nicht nur darum, statistische Zahlen zu produzieren, sondern darum, Menschen dazu zu beflügeln zu sagen, das ist mein Land, das will ich verteidigen und da bleibe ich.

Hielten Sie den 4. November für einen Aufbruch in diese Richtung?
Der gab Hoffnung. Ja, Möglichkeiten habe ich gesehen. Von meinem Naturell bin ich kein Typ, der gerne mit Transparenten auf die Straße geht, deshalb war ich am 4. November nicht auf dem Alexanderplatz. Aber das alles, was sich dort abgespielt hat, hatte ich im Grunde jeden Tag an meiner Hochschule, in jedem Seminar, auf den Herbstforen bis zur Ratstagung unserer Philosophen, von der aus wir die Stoph-Regierung öffentlich zum Rücktritt aufgefordert haben.

Zu diesem Zeitpunkt gab es auch den Aufruf »Für unser Land«.
Ja, ja, genau, weiß ich doch. Christa Wolf. Wir wollten nicht, dass die DDR verschwindet, wir wollten sie besser machen. Dieser Aufruf »Für unser Land« von Christa Wolf ist genau das, was wir auch im Kopf hatten.

Wir ging es weiter?
Mit der Maueröffnung. Also so eine chaotische Geschichte kann sich kein normaler Mensch ausdenken. Wir hatten, das gehört auch zu meiner Erinnerung, eine Studie darüber gemacht, wie die Mark der DDR konvertierbar werden kann. Das war ja ein Kernproblem. Reisen, für die man Devisen brauchte, gingen nicht, weil keine da waren. Bestimmte Importe fielen flach, weil Devisen fehlten. Also musste die Mark der DDR konvertierbar werden. In der Studie kamen wir zu dem Schluss, das kann sechs, sieben Jahre dauern. Es ist kein Spaziergang, wird auch weh tun.

Selbst solche Gedanken konnte man nach dem 9. November in die Tonne treten. Bei geöffneter Grenze braucht man sich nicht mehr über Konvertierbarkeit der Mark der DDR zu unterhalten, dann läuft das anders. Was mich die nächsten Monate wirklich bewegt hat, war, weil Sie immer sagen, die Ökonomen haben versagt, dass die DDR-Bürgerinnen und -Bürger mehrheitlich von ihrem Land nichts mehr wissen wollten. Kaum einer war bereit, das Volkseigentum zu verteidigen, bis auf die Kalikumpel in Bischofferode und drei, vier andere aufsehenerregende Beispiele. Alle haben geglaubt, sie behalten die günstigen Preise für Mieten, Fahrpreise, die kostenlose Gesundheitsversorgung, Bildung und Kultur. Behalten dies und das und jenes, und die schöne Westmark kriegen sie noch dazu.

NARVA-Arbeiter sagten mir damals: Wir kriegen das Bunte vom Westen, und das Soziale vom Osten behalten wir.
Genau. Das war der Irrglaube. Das treibt mich bis heute um, wie das passieren konnte. Viele Studenten haben mir Jahre später immer gesagt: Ihr habt den Kapitalismus ganz schön schwarz gemalt, ihr habt ihn nicht schwarz genug gemalt.

Konnte die Modrow-Regierung die DDR noch retten?
Nein. Das ist das, was ich heute weiß. Was jeder weiß. Damals war die Hoffnung aber groß und ich kenne keinen, der sich nicht leidenschaftlich in die Arbeit gestürzt hat. Wissen Sie, ich habe es zunehmend für einen Anachronismus gehalten, dass vier Jahrzehnte nach dem 2. Weltkrieg Familien nicht die Gelegenheit haben, sich zu treffen, wann sie wollen. Freunde getrennt sind, nur weil eine Grenze dazwischen ist. Damals habe ich mir gewünscht, dass diese Konfrontation über eine Konföderation abgebaut wird. Aber nie durch einen solchen radikalen Schnitt, wie er dann erfolgte. Alle, die heute noch behaupten, sie hätten gewusst, dass es innerhalb von Monaten mit der DDR zu

Ende geht, die straf ich Lügen. Das war auch in den alten Bundesländern, jedenfalls bei Menschen, die mir damals begegnet sind, nicht im Kalkül, dass das so schnell geht. Um Ihre Frage zu beantworten: Mit dem 9. November, als Schabowski so chaotisch die Grenze geöffnet hat, war klar, dass wir keine ewige Existenz haben werden als zweiter deutscher Staat, sondern dass jetzt neue Dinge in Gang kommen müssen. Bevor da nun wirklich was Neues in Gang kommen konnte, war erst mal notwendig, die Sache einigermaßen im Griff zu halten. Wir hatten fünfhunderttausend sowjetische Soldaten auf dem Territorium. Jeden Abend, jede Nacht passierte irgendwo irgendwas. Also da hätte durchaus was explodieren können. Der Westen hat eingegriffen, wo er konnte mit Worten und mit Waren und hat beeinflusst und hat Stimmung geschaffen, und wir mussten irgendwie versuchen, einigermaßen Stabilität zu sichern, den Menschen zeigen, es bewegt sich was.

Das musste ja sehr praktisch sein, kein Gerede mehr.
Und für uns war ja auch vieles Neuland. Diese Situation war wohl in der politischen Weltgeschichte einmalig. Ich erinnere mich an eine große Veranstaltung, die ich Mitte Februar 1990 im Berliner ICC zu machen hatte. Da passen, glaube ich, zwölftausend Leute feuerpolizeilich rein, vierzehntausend waren da drin – alles Unternehmer oder solche, die es werden wollten aus Ost und West. Eine Aufbruchstimmung und riesige Erwartungshaltung. Die ersten, die schon ihre Arbeit verloren hatten, wollten, wenn sie Unternehmergeist hatten, sich selbständig machen. Gewerberäume fehlten, das BGB hatten wir nicht ausreichend da und wie man überhaupt eine GmbH bildet, wusste kaum einer. Das musste in kürzester Frist beschafft und eingeleitet werden. Aber das war ein Hoffnungszeichen für viele Menschen. Und dann gaben sich die entsprechenden Amtsträger aus den alten Bundesländern bei uns in der Regierung die Klinke in

die Hand. Zu Hans Modrow kamen die Ministerpräsidenten aller alten Bundesländer. Zu mir kamen die Wirtschaftsminister aller Bundesländer.

Was wollten die alle?
Die wollten sich erstens informieren, was wir vorhaben. Und zweitens, wenn wir ihnen das erklärt haben, sagten die: Ja, Glückwunsch, das ist richtig, was Sie machen wollen. Vielleicht ein bisschen schneller, aber die Richtung ist schon richtig: Von wegen hier alles privatisieren und die großen Kombinate alle zerhauen. Davon gingen die auch nicht aus.

Warum nicht?
Zu mir kam zum Beispiel der Erste Bürgermeister von Hamburg, Henning Voscherau, und brachte den ehemaligen BRD-Wirtschaftsminister Schiller mit. Schiller, ein honoriger Mensch, hörte sich an, was ich erklärte an Wirtschaftsreformideen der Modrow-Regierung und sagte dann wörtlich: Also es ist in der Tat nicht notwendig, dass man auf einen Schlag alle großen Unternehmen zerschlägt oder alle privatisiert. Es gab auch in den alten Bundesländern Jahrzehnte lang große Staatsunternehmen, das ist also nicht das Problem. Sie müssen vor allem Initiative von unten entwickeln.
Das taten wir auch: Gewerbefreiheit, auch Joint Venture, damit das Kapital, das scheue Reh, sich engagieren kann. Das war für mich schon wichtig, was Schiller gesagt hat. Karl Otto Pöhl kam Anfang Februar, der Bundesbankpräsident, und sagte: Es gibt da so Ideen, eine Währungsunion herzustellen, das ist doch absolut unmöglich, das ist doch völlig undurchdacht. Man muss erst auf dem Wirtschaftsgebiet weitere Reformen voranbringen und eine gewisse Annäherung herbeiführen, bevor man eine einheitliche Währung einführt. Der Mensch steigt nach dem Besuch bei uns in Köln-Bonn aus dem Flugzeug und hört, wie Helmut Kohl von

der baldigen Einführung der D-Mark in der DDR spricht. Matthias Wissmann, heute der Automobillobbyist, er war damals wirtschaftspolitischer Sprecher der CDU/CSU-Fraktion im Bundestag, der kam auch eines Abends in den Johannishof und wollte wissen, wie das mit der Wirtschaftsreform läuft. Ich hab ihm das erklärt und unter anderem gesagt, wir denken nicht daran, Grund und Boden zu privatisieren. Ja, das ist doch in Ordnung, meinte er, machen Sie im Höchstfall Erbpacht. Das war alles ein paar Wochen später nicht mehr wahr. Also, diese Begegnungen werde ich auch nicht vergessen.

Ich erinnere mich noch an den Vorschlag von Wolfgang Ullmann, das DDR-Vermögen als Volksaktie zu verteilen.
Ja, er hat das am Runden Tisch vorgeschlagen. Angeregt hatten ihn zwei Schweizer Unternehmensberater.

Was haben Sie davon gehalten?
Emotional gefiel mir der Gedanke sehr. Aber praktisch, dachte ich, hat das keine Chance. Man stelle sich vor: Sechzehn Millionen und ein paar, die wir damals waren, teilen sich das, was das Volksvermögen wert sein soll! Und keiner wusste, wie viel es wert ist.

Es gibt drei Zahlen. Von Ihnen, von Ullmann und, ich glaube, von Rohwedder.
Ja, mit Rohwedder, das war danach. Ich habe mit einem Hochschulkollegen eine Berechnug gemacht, aber die basierte auf dem Substanzwert des Volksvermögens. In einer Marktwirtschaft nutzt der Substanzwert null. Wir hatten viele Industrieanlagen, die wir noch in der zweiten Hälfte der achtziger Jahre gekauft hatten im Westen, in Japan, in Frankreich, in Österreich, überall. Das waren moderne Anlagen, und die waren nach der Wende null wert, weil der Marktwert nicht mehr da war, weil die

keine Dinge produzierten, die man absetzen konnte oder aber die Märkte waren dichtgemacht für uns. Und in einer Marktwirtschaft, in die wir ja dann gestoßen wurden, gilt der Marktwert und nicht der Substanzwert. Den Substanzwert haben sie alle kleinen Leute bezahlen lassen. Ich hab eine Buchhändlerin getroffen, die wollte den Buchladen, den sie zu DDR-Zeiten geleitet hatte, nach der Wende kaufen. Der haben sie jeden Nagel berechnet, also den Substanzwert. Mit den großen volkseigenen Kombinaten und Betrieben haben sie das nicht gemacht. Natürlich nicht.

Dann wär die Rechnung wahrscheinlich auch noch ein bisschen anders ausgegangen, wenn man den Substanzwert berechnet hätte.

Wir, mein Kollege Faude und ich, wir haben nur den Substanzwert berechnen können, wir wussten doch keinen Marktwert. Grund und Boden hat bei uns nichts gekostet. Das war am Ende das Allerwichtigste. Emotional war ich mit Ullmann völlig auf einer Linie, praktisch wusste ich nicht, wie die Volksaktie funktionieren soll. Keiner konnte sagen, wie viel das Volkseigentum wert ist und was geteilt durch sechzehn Millionen pro Kopf etwa rauskäme.

Möglicherweise wäre es am Ende so gekommen, wie in der Sowjetunion unter Jelzin. Die hat das ja nach dem sogenannten Voucher-Modell gemacht. Jeder hat ein Papier gekriegt, wo eine bestimmte Zahl draufstand. Das war sein Anteil am Volksvermögen. Und was passierte dann? Die alten Mütterchen und viele andere auch haben ihre Voucher verkauft, um schnell Bares zu bekommen. Typen, die wussten, wie das funktioniert, haben die Voucher aufgekauft, daraus entstanden nachher die Oligarchen. Das Volkseigentum ist dann in die Hand von Oligarchen gekommen. Außerdem hatten wir gar keine Zeit. Anfang Februar 1990 kam diese Idee in Umlauf und am 18. März war die Wahl.

Die Zeit raste ja wirklich.
Und bis heute wird der Modrow-Regierung der Vorwurf gemacht, sie habe nicht schnell genug gehandelt. Ich sage, die im Westen, die haben zur Abschaffung des Ladenschlussgesetzes acht Jahre gebraucht, vergleichsweise läppisch. Und von Johannes Rau stammte ja dann der Satz, die Zeit ist so schnelllebig, dass einem das Wort im Munde alt wird. Das war treffend.

Dann kam die Treuhand.
Ach Gott, die Treuhand. Also Rohwedder ...

Warum ist Rohwedder ermordet worden?
Wenn ich das wüsste. Wenn ich mehr wüsste als meine Spekulationen.

Sagen Sie Ihre Spekulationen.
Ja, der Mann war natürlich unbequem. Aber der Stasi wird man das nicht anhängen können. Rohwedder war im Grunde ein Glücksfall, dass er gewonnen wurde für die Treuhand. Glücksfall insofern, als er von Sanierung Ahnung hatte, das hatte er beim Hoesch-Konzern gemacht. Und er hatte lange Beziehungen zur DDR-Wirtschaft, war ja mal Staatssekretär im Bundeswirtschaftsministerium. Er kannte also die DDR-Wirtschaft auch von innen, nicht nur vom Papier und von außen. Insofern Glücksfall. Er hat in seinen ersten Amtswochen bei einem Vortrag in Wien gesagt: Und der Salat, den ich da unter meinen Händen habe, ist sechshundert Milliarden D-Mark wert. Er meinte den Marktwert. Im Unterschied zu Frau Breuel, die ja später verkündet hat: Privatisierung ist die beste Sanierung, war er der Meinung, wir müssen erst sanieren und dann verkaufen. Und es muss auch nicht alles sofort verkauft werden, das ist auch von ihm. Etwa so eine Schiller-Position: vor allen Dingen Unternehmen erhalten, die in einer Region prägend sind und Märkte haben. Also das war

schon ein ganz anderes Konzept, als das, was Frau Breuel dann später durchzog: Erst privatisieren, denn der neue Unternehmer weiß am besten, was er damit macht. Rohwedder ist mit seiner Position, erst sanieren und dann privatisieren natürlich im Bundesministerium für Finanzen angeeckt.

Warum?

Die Treuhand war dem Bundesfinanzminister unterstellt, also nicht etwa dem Bundeswirtschaftsminister, der eine strukturpolitische Aufgabe gehabt hätte, um zukunftsfähige Unternehmen zu erhalten, sondern die wollten Geld. Deshalb gab auch Horst Köhler, später Bundespräsident, damals war er Staatssekretär im Bundesfinanzministerium, den Auftrag, die Angelegenheit mit der Treuhand aus Bundessicht zu bearbeiten. Von dem stammt der Satz: Es muss in der DDR-Wirtschaft auch mal gestorben werden. Von wegen erst sanieren. Weg damit. Das hatte Rohwedder offenbar nicht unbeeindruckt gelassen, diese Position, die es dort in Bonn gab, und er hat dann 1991 über Ostern einen Brief geschrieben an seine Belegschaft in der Treuhand, dass man sich offenbar ein bisschen beeilen müsse. Und ein paar Tage später war er ja dann weg. Es gab Interessen, dass das Ganze möglichst schnell abgewickelt wird, aus dem Gedächtnis verschwindet. Es wurde verbreitet, alles ist marode, alles ist kaputt. Wer kauft marodes Zeug? Das kann man im Höchstfall verschenken und Geschenke muss man vielleicht sogar noch versüßen mit zusätzlichen Investitionen. Und das geschah dann ja auch.

Welche politische Absicht steckte dahinter?
Es gab schon das Bestreben, nichts aus einem anderen politischen und ökonomisch-sozialen System überlebensfähig zu halten. Es sollten auch Erinnerungen ausradiert werden. Und es gab die Interessen der westdeutschen Konkurrenz. Damals waren die Fließbänder in den westdeutschen Unternehmen nicht aus-

gelastet: Die Mitversorgung der ostdeutschen Bevölkerung und des gesamten DDR-Marktes war ein gutes Geschäft. Ja, Gott, die brauchten doch nicht zwei Anbieter für Kräne oder für Landmaschinen oder für Kali. Und dann gab's auch Interessen von Alteigentümern, die schnell wieder ran wollten an das, was ihnen früher mal gehört hatte und die enteignet worden waren. Oft waren das politische Gründe, die noch mit ihrem Verhalten im Krieg zusammenhingen. Im Ganzen: Es gab ein Bündel von Interessen, und Frau Breuel hat die alle bedient. Und sie hat am Ende ihrer Amtszeit nach vier Jahren aus 600 Milliarden plus, von denen Rohwedder mal sprach, 256 Milliarden Minus gemacht.

Sauber hingekriegt.
So hätte das hätte jeder gekonnt.

Das Ende einer Alternative. Wie lange braucht es bis zum nächsten Anfang?
Ob das so einfach geht? Ich weiß es nicht. Mir fällt nur Folgendes auf: Immer mehr Menschen fangen an, sich an Hegel zu erinnern, ohne es zu wissen, dass es Hegel ist. Hegel hat gesagt, wenn man etwas Neues beginnt, dann muss man nicht alles Alte unbesehen in den Orkus werfen, sondern man muss sortieren. Aussortieren, was nicht mehr geht. Behalten, aufbewahren, was schon mal Zuspruch fand. Im Osten Deutschlands aber kam erst mal fast alles in die Tonne. Allmählich tritt ja immer mehr zutage, dass sich Menschen daran erinnern, was in der DDR doch brauchbar und erhaltenswert war. Immer mehr Menschen werden sich daran erinnern, dass es etwas gab, was in die Zukunft getragen gehört. Klar ist allerdings auch, dass so ein Einbruch, den wir erlebt haben vor 25 Jahren – nicht nur in der DDR, sondern im ganzen osteuropäischen System –, dass so ein Einbruch nicht in zwei oder drei Jahrzehnten heilbar ist. Wunden schmerzen lange und die Narben wird man immer spüren.

Das Doktrinäre ging mir auf die Nerven

STEFFEN MENSCHING
Berlin | Kulturwissenschaftler, Autor, Intendant Theater Rudolstadt |
Jahrgang 1958

Hat die Wende Ihnen Ihr Leben zerhauen oder war es die große Freiheit?
Zerteilt, in ein Davor und Danach. So gesehen ein Zeitwechsel. Die große Freiheit? – nee. Ein großer Schritt und ein totaler Bruch. Ich glaube, die Generation oder diese Jahrgänge, ab Mitte der fünfziger Jahre bis Ende der fünfziger Jahre, Anfang der sechziger Jahre, die gehören noch zu den Gewinnern dieser Wendezeit. Nicht generalisiert, manche sind daran auch zerbrochen, aber ich glaube, wir hatten noch eine ganz gute Chance. Wir haben einiges von der DDR mitbekommen, konnten uns da, glaube ich, auch ganz gut entwickeln und ausbilden und so die ersten Erfahrungen machen und waren dann aber in der Lage, uns auch noch auf die andere Gesellschaft einzustellen. Das ging Leuten, die schon Mitte, Ende fünfzig waren anders. Wie Menschen die Wende bzw. die Zeit danach bewerten, ist auch 'ne Generationsfrage. Obwohl man sagen muss, selbst Leute, die zehn Jahre nur als Kinder in der DDR gelebt haben, sind schon anders geprägt als Kinder, die erst 1990 geboren wurden.

Die Gnade der frühen Geburt?
Das wird sich zeigen. Zumindest eine andere soziale und ideelle Mitgift. Erfahrungen, mit denen sich anders leben lässt als mit Ellenbogenchic und großer Schnauze.

Wo sehen Sie die Unterschiede?
In der Grundprägung der Leute: Wer 1980 geboren wurde, der ist meist noch durch den Kindergarten beeinflusst worden, der hat auch seine Eltern noch als aktive, tätige DDR-Bürger erlebt mit all den schönen Seiten, natürlich auch mit all den Macken dieser Zeit und dieses Landes. Zivilcourage und Duckmäusertum. Es hängt vor allem davon ab, wie sich die Eltern verhalten haben. Aber so ein Frühgeborener hat eben mitbekommen, wie sich Lehrer 1989, 1990 verändert haben. Der war schon drei Jahre in der Schule, der hat sein Pioniersein oder, wenn man draußen war aus der Organisation, seinen christlichen Hintergrund als etwas Politisches erlebt, nicht nur als Freizeitbeschäftigung oder Religion. Ich glaube auch, Kinder haben mitbekommen, wie vorher über die DDR geredet wurde und nachher. Man hat eine Menge mitbekommen an Brüchen. Eltern waren plötzlich arbeitslos. Das sind doch starke Prägungen. In der Kindheit entstehen unsere moralischen Grundmuster. Auch Vorbilder. Das könnte man, glaube ich, von Jahrgang zu Jahrgang untersuchen. Und Kinder, deren Eltern so etwas wie DDR-Erfahrung nicht verdrängt, sondern auch thematisiert haben, in deren Alltag das nach der Wende eine Rolle gespielt hat, diese Kinder hatten eine ganz andere Entwicklungsgrundlage. Also das ist ja alles nicht 1989/90 zu Ende gewesen: Unsere Art zu leben, zu denken, zu fühlen, zu feiern unterscheidet uns ja immer noch und, ich glaub, eine bestimmte Generation auch bleibend von einer ähnlichen Generation im Westen.

Sie haben diese alte Zeit mitgenommen?

Natürlich. Das lässt sich nicht abschütteln. Trotzdem war diese Zeit 1989/90 für mich ein entscheidender Bruch, weil Dinge sich grundlegend verändert haben. Nun muss ich allerdings dazu sagen, Wenzel und ich und andere Kollegen konnten in den letzten achtziger Jahren ja gelegentlich in den Westen fahren. Für mich war dieser Schock der Maueröffnung nicht so gravierend. Ich kannte, glaube ich, ein bisschen was von der Bundesrepublik, hatte mich auch vorher mit dem Kapitalismus sozusagen theoretisch beschäftigt, war da nicht so blauäugig, glaube ich, wie vielleicht andere Zeitgenossen. Es war auf der einen Seite ein Bruch. Andererseits keiner, weil man das, was man vorher gemacht hat, mit einer ziemlichen Kontinuität weiter betrieben hat.

Da waren Sie in einer glücklichen Lage.

Wir waren in einer glücklichen Lage, haben das auch immer so thematisiert, Wenzel und ich. Wir haben, im Gegensatz auch zu anderen Kollegen, kein Publikum verloren. Wir haben uns das so erklärt: Für das, was wir gemacht haben, gab es kein Äquivalent im Westen. Die Rockbands hatten alle das Problem, dass sie plötzlich mit den Bands konkurrierten, die sie immer gecovert hatten. Plötzlich waren die Stones dann wirklich in Weißensee, da hatten viele der Ostbands 1989/90, vor allem in den frühen Neunzigern, große Probleme. Das hat sich dann erst wieder geändert mit dem nostalgischen Rückbesinnen auf unsere eigene Popkultur, aber Anfang der Neunziger war das sehr schwierig. Wir haben munter weitergespielt, Wenzel und ich. Die Kabaretts waren alle schlagartig ihre Programme los, wir konnten unsere Stücke weiterspielen.

Wie haben Sie die Endzeit der DDR erlebt?

Wir waren natürlich, und das haben wir auch nie verhehlt, ab einem bestimmten Punkt doppelt privilegiert. Wir waren erstens privilegiert wie viele andere Künstler, dass wir unabhängig davon, ob wir nun aufgeführt oder gedruckt wurden, erst mal das machen konnten, was uns interessierte. Wir konnten uns ausdrücken, ich konnte erst mal schreiben, was ich schreiben wollte.

Das konnten Sie?
Das konnte ich. Ob es veröffentlicht wurde, war eine andere Geschichte, aber ich konnte mich auf einer bestimmten Ebene verwirklichen. Ich meine, viele Sachen wurden ja am Ende auch gedruckt. Wir konnten bestimmte Lieder singen, Dinge spielen. Nicht alles, es war nicht immer einfach, aber wir haben eine Menge Kreativität ausleben können. Das zu bestreiten wäre Blödsinn. Wir hatten auch einen Narrenstatus, der uns irgendwann zugebilligt wurde. Gut – ist das Verklärung? Vielleicht waren wir nur auf eine besonders elegante Art und Weise angepasst? Aber es gab eben auch in der politischen Ebene, in der politischen Nomenklatura, auch bei der Stasi, gewisse Leute, die solche Künstler, wie wir es waren, nun nicht unbedingt gefördert haben, aber zumindest nicht ganz unwichtig fanden. Da saßen ja nicht nur Schlagetots und Idioten, sondern die wollten auch Stabilität für diese Gesellschaft, und da gehört eben ein gewisses Maß an Opposition und Flexibilität dazu – an bestimmte Grundfesten durfte nicht gerüttelt werden. Kalkül eben.

Pragmatismus statt Ideologie?
Man hat es geduldet. Man wusste, die technische Intelligenz, die wissenschaftliche Intelligenz, die braucht eine gewisse Auseinandersetzung und deswegen braucht sie auch bestimmte Bücher, braucht bestimmte Theaterformen, Kunstformen. Und das hat man zugelassen in Dosen und in bestimmten Maßen, glaube ich. Es gab auch bei der Sicherheit Leute, die kontrollierbare Beweglichkeit wollten. Man sieht immer Markus Wolf, aber der war

nur einer, der irgendwie an bestimmten Reglern drehen wollte. Da war ja nicht alles nur schwarz-weiß. Da gab's Differenzierungen. Auch im Parteiapparat saßen Leute, die nicht blöd waren. Die wollten ebenfalls Veränderung. Der Sowjetunion hat man zugestanden, dass dort eine Glasnost-Bewegung, eine Reformbewegung entstand aus dem Apparat heraus. Die hat man hofiert und lädt man heut noch gern ein. Dass es so etwas in Ansätzen, nur in Ansätzen, auch in der DDR gab, wird ganz ausgeblendet. Hier gibt's immer nur die Dumpfbacken, die Hardliner, und so eine zynische Type wie Schabowski wird dann als Freudenfall oder Glücksfall der Geschichte gefeiert. Aber die anderen gab es. Und für diese spielten wir sicherlich eine kalkulierte Rolle, aber uns hat es die Möglichkeit gegeben, bestimmte Dinge, die wir sagen wollten, die wir ausdrücken wollten, auch wirklich zu formulieren. Diese kreative Möglichkeit hat man genutzt.

Sie hatten auch Spaß daran?
Das hat natürlich Spaß gemacht. Hat einen besonderen Spaß dadurch gemacht, dass man das Gefühl hatte, dass das, was man da formulierte, wirklich gebraucht wird von den Leuten, die da unten saßen. Die haben das begierig aufgegriffen. Wir waren, und haben uns auch so verstanden, Sprachrohr einer Generation, einer kritischen bis oppositionellen jüngeren Generation in der DDR, die zumindest die Vorstellung einte, dass es so, wie es lief, nicht weitergehen kann, sondern dass man was verändern muss. Dass diese Gesellschaft humaner, demokratischer, offener, freizügiger werden muss und mehr von dem kriegen muss, was Sozialismus sein sollte. Aber es bewegte sich erst mal nichts.

Von welcher Zeit reden Sie?
Das ist die endstagnierende Phase, die Phase der Lähmung. Die begann eigentlich mit der Etablierung von Gorbatschow, Glasnost und Perestroika, bis in den Sommer 1989. Sie endete als

Phase der Traumatisierten und Frustrierten in der DDR, mit Kommunalwahlen im Mai 1989, die noch einen draufgegeben haben, mit China und dem Tian'anmen-Platz, der die Möglichkeit einer brutalen stalinistischen Gewaltlösung offenlegte und denkbar machte als eine historische Möglichkeit. Das war die absolute Frustphase bis hin zu den Fluchtbewegungen nach Ungarn, wo man sagte, alle Leute, die irgendwie ein bisschen was in der Birne haben, versuchen, die Flocke zu machen. Das haben wir natürlich gesehen.

Wir sind in diesem Zeitraum, im August, in Westberlin aufgetreten, weil wir da ein Gastspiel hatten. Man hätte auch dableiben können, das war aber kein Thema. Man hat mit diesem Land mitgelitten. Wir haben es schon als unsere Heimat begriffen und auch als den Ort, wo wir künstlerisch gefragt waren mit dem, was wir sagen wollten und zu sagen hatten. Es ist sehr schmerzhaft, zu sehen, wie sein Publikum wegrennt, wie die Leute gehen. Es sind ja immer nur kleine Teile einer Bevölkerung, die sich wirklich kümmern um den sozialen Zusammenhang, um Gemeinsinn. Und wenn dieser kleine Teil, diese zehn Prozent von engagierten Leuten, das Land verlässt, ist das eine Katastrophe. Es sind ja immer nur wenige, die die anderen mitreißen, motivieren. Und oftmals waren es eben die, die ausgereist sind, die gesagt haben, mir reicht das nicht, ich will was aus meinem Leben machen. Es war eine neurotische Gesamtsituation der Bevölkerung. Das hat man mitbekommen und ist selber vielleicht dageblieben, weil man wusste, dass man irgendwie eine Aufgabe hat und ein Thema. Das war, wenn man so will, eine pastorale Verantwortung. Aber, wie gesagt, wir waren auch in einer anderen Situation. Diese Identität war an bestimmten Punkten nicht mehr vorhanden. An dem Punkt, wo wir in den Westen reisen durften um aufzutreten, waren wir nicht mehr ganz Teil dieser Gemeinschaft. Wir haben das dann auch nicht mehr thematisiert. Das Nichtreisenkönnen war bei uns, in Wenzels und in meinen

Programmen, über viele Zeiten ein ganz wichtiges Thema. Wir haben das, als wir gelegentlich reisen durften, nicht mehr in unsere Programme hineingeschrieben.

Mit der Resolution der Rockmusiker und Liedermacher im Spätsommer 1889 gingen Wenzel und Sie über ihr bisheriges Engagement hinaus. Sie griffen direkt ein.
Ja, das war sicherlich ein anderer Schritt. Es war insofern eine andere Dimension, als man nicht mehr nur durch das wirkte, was man auf der Bühne machte, sondern dass man politischen Klartext sprach. Ich war an der Abfassung dieser Resolution nicht direkt beteiligt. Es gab ja viele Resolutionen. Es gab die der Unterhaltungskünstler, die war eine der ersten. Es waren nicht die Schriftsteller, es waren auch nicht die Bildenden Künstler, auch nicht die Theaterleute. Die sind alle ein paar Tage oder Wochen später gekommen. Das hängt ein bisschen damit zusammen, dass die ganzen Popper und Rocker am dichtesten am Publikum dran waren.

Die waren im Land unterwegs.
Ja, genau. Die Schlagersänger zum Beispiel hatten mit den normalen Leuten zu tun. Die merkten, wie ihre Leute wegrannten. Insofern war das nicht nur politische Weitsicht und demokratisches Denken, was sich da ausdrückte, sondern war einfach auch Angst um das nackte Überleben, dass man merkte, unser Publikum rennt uns hier davon. Was passiert denn hier? Wir waren alles Freischaffende, muss man mal sagen. Die waren nicht in Institutionen wie Theaterleute und so. Die Bildenden Künstler, die lebten sowieso mehr in ihren Ateliers und ein bisschen fern. Die Schriftsteller waren an ihren Schreibtischen. Die waren auch dran am sozialen Geschehen, aber sie waren natürlich nicht so in diesem direkten Kontakt wie das fahrende Volk.

Und zwar fast jede Woche.

Jede Woche. Natürlich. Diese Kraft war da und die Solidarität untereinander auch. Man kannte sich – auch wieder ein Unterschied zum Westen: Schlagersänger und, sagen wir mal, politische Liedermacher, die kennen sich in dieser Gesellschaft nicht. Auch jetzt ist das wieder viel mehr separiert. Aber im Osten war man sich nicht fremd, man nahm sich wahr. Frank Schöbel kam eben schon sehr, sehr früh in unsere Vorstellung und andere Künstler auch. Und die Rocker, wir kannten die Rocker gut und die kannten uns. Das war so ein bisschen diese kleine Insel DDR, dass man sich kannte und wusste, was die anderen machten. Aus dieser Kenntnis und Solidarität heraus war auch das Vertrauen da: Wir machen das jetzt zusammen, diese Resolution, und wir entscheiden alle zusammen, den Text vor jeder Vorstellung zu verlesen. Das kriegt man schlecht weggebügelt, weil der Schlagerbetrieb, die Unterhaltung, die ganze Popmusik – das war natürlich ein wichtiger Stabilitätsfaktor in diesem Land. Wenn sie sozusagen die Schlagerveranstaltung absagten in Probstzella oder in Schmalkalden – das ging direkt in die Massen. Störte den Alltag.

Die wollten Unterhaltung.

Einem Schriftsteller ein Buch verbieten oder ein Bild abhängen, das wirkte irgendwie marginal, aber wenn da Frank Schöbel kommt mit vierhundert, fünfhundert Leuten und die Veranstaltung fällt aus politischen Gründen aus, da war Gefahr in Verzug. Oder wenn die Rockbands nicht auftraten. Aus der Zeit rührte dann auch die Absprache, dass wir uns, wenn irgendwelche Schwierigkeiten auftraten, immer telefonisch verständigt haben. Also wenn da irgendein Künstler in Cottbus nicht auftreten durfte wegen der Resolution, dann kriegte man das sehr schnell per Telefon mit. Wir waren ständig in Kontakt.

Wie reagierten die Leute im Saal auf den Resolutionstext?
Das war klar, das war ihr Ding. Man muss dazu sagen, zu unseren Vorstellungen kam schon ein besonderes Publikum. Ich meine, die Parteifunktionäre, wenn die kamen, waren sie meist geschickt, damit jemand aus dem Apparat vor Ort war. Wir hatten vor jeder Vorstellung Diskussionen. Also entweder die Kulturhausleiter oder Theaterleute oder hilflose Parteisekretäre, die vom Rat des Bezirkes oder Rat der Stadt waren. Ich weiß noch, in Erfurt saß ein schwerer Raucher vor uns, ein Mann, der wahrscheinlich in seinem Amt, in seiner Funktion, hart arbeiten musste und sein Leben lang da irgendwie der Parteilinie gedient hatte. Er hatte von Kunst und Kultur keine Ahnung. Den haben sie da hingeschickt, um uns das auszureden! Der war hilflos. Wir saßen da mit unseren Clownsmasken. Wir waren immer schon geschminkt, weil wir ja auf die Bühne mussten. Oder in Weimar im Nationaltheater. Das Haus war ausverkauft, achthundert Leute, und das wusste der Intendant auch. Der sagte, ich bin gebeten worden, euch das so zu sagen: Ihr entscheidet jetzt. Und wir haben gesagt: Wir lesen den Text. Und dann haben wir gespielt. Da brannte schon die Luft, das muss man sagen. Wir spielten am Ende immer so eine Szene, die sogenannte Revolutionsszene. Zwei Clowns, die sich darüber unterhalten, wann sie die Revolution machen wollen, und dann sagt der eine: Am Dienstag, da kann ich nicht, da muss ich zum Zahnarzt. Wie ist es denn mit dem Dienstag, 24. Woche? 24. Woche geht nicht. Was ist, wenn wir die Revolution am Mittwoch erst mal anfangen? Das schaffen wir nicht. So wird die Planung der Revolution immer chaotischer. Also eine sehr absurde Szene.

Sie sagen: In dem Land war ich schon ein bisschen daheim. Was dachten Sie damals, soll werden?
Ich komme aus einem Elternhaus, das sehr liberal war, nicht Partei. Meine Großeltern hatten ziemliche Schwierigkeiten in der

DDR, vor allem die Eltern meiner Mutter. Ich bin sehr humanistisch und sozial erzogen worden, glaube ich, und ich durfte als Kind machen, was ich wollte. Also war ich eben ein sehr aktiver Pionier, sehr überzeugt, sehr für den Sozialismus. Ich glaube, auch ganz wichtig für meine persönliche Biografie ist, ich bin in der Zeit in die Schule gekommen, als der Vietnamkrieg eskalierte. Das hat mich sehr geprägt. Und ich bezeichne mich heute noch als jemand, der Sozialist ist, der eine andere Alternative zu dieser auf Profit- und Geldproduktion orientierten Gesellschaft für nötig ansieht aus den verschiedensten Gründen. Ich glaube, dass viele Beziehungen der Menschen total entfremdet sind und kaputt und dass man da andere humane Lösungen suchen muss, so schwer das immer ist. Der schöne Engelssatz: Sozialismus oder Barbarei, an den glaube ich immer noch. Wir sind zurzeit mehr auf dem Weg in die Barbarei, wenn man sich die Welt anguckt. Ich hab da keine Rezepte, und ich hatte auch zu DDR-Zeiten immer eher Furcht vor Rezepten, vor eindeutigen Lösungen. Ich bin auch nie in die Partei gegangen, obwohl ich mich sehr früh als Marxist begriffen habe und diese Texte mit großem Interesse und Gewinn gelesen und studiert habe, ohne sklavisch zu glauben. Aber so eine Methode des dialektischen Denkens ist mir nach wie vor wichtig. Den Anspruch, den dieses Land DDR hatte, der war mir auch wichtig. Die Durchsetzung war mir immer eher fragwürdig oder oft sehr fragwürdig, weil sie meinem Gerechtigkeitssinn, den ich durch meine Eltern anerzogen bekommen habe, oft zuwider sprach. Das Doktrinäre in dem Land ging mir ungeheuer auf die Nerven. Das Eingeengtsein, das Gefangensein, nicht reisen können, fand ich barbarisch und konnte ich für mich nie akzeptieren.

Was von Ihrer DDR-Prägung geht auch in jetzigen Verhältnissen?
Das ist eine schwierige Frage. Ich glaub, ich kann eine Menge benutzen für die Dinge, die ich machen möchte. Um in dieser

Gesellschaft wirklich erfolgreich zu sein, kann ich von dem, was ich als Werte und Tugenden gelernt habe, eigentlich wenig benutzen. Um in dieser Gesellschaft wirklich erfolgreich zu sein, muss man, glaube ich, andere Tugenden oder andere Wertsetzungen haben. Muss man eher blenden, eher brutal sich durchsetzen, auf Egoismus vor Gemeinsinn setzen, auf seine Einzigartigkeit pochen und nicht auf seine, sagen wir mal, soziale Verantwortung, die man vielleicht hat. Aber die Frage ist, will ich das? Improvisationskunst, mit wenig Mitteln möglichst große Effekte zu machen, ist etwas, was ich immer noch aus der DDR habe und sinnvoll anwenden kann, immer noch. Auch hier in diesem Theater. Mit Leuten auf gleicher Augenhöhe zu arbeiten, ohne sich selbst kleiner zu machen und seinen Anspruch runterzuschrauben, gehört auch zu der Mitgift, die ich meine. Dass man mit Leuten zusammenarbeitet und nicht von oben herab dirigiert. Es wurde in der DDR viel von oben herab dirigiert, aber es wurde auch viel auf gleicher Augenhöhe gearbeitet.

Das war ja sozusagen ein Kern der Gesellschaftspolitik.
Und das wurde auch gelebt. Der Effekt resultierte aber nicht aus dem ideologischen Anspruch der Gesellschaft, sondern aus der Misere der Bedingungen, diese Gleichheit ist im Arbeitsalltag oft aus der Not heraus entstanden. Weil: der Oberarzt musste mit den Schwestern irgendwie in einem anständigen Verhältnis arbeiten, denn sonst hätte das alles nicht funktioniert. Die, die sich abspalteten oder die es teilweise schwer hatten, das waren die politischen Kader. Auch das kann man nicht generalisieren, aber für die war es mitunter schwer. Aber selbst ein Parteisekretär, wenn er irgendwie ein anständiger Typ war, war dann irgendwie integriert. Wenn er nur dirigierte und dekreditierte und parteichinesisch vor sich her laberte, dann war er eben ein stückweit draußen. Ich hab im Rundfunk Volontariat gemacht, als ich Journalistik studieren wollte, bei RBI, da habe ich viele

Ausländer kennengelernt, was ganz wichtig war. Bei den Nachrichten war ich dort als Volontär. Ich hatte eine Chefin, Renate, die war Parteisekretär in der Parteileitung und Chefredakteurin dieser Nachrichtenabteilung, die hat mir sehr, sehr geholfen in dieser Zeit, als ich siebzehn, achtzehn war. Ich hab da mein Studium geschmissen, durfte aber weiterarbeiten. Zu der bin ich gegangen, als die Stasi bei mir vor der Tür stand. Das erzähle ich immer, weil das eben auch was über dieses Land aussagt. Und die Renate hat zu mir gesagt: Mein lieber Junge, lass die Finger davon! Und das finde ich beachtlich, weil es überhaupt nicht in das heutige Klischee passt.

Ja, natürlich nicht.
Eigentlich hat sie sich gegen eine wichtige Institution des Staates gestellt. Das meine ich: Das ist nicht schwarz-weiß. Mit dem interpretierenden Verstand der heutigen Medien, wie die DDR dargestellt wird, gäbe es so etwas nicht. Dann würde ein oppositioneller, kritischer Geist mit kirchlichem Hintergrund sagen, lass das. Aber dass einer aus der Partei selbst sich so verhält, das darf nicht vorkommen. Das fand aber statt. Es gab, wie gesagt, in der DDR-Gesellschaft viele Facetten. Wie viele plappern heute nur das nach, was der »Spiegel« oder irgendein Nachrichtenmagazin ihnen vorkauen. Was ja total langweilig ist.

Worauf führen Sie das gebetsmühlenartige Verbreiten solcher Geschichtsklischees zurück?
Die Sieger schreiben immer die Geschichte.

Ja gut. Das ist klar. Aber warum. Von dieser Geschichte ist nichts zu befürchten.
Von der konkreten Geschichte nicht. Aber was ist mit dem Gedanken der ökonomischen und sozialen Befreiung? Die Frage war ja, warum so ein Schwarz-Weiß-Bild produziert wird. Diese

Gesellschaft ist plural, vieles wird gestattet und darf gesagt werden, aber eine radikale Frage stellen nach anderen politischen Strukturen ist überhaupt nicht erwünscht. Ich meine, wie vehement widersetzt man sich der Idee von Plebisziten, von Volksbefragungen. Wie zufrieden ist man eigentlich mit diesem parlamentarischen System, das immer mehr ausgehöhlt wird. Wo ist da noch die Basis dieser Demokratie, wenn die Macht, die eigentliche Macht, immer mehr von den großen Finanzinstituten und Superkonzernen gelenkt wird? Das sind Fragen. Die werden auch in der pluralistischen Öffentlichkeit nur schüchtern diskutiert, sie sind nicht gern gehört. So war das Klima dieser 89er Endzeit: Es passierte eigentlich nichts. Es wurden Zustände verwaltet. Heute wird eigentlich auch nur Zustand verwaltet. Auf einem höheren materiellen Niveau und einer größeren Abgesichertheit. Bewegung findet nicht statt. Und weit und breit keine Aussicht auf einen 4. November.

Jetzt die Gretchenfrage: War das die Wende, die Sie wollten?
Das war sicherlich nicht die Wende, die ich wollte. Aber ich bin mit dem Begriff Wende sowieso nie so glücklich gewesen. Dieser Begriff ist fragwürdig. Das hieße ja, dass man irgendwann auf einem richtigen Kurs war und abgebogen ist. Nein, das Kind war ja viel früher in den Brunnen gefallen, und ich meine, der Wendebegriff kam auch von der Regierung. Ich bin andererseits mit dem Begriff Revolution auch nicht glücklich, obwohl, »revolvere« heißt eigentlich zurückdrehen. Insofern ist das nicht ganz verkehrt. Es ist nicht die demokratisierte Alternative zwischen bürgerlichem Kapitalismus und dogmatischem Sozialismus geworden, die man sich vielleicht erträumt hat.

Das habe ich jetzt nicht verstanden.
Aus der Alternative zwischen einem dogmatischen Sozialismus und einem knallharten bürgerlichen Kapitalismus ist nichts ge-

worden, weil es die wahrscheinlich so nicht gibt oder nicht gegeben hat zu diesem damaligen Zeitpunkt, im Gegenteil. Man hat eigentlich einen Kapitalismus bekommen, der brutaler ist als der, der in der alten Bundesrepublik existiert hat. Das ist einfach so. Ich habe einen Text geschrieben im November/Dezember 1989 für die Zeitschrift »Neue Deutsche Literatur«. Der hieß: It's Money That Matters. Also die Kohle macht's. Das ist eine Songzeile von Randy Newman, den ich damals sehr schätzte, also das Geld macht's. Und das hat sich bestätigt. Und das war, wie gesagt, im November/Dezember 1989. Die Entscheidung über die Einheit fiel im März 1990. Aber es war klar, mit der Öffnung der Mauer war das Ding durch. Vielleicht noch so viel: Wenzel und ich sind nach dem 4. November – wir waren an dieser Demo viel deutlicher beteiligt, als in heutigen Dokumentationen klar wird –, also, wir sind aus dieser Geschichte schlicht rausgeflogen.

Steffen Mensching, was ist denn das für eine Räuberpistole?
Nur historische Wahrheit: Wir sind durch einen Irrwitz der Geschichte eigentlich um die Lorbeeren gekommen, die uns gebührt hätten, denn wir waren ja normalerweise mitten im Pulk der Redner eingeplant. Wir waren einer der wenigen anwesenden Künstler, die sehr, sehr kritische Töne haben fallen lassen. Und es war klar, dass wir innerhalb der Redner unseren Platz haben. Als wir an dem 4. November auf dem Alex ankamen, hatte niemand mit so vielen Leuten gerechnet. Eine Million Menschen. Da kamen dann die Veranstalter, die Theaterleute, zu uns und sagten: Wir müssen jetzt irgendwas machen, der Platz ist voll, könnt ihr nicht ein paar Lieder singen. So. Das war so zehn vor zehn. Ich glaube, um zehn ging das los oder um elf, ich weiß es nicht mehr genau. Es war so ein trüber Tag. Und wie gesagt, wir konnten immer Lieder singen. Wir konnten zu jeder Zeit, zu jeder Tag- und Nachtzeit konnten wir Lieder singen. Na klar, können wir ein paar Lieder singen. Also sind Wenzel und

ich auf die Bühne gegangen und haben, glaube ich, drei Lieder gesungen. Da waren aber die Kameras noch nicht an. Ich meine, wir haben ja nicht für die Kameras gesungen, sondern wir haben für die Leute gesungen. Dann gingen die Reden los mit Steffie Spira und den ganzen Leuten und dauerten ewig. Dann sagten die: Jetzt wärt ihr mit eurem Auftritt dran. Wollt ihr jetzt noch mal was machen? Und da haben wir gesagt, wir haben drei Lieder gesungen, macht einfach weiter. Das war in dem Augenblick richtig und verständlich und klug und auch zeitschonend, aber es war natürlich für die »weltgeschichtliche Beachtung« absolut negativ, weil wir draußen waren. Nicht im Bild. Es gibt ja so einige Dokumente, die das mal erwähnen, aber eigentlich ist man weg vom Fenster.

Dann wird es ja mal Zeit, die historische Wahrheit herzustellen.
Richtig.

Genau und hiermit geschehen.
Aber was ich noch sagen wollte, deswegen kam ich ja darauf: Ein paar Tage nach dem 4. November waren wir in Chemnitz, große Demo. Nachdem die Berliner mutig waren, waren die Chemnitzer, die Karl-Marx-Städter, auch mutig. Wir waren da vom Neuen Forum eingeladen. Das war beängstigend, weil die inzwischen Walkie-Talkies aus dem Westen hatten, alles war durchorganisiert. Und da erlebte ich zwei Dinge. Erstens: Es gab gerade einen neuen Chef der Bezirksleitung Karl-Marx-Stadt. Das war ein jüngerer Typ, nicht mehr der alte Genosse, sondern einer aus der zweiten, dritten Reihe. Der hielt eine Rede. Das war keine dolle Rede, glaube ich, aber er konnte nicht ausreden. Was der sagte, wurde niedergebrüllt. Das fand ich sehr naja ... wie gesagt, es hätte mir auch nicht unbedingt gefallen, was der da erzählt hat, aber der durfte nicht mal ausreden. Die zweite Geschichte: Da war ein kleiner Junge, weiß ich noch wie heute, der hatte ein

Schild um den Hals und darauf stand: Nie wieder Russischunterricht. Und das hat mich, der ich immer ein Freund der russischen Sprache war und der russischen Literatur, das hat mich sehr nachdenklich gemacht. Eigentlich war ich bestürzt. Da dachte ich, aha, das ist also die neue Freiheit. Ich verstand ja, was er meint, aber wenn die Blödheit sich dann so offen hinstellt ... tja. Man hätte auch hinschreiben können: Nie wieder Mathematikunterricht. Das wär genauso gewesen. Das war, wie gesagt, Mitte November 1989. Da merkte ich, dass das doch ziemlich abdrehte, diese ganze Geschichte. Das ist nun 25 Jahre her.

Das Rad der Geschichte rollte
in die falsche Richtung

FRANK MITTMANN

Berlin | Tischlermeister, Leiter Theaterwerkstatt der Volksbühne |
Jahrgang 1957

Die Bilder kennt fast jeder: Der Zug der Theaterleute, die am
4. November die Demonstration zum Alexanderplatz anführen. Mittendrin das Ensemble der Volksbühne mit dem Rad der
Geschichte. Metapher dieser Zeit. Alle sehen es und reden davon:
Das Rad der Geschichte! Großartig! Wo rollt es hin? Und: Wer
hat es gebaut? Keine große Geschichte, sagt der Mann, der es
war. So ist das: Die besonderen Dinge werden einfach gemacht.
Frank Mittmann war dafür auf jeden Fall der richtige Mann.
Am ersten September 1974 beginnt er in der Theaterwerkstatt
der Volksbühne eine Tischlerlehre, wird Tischlermeister, 1987
schließlich Leiter der Theaterwerkstatt. Im September 2014 feiert
er sein 40-jähriges Bühnenjübiläum.

Sie sind der Mann, der am Rad der Geschichte gedreht hat?
Ich habe es gebaut, aber nicht allein. So was geht nur zusammen
mit anderen. Aber ich war nicht der Initiator dieser Demonstration.

Woran erinnern Sie sich?

Ich weiß nur, dass die Zeit vor dem 4. November eine unruhige Zeit war. Dass wir im Theater hier nicht wussten, wie geht das weiter? Es gab eine Initiative im Theater, die nannte sich 4. November. Mit Walli Schmitt, Marion van de Kamp, Jutta Wachowiak vom Deutschen Theater. Es waren also etliche Berliner Künstler, die zu der Demonstration aufgerufen haben. Neues Forum war gegründet. Mitarbeiter sind da hin. Ich wusste nicht genau, was passierte, habe mich da eher etwas zurückgehalten.

Was passierte dann?

Ich kann mich noch daran erinnern, wir haben mit den Kollegen der Werkstatt ein gemeinsames Wochenende gemacht. Wir hatten ein Ferienobjekt in Mecklenburg-Vorpommern, und dorthin sind wir alle gefahren. Es ging dort auch abends noch lange hoch her, und einige Kollegen waren ganz unruhig: Da ist morgen eine große Sache vom Neuen Forum, wir müssen wieder zurück nach Berlin. Also, es war eine ganz komische Stimmung. Es ist ja schon immer so gewesen, dass sich im Theater Leute sammelten, die den Staat nicht unbedingt liebten, sondern sich eher dorthin zurückzogen. Wir hatten Leute im Bereich der Bühnentechniker, die waren Pastoren. Wir hatten Leute hier, das waren Schriftsteller, die wurden sozusagen in die Produktion geschickt. Das ist ganz normal gewesen, und viele Leute haben vielleicht vergessen, dass das Theater wirklich so ein Pool war. Vielleicht war es sogar die Aufgabe des Theaters, Kritik zu äußern. Das war ja damals viel einfacher als heute. Heute ist es schwieriger: Die Leute überlegen genau, wie weit sie gehen. Damals konnte man mit Kleinigkeiten politisch aufregen. Also, es waren sehr bewegte Momente. Und dann kam dieser 4. November ran und wir wurden gefragt, ob wir vielleicht verschiedene Sachen bauen können. Klar. Wenn, dann unsere Werkstatt.

Und was?

Dann haben wir hier die Tribüne gebaut, die berühmte Tribüne auf dem W50 der Volksbühne aufgebaut, wo die Redner dann alle stehen. Sieht man immer im Fernsehen. Und dann eben das Rad der Geschichte. Haben wir hier gebaut.

Hier in der Werkstatt?

In der Thulestraße, genau. Wir haben diese Transparente zusammengebaut. Im Malsaal stand das Transparent »Wir sind das Volk« – wo mir ganz schwummrig wurde, weil ich dachte, mein Gott, wenn hier jetzt die Staatsmacht mal hereinschauen würde, die würden ja gucken, mindestens.

Wann war das?

Die Vorbereitung lief im Oktober. Und als wir diese Plakate und Transparente bemalten und beschrifteten, kam natürlich bei uns auch so ein Spaß auf, dass alle sagten: Mensch, ist doch toll. Es waren so gemischte Gefühle. Und ich sag mal so, ich war in dem Moment auch nicht der Widerstandskämpfer, kann ich nicht sagen. Ich habe mich mit Sachen auseinandergesetzt, die mich geärgert haben. Und hab mich nur gewundert, dass zum Beispiel dann am 9. November mein Chef, Mitglied der SED, mich anrief und sagt: Frank, schick mal die Kollegen nach Hause. Die Mauer ist auf. Da dacht ich, das kann doch wohl nicht wahr sein. Ich sag: Du, ich weiß nicht. Ja, doch, mach mal ruhig, die freuen sich bestimmt.

Sie doch auch?

Für mich war das eine ganz irre Situation, weil meine Großeltern in Schöneberg lebten. Mein Großvater war aber schon vor Jahren gestorben, davon hatte ich nun nichts mehr. Und das war so ein ganz komisches Gefühl für mich. Ich musste wirklich weinen, weil es emotional nicht zu greifen war, dass jetzt plötzlich das möglich war, was sich mein Großvater immer gewünscht hatte: mir die Eisenbahnplatte zu zeigen, die er mal für mich gebaut hatte – ich hab sie nie gesehen. Das war für mich so eine Geschichte. Aber, um auf den 4. November zurückzukommen, ich selbst war natürlich auch auf dem Alexanderplatz.

Jetzt mal langsam, erzählen Sie erst noch von den Vorbereitungen.
Wir haben ein paar Überstunden drangeklebt, uns hinten im Malsaal Platz gemacht und an den Sachen gearbeitet. Dann kamen Theaterleute her. Ich weiß gar nicht, ob Hennig Schaller damals damit zu tun hatte. Das ist ein Bühnenbildner. Aber ich denke mal, Walli Schmitt war auf jeden Fall hier. Walli war sehr aktiv. Und von Anfang an wurde gesagt, dass die Transparente nicht weggeworfen werden sollen, sondern dass wir sie aufheben – für später. Vielleicht fürs Museum.

Nun zum Rad der Geschichte.
Da gab es einen Entwurf, den hat man uns gezeigt. So ist ja unsere Arbeit: Wir arbeiten immer nach Entwürfen, fragen Sie mich jetzt aber bitte nicht, wer das Rad entworfen hat. Das haben wir dann aus Sperrholz ausgeschnitten. Es wurde ja auf der Straße auch bewegt.

Das Rad der Geschichte war Sperrholz?
Ja.

Und das hat gehalten?
Na ja, nicht, dass Sie da drei Millimeter sehen, das ist schon etwas stärker gewesen. Ein Holzgestell und mit Sperrholz belegt, so dass es stabil ist, dass es nicht zerbricht, wenn es über die Straße bewegt wird. Das ist eine Arbeit, so wie wir jeden Tag Bühnendekorationen bauen. Das ist in dem Sinn kein Spezialauftrag, sondern so, wie wir es zu machen gewohnt sind.

Wie groß war das Rad eigentlich?
Oh, das war ziemlich hoch, ich weiß nicht, zwei Meter, wenn nicht noch höher. Es sollte ja auch ein bisschen was zeigen, zwei, drei Meter war's bestimmt.

Haben Sie und Ihre Kollegen es zum Alex gerollt?
Nein, das ging alles über die Initiative 4. November. Das haben alles Marion und Walli organisiert: Wer trägt was und so weiter. Ich bin dazugekommen und hab das begleitet. Als sie uns fragten, haben wir natürlich gesagt, na klar, machen wir.

Als das Rad fertig war, musste es ja von hier nach da.
Ja, das musste transportiert werden. Es wurde erst zur Volksbühne und von da zum Alexanderplatz gebracht.

Sind Sie da mit?
Also, die meisten Kollegen sind mit zum 4. November, auf den Alexanderplatz. Auch mit gemischten Gefühlen, weil man nicht wusste, wie reagiert der Staat auf solche Geschichten. Das war ja gigantisch. Meine Frau wollte mit. Ich hab gesagt: Tu mir einen Gefallen, bleib hier bei den Kindern, wer weiß, was dabei rauskommt. Aber es war schon beeindruckend. Wir haben auch relativ dicht an der Tribüne gestanden.

Was hat Sie beeindruckt?
Was da gesagt wurde. Die Kritik, die da offen geäußert wurde, die war ja eigentlich bekannt. Es ist nur nie richtig darüber gesprochen worden. Das sind ja so viele Themen, die uns auf den Nägeln gebrannt haben. Auch mit dem Machtanspruch der Partei. Mein alter Tischlermeister zum Beispiel hat immer zu mir gesagt: Frank, lass dich nicht darauf ein, in die Partei einzutreten. Ich sage: Warum nicht? Die reden anders mit dir. Baust du als Tischlermeister Scheiße, dann kriegst du Ärger. Baust du als

Genosse Tischlermeister Scheiße, sieht die Sache ganz anders aus. Dann musst du drüben strammstehen, sagte er, tu es nicht.

Bei dem haben Sie auch gelernt, zum Beispiel so ein Rad zu bauen?
Ja, so muss man das sagen. Der war mein Ausbilder, und er hat mir beigebracht, gut und sauber zu arbeiten. Den habe ich sehr gemocht. Es gab zwei Versuche, mich anzuwerben für die Partei, aber ich habe bei den Gesprächen mit den Kollegen hier, die in der Partei waren, gemerkt, das wär eigentlich nicht so das, was ich möchte. Ich habe gedacht, du musst als Nichtgenosse eine gute Arbeit machen, und dann kann man dir nichts nachsagen. Und so war das.

Was haben Sie so gedacht, als Sie zum Beispiel die Plakate malten und das Rad getischlert haben?
Es war zumindest, sage ich mal, die Hoffnung auf Veränderung, dass sich hier was bewegen wird in Richtung bessere DDR. Auf keinen Fall hatte man die Einverleibung in die Bundesrepublik im Hinterkopf. Das war eigentlich nicht das Thema. Man dachte doch, dass aus den Fehlern gelernt würde. Es war ja eine große Chance. Es war die Chance, die man nicht genutzt hat. Jetzt, im Nachhinein, würde ich sagen, sind wirklich viele vernünftige Ansätze im Prinzip mit Füßen getreten und nie wieder irgendwie aufgegriffen worden. Für uns im Theater zum Beispiel hatte ich natürlich auch die Unruhe, wie es wohl wird. Ansatzweise hatte man ein bisschen Ahnung davon, was da im Westen so abgeht, wie das ist mit Arbeitslosigkeit.

Diese Fragen hatten Sie?
Klar, hat man überlegt: Mensch, wer weiß, was hier noch so kommt? Vielleicht sind wir ganz schnell weg. Oder nach der Wende war es ja dann so, dass man sich mal um die anderen Theater im Westteil gekümmert hat. Da bin ich mal hin zum

Schillertheater und hab mir das alles angesehen. Ich hatte natürlich so eine Illusion, dass ich eben glaubte, Mensch, du, da geht
das ein bisschen anders ab. Und als ich dann da war, hab ich
gesagt: Menschenskinder, die kochen ja auch bloß mit Wasser.
Da brauchen wir gar keine Angst zu haben. Das sieht nicht
anders aus als bei uns, im Gegenteil. Manches scheint bei uns
noch straffer organisiert zu sein als dort. Und, sage ich mal, der
Umgang mit den Leuten oder auch Umgang mit Materialien –
das war alles so nebenher, was mir unangenehm war. Wo ich
dachte, das ist eigentlich nicht so mein Ding, ich schmeiß nicht
gern was weg, ja. Ich gucke es mir lieber noch mal an. Vielleicht
kann man noch was damit machen.

Was hat sich dann verändert?
Im Grunde genommen, wenn ich jetzt auf unsere kleine Werkstatt so zurückschaue, wir haben weiter unsere Arbeit gemacht.
Es wurde ja inszeniert. Aber ich glaube, dass selbst die Inszenie-
rungen unter dieser Situation gelitten haben. Da haben wir uns
große Mühe gegeben, sind aber zuschauermäßig total eingebro-
chen. Es ist ja die Zeit gewesen, wo sich kein Mensch mehr groß
mit Theater abgeben wollte.

Das Theater fand draußen statt.
Ja, und war viel interessanter. Ich hab's im Privaten ebenso
erlebt, dass meine Frau sämtliche Zeitungen sammelte. Sie hat
das alles dokumentiert und sagte, das ist ganz wichtig, auch für
später. Man hat ja diese Zeitungen fast gefressen. Wieder etwas
aufgedeckt, Korruption und Vetternwirtschaft. Aber, wie gesagt,
nicht unter dem Aspekt der Wiedervereinigung, sondern wirklich mit diesem Wunsch, im Land das Land verändern, ja. Und
ich meine, dieser Satz »Wir sind das Volk«, der sagt ja alles, oder
»Wir bleiben hier«, kann ich mich noch erinnern. Das war auch
auf den Plakaten zu sehen und auf den Transparenten. Weil Sie

immer nach dem Rad der Geschichte fragen, da muss ich sagen: Das ist in eine andere Richtung gerollt, als die meisten Leute wollten. Wenn man sich die Geschichte seitdem mal ansieht.

Haben Sie irgendein Teil als Erinnerung behalten?
Nein.

Nein? Kein Andenken?
Nein. Es ist ja alles rausgegangen. Der ganze Malsaal lag voll, die Tischlerei lag voll, das ist ja alles, alles gebraucht worden. Und danach, denke ich mal, ist es wirklich im Museum gelandet.

Was hat die Wende Ihnen gebracht?
Die Wende ist an mir vorübergegangen. Ich durfte ja bleiben. Ich habe dieses Gefühl von Arbeitslosigkeit, von Verlust in dem Sinne nicht kennengelernt. Dafür gibt's genügend andere Menschen, die das erlebt haben. Das war für mich ein ganz wichtiger Punkt, dass ich immer dachte, du arbeitest doch gerne, und ich arbeite auch gerne hier, das ist dein Zuhause. Konnte mir gar nicht vorstellen, dass man so plötzlich nicht mehr zur Arbeit gehen darf. Das ist so ein schreckliches Gefühl, hatte ich oft so im Hinterkopf. Deswegen habe ich mich immer gegen Versuche, uns wegzurationalisieren, gewehrt. Nicht bloß meinetwegen, sondern auch wegen der Kollegen, ist doch klar.

Sie hängen an der Werkstatt.
Klar. Die Werkstatt selber, das Gebäude ist in den vierziger Jahren gebaut worden. Damals schon für die Volksbühne am Bülowplatz. Nach dem Krieg, 1946 schon, fing man wieder an, hier zu arbeiten. Für Schulen und Kulturhäuser wurden Bühnen gebaut und Podesterien. Meine Mutter hat das erlebt. Sie war damals im FDJ- und Pionier-Ensemble, und ich selber hab da auch gespielt, Musik gemacht, und ich durfte immer mitgehen. Sie hat Requi-

siten hier in der Werkstatt bauen lassen für die Kabarett- und Tanzgruppe dieses großen Kinderensembles. Es gibt sogar noch Schriftsachen darüber. Und wenn Sie hier draußen den Gang langgehen, steht da aus dieser Zeit in alter Schrift: »Wir arbeiten für den Frieden« und »Wir arbeiten für den Aufbau«. Und das habe ich mir gewünscht vor ein paar Jahren, dass die Maler es mal wieder nachziehen, weil das für mich so ein Zeichen der Hoffnung gewesen ist nach dem Krieg, dass die Leute sich nach Frieden und nach Aufbau gesehnt haben. Die Schriftzeichen sind die alten, aber der Inhalt, der trägt so viel Hoffnung und so viel Gutes in sich, deswegen habe ich das wieder deutlich ranschreiben lassen.

Da hängt ganz viel Leben dran

WILLIBALD NEBEL
Bischofferode | Bergarbeiter | Jahrgang 1948

Man kann ihnen ja viel vorwerfen, aber nicht, dass sie sich nicht gewehrt hätten. Wenn überhaupt ein Begriff dafür entstanden ist, dass DDR-Bürger ihren volkseigenen Besitz an Produktionsmitteln verteidigten, dann ist es der Name dieses Ortes. Wenn es einen Erkenntnis-Funken gab, worum es in diesem Jahrhundertereignis Wende ging, abgesehen von so schönen und singbaren immateriellen Dingen wie Einigkeit und Recht und Freiheit, dann haben sie ihn gezündet. Die in Bischofferode. Ob sie das wollten oder nicht.

Ich fahre nach Bischofferode zum Gespräch mit Willibald Nebel. Er gehörte zu den Kalikumpel, die 1993 ihren Schacht besetzten und in den Hungerstreik traten, um ihre Arbeitsplätze zu erhalten. Das waldige Gelände links auf dem Weg zur Kali-Grube Bischofferode war früher Grenzgebiet. Die Westgrenze. Manchmal liefen da die Hunde hin und her. Von dieser Anhöhe sieht man auf den Arbeitsplatz von Willi Nebel. Der Blick auf seinen toten Betrieb tut immer wieder weh, sagt er. Und die Natur macht, was sie immer macht: Sie besetzt das Terrain. Mittlerweile sind die rot schimmernden Abraumhalden grün bewachsen. Auf der Halde am Schacht 1 äsen Rehe und Damwild. Eine Idee der Agrargenossenschaft, um Arbeit zu schaffen: Es darf geschossen werden.

Ich finde das sonderbar mit den Rehen hier.
Ja, finde ich auch. Aber vieles ist sonderbar geworden.

Wo sitzen wir jetzt?
In der ehemaligen Poliklinik.

Sie hatten eine eigene Poliklinik?
Das gehörte sich so. Zu unseren besten Produktionszeiten waren
hier zweitausend Arbeiter beschäftigt. Sozialtrakt, Kulturhaus,
Poliklinik – gehörte alles zum Werk. Die Poliklinik hat unser
Kali-Verein »Thomas Müntzer« übernommen und ein Museum
zum Gedenken an das Bergwerk eingerichtet. 1994 war das.

Warum ein Museum?
Weil es Bischofferode nicht geben soll. Nie wieder. Im Museum
erfährt man aber, wie alles war. Das ist unsere Geschichte.

Ihre auch?
Ja.

Wann haben Sie denn auf der Grube angefangen?
1967 in der Verladung, wo wir das Kalisalz verladen haben. Später habe ich mich vom Produktionsarbeiter zum Schichtmeister
qualifiziert.

Mussten Sie das machen?
Nein, das war zu meinem Vorteil. Und aus Verantwortung fürs
Werk.

Wer waren die Hauptabnehmer für das Kalisalz?
90 Prozent unserer Produktion gingen nach Österreich, Frankreich, Italien, England, Westdeutschland.

Was was besonders an dem Kali aus Bischofferode?
Das Besondere an unserem Kalisalz war, dass es sehr rein, hochwertig ist. Im Gegensatz zu anderen Kaligruben haben wir ja mitunter achtzehn, zwanzig bis fünfundzwanzig Prozent Reinkali gehabt. Andere Betriebe wie Kali Kassel stehen da mit acht, zehn, maximal zwölf Prozent. Wir hatten rund fünfundzwanzig Prozent Reinerlös,

Wissen Sie noch die letzten Fördermengen?
Tonnenmäßig hatten wir mitunter zweieinhalbtausend Tonnen Reinprodukt.

Pro Tag?
Ja. Zweieinhalbtausend Tonnen reines Kali.

Das ist viel, oder?
Das ist sehr gut gewesen.

Damit hat die DDR gute Geschäfte gemacht.
Genau.

Sie haben für Devisen gesorgt.
Richtig.

Hätte es so weitergehen können?
Ich würde heute noch gerne Salz verkaufen. Ist aber vorbei. Sogar einer der Fördertürme ist schon gesprengt.

Warum ist der gesprengt worden?
Weil er nicht mehr gebraucht wurde.

Warum?
Warum? Weil es nie wieder ein Bischofferode geben soll.

Aber Kali ist noch genug in der Erde?
Mit dem Stand von 1993 hatten wir noch für vierzig Jahre erkundete Produktionsqualität in der Grube.

Für vierzig Jahre?
Vierzig Jahre erkundete Lagerstätten.

Erkundet heißt zuverlässige Vorkommen?
Richtig.

Kann sein, dass in dem Gebiet hier noch mehr liegt?
Richtig.

Das habe ich so deutlich noch nicht gehört.
Das wissen die meisten auch nicht. Vorkommen für vierzig Jahre Produktion!

Trotzdem wurde dichtgemacht. Man könnte aber jederzeit wieder fördern?
Nein. Wir kommen nicht wieder an diese Lagerstätten ran, weil man 1993 gesagt hat, es soll und darf nichts wieder an Bischofferode erinnern. Und demzufolge wurde die Grube nicht mit Feststoffen versetzt, sondern sie wurde geflutet. Durch das Fluten der Grube haben sich die vorhandenen Lagerstätten erledigt. Aus.

Das ist ja unglaublich, ehrlich gesagt.
Das sind die Machenschaften vom BASF unter Helmut Kohl.

Das ist aber ziemlich unglaublich.
Ja, ist aber so.

1967, als Sie anfingen, wem gehörte da die Grube?
Na, das war Volkseigentum, wie viele andere Betriebe.

Da hängt ganz viel Leben dran

Wie lange haben Sie hier gearbeitet?
Insgesamt, mit der Stilllegung, 41 Jahre.

Wann war für Sie Schluss?
Mit der Stilllegung der Grube 1993.

Und dann?
Nachsorgearbeiten bis 2009, da habe ich vor allen Dingen meinen Arbeitsplatz abgerissen und beseitigt.

Wie viele Kumpel sind jetzt noch hier?
13 Leute, für Sicherungsmaßnahmen. Aber 2000 hatten hier mal richtig Arbeit.

Was ist mit der Flutung?
Das läuft immer noch.

Sie haben gesagt, hier wäre schon alles unterhöhlt.
So lange, wie kein gesättigtes Salzwasser in die Grube eingeleitet wird, löst die nichtgesättigte Lauge alle Sicherheitspfeiler, die unten sind, weg. Daher auch der unkontrollierte Zusammenbruch des Grubenfeldes. Das ist schon zum Teil zusammengebrochen, Stück für Stück passiert das.

Warum, Herr Nebel, das versteh ich einfach nicht.
Doch. Wenn man weiß, worum es geht, kann man das verstehen.

Erklären Sie es bitte.
Das ist doch einfach: Es soll nichts wieder aus Bischofferode werden. Nie wieder hier im Einzugsgebiet eine Kaliproduktion.

Dafür wird ein Erdeinbruch riskiert?
Das kann durchaus passieren, richtig.

Welche Interessen stehen dahinter?
BASF als Mutterkonzern, wobei Kali und Salz ein Tochterunternehmen von BASF ist. BASF hat dafür gesorgt, dass Bischofferode nicht mehr produziert.

Warum haben die denn mit dem Kali nicht selbst das Geschäft gemacht?
Die haben doch ein Geschäft gemacht.

Inwiefern?
Indem wir schließen mussten. Und die haben ihre Produktion bei Kali Kassel gesteigert. Dort lagerte zwar nicht viel, aber immerhin. Inzwischen ist dort auch ein Werk geschlossen worden, weil nicht rentabel. Und Unterbreizbach, was ja im Osten ist, wurde an Kali Kassel verschleudert, und nun holt Kali Kassel das Salz aus dem Osten nach drüben.

Wie – unter Tage?
Unter Tage, kein Thema. Wir durften ja damals nur bis zur Grenze fördern, weiter ging unsere Produktion nicht. Aber heute wird in Unterbreizbach das Salz gewonnen, rüber in den Westen geschafft, hochgeholt, verarbeitet und dort verkauft.

Als Kali Kassel?
Als Unternehmensvariante Kali Kassel, richtig. Das ist doch das Geschäft.

Aber theoretisch hätten die mit diesem hochwertigen Kali gute Exporte machen können?
Ja und nein. Da hätten sie ja damals noch einige Betriebe mehr in den alten Bundesländern schließen müssen, wenn wir hier produziert hätten. Das ist der ganze Grund.

Ihre Grube wäre dann geblieben?
Richtig. Man hat sich aber gesagt, wir schließen lieber die im
Osten, schaffen so die Konkurrenz weg, denn wir wären ja dann
Konkurrenz gewesen. Kali Kassel hatte Arbeit, und wir wurden
unsere Arbeit los.

Wo steht das?
Naja, soo steht das nirgends drin. Die sind doch schlau. Aber der
Fusionvertrag regelt das alles.

Den kein Mensch einsehen darf?
Wo der Herr Vogel (Bernhard Vogel, 1992–2003 Ministerpräsident in Thüringen) sagt: Ich habe diesen Vertrag nicht gesehen
und nicht gelesen. Sagt der, das muss man sich mal vorstellen:
Unterschreibt und weiß nicht, was.

Es ist die Rede von Geheimdokumenten.
Das war ein Vertrag mit geheimen Anhängen, das ist richtig, der
zwischen der Bundesrepublik und Kali Kassel geschlossen wurde
bzw. der Treuhand.

Wieder mal Treuhand.
Kein Kommentar.

Also wirklich gut ist es Ihnen nach der Wende nicht gegangen?
Nein, auf keinen Fall. So wollten wir das nicht. Bloß, das haben
wir ja nicht erahnen können, dass mit der Wende so viel Soziales
abgeschafft wird, diese Ungerechtigkeit passiert, denn auch die
Arbeitslosigkeit hat mit sozialer Ungerechtigkeit zu tun. Das ist
doch traurig, wenn man heute kämpfen muss um einen Min-
destlohn von 8,50 Euro. Der Mensch braucht doch eine Arbeit,
von der er leben kann.

Wie haben Sie denn früher gelebt?
Wie ganz durchschnittliche DDR-Bürger. Ich komme ja von hier und bin 1971 nach Kirchworbis gezogen. Da habe ich die große Liebe gefunden, Grundstück gekauft, auf der Grube unsere Arbeit gemacht – Leben mit allem Drum und Dran. Mit den damaligen Möglichkeiten des sozialen Gefüges war vieles machbar.

Was dachten Sie, wie Ihr Leben aussehen wird?
Vor allen Dingen sorglos. Wir wussten genau, morgen und übermorgen können wir wieder arbeiten, und durch die Arbeit haben wir unser Einkommen und können unsere Familien ernähren. In aller Ruhe Häusle bauen, die Kinder friedlich erziehen, Urlaub. Normal eben.

Sie lebten hier dicht an der Grenze. Wie sah das praktisch aus?
Das sah so aus, wenn wir mit dem Schichtbus angefahren sind zum Schichtwechsel, hat man mitunter schon die Hunde von den Grenzsicherungsanlagen gesehen, hinter dem Zaun. Vom Schacht waren es rund zwei Kilometer zum Schlagbaum für das Sperrgebiet, wo man nur mit Passierschein reinkam.

Hat Sie das nicht gestört?
Gestört schon, aber das war nicht das Problem, und ich sage auch heute: gut und schön die Wende, teilweise musste sie kommen, das ist richtig. Gott sei Dank haben wir sie friedlich begangen, aber sehr vieles ist durch die Wende zerschlagen worden.

Warum musste die Wende kommen?
Der sogenannte Kalte Krieg, das war nicht das, was in unserem Sinne war. Das ist ein Werdegang von vielen Jahren. Wir haben uns eingeengt gefühlt, aber hatten auch die soziale Sicherheit. Das war ja das, was wir eigentlich dachten zur Wende, dass wir das Soziale, was wir gewohnt waren, und die Marktwirtschaft

vernünftig in die Reihe kriegen. Dann wäre es vielleicht was geworden, wo heutzutage nicht ganz so viele Menschen darüber schimpfen würden. Aber der soziale Osten funktioniert in der Marktwirtschaft nicht. Wenn ich keinen Job habe, kein Geld, vielleicht noch Schulden, dann kann ich nirgends hinreisen und habe keine Reisefreiheit! So weit hat keiner gedacht. Man hätte die Wende anders aufziehen müssen, nicht von jetzt auf gleich, sondern Stück für Stück miteinander. Grenzen auf, Stacheldraht weg, das ist richtig. Aber viele waren einfach auch von der Marktwirtschaft geblendet.

Wie war das auf dem Schacht?
Die Demonstrationen, die gab es erst 1989, das ist richtig. Diskussionen hatten wir im Prinzip aber immer und überall. Zur damaligen Zeit war am Arbeitsplatz, im Kollektiv, wie man so schön sagt, immer was los.

Worum ging es?
Dass man sich Gedanken machen müsste, um ein vernünftiges Miteinander ohne Grenze.

Kein Wunder hier, irgendwann denkt man: Wann kann ich denn da mal rüber?
Richtig. Gerade in unserer Region, wo wir so dicht dran waren, sind Familien mitunter getrennt worden.

Ihre auch?
Richtig. Nebel gab es auch auf der anderen Seite, aber keine Besuche. Das habe ich mal in der Schule gesagt: Wir hatten damals Staatsbürgerkunde, teilweise war es nicht schlecht, da wurde uns schon zeitig was von der brutalen Marktwirtschaft erzählt.

Das haben Sie aber nicht geglaubt.
Richtig. Aber wir haben es nach der Wende begriffen, Marktwirtschaft ist brutal und unmenschlich. Aber damals habe ich dem Staatsbürgerkundelehrer gesagt: Tut mir leid, aber mein Bruder, mein Onkel, meine Tante 10 Kilometer weiter, sind doch kein Klassenfeind für mich. Ich sage: Ich würde nie die Waffe gegen einen Menschen halten. Grundsätzlich nicht, mache ich nicht.

Da haben Sie Ärger bekommen?
Nö, warum? Na gut, zuletzt habe ich dem Lehrer gesagt: Sie sprechen vom kapitalistischen Klassenfeind, aber tragen ein Hemd vom Kapitalisten.

Was hat er gesagt?
Nichts. Ich wurde für etliche Zeit vom Staatsbürgerkundeunterricht befreit.

Wie jetzt, Sie wurden von Staatsbürgerkunde ausgeschlossen?
Ja. Ich hatte kein Problem damit.

Natürlich nicht. Und sonst war nichts?
Nein, gar nichts. Auch später auf dem Schacht, ich sage immer, was ich meine.

Es heißt doch, man konnte nichts sagen.
Es war so *und* so. Nach der Armee sollte ich in die Kampfgruppe gehen. Ich sage: freiwillig nie. Du musst, als sozialistischer Leiter. Ich sage: Du kannst meinen Job kriegen, wenn du ihn haben willst, aber ich geh in keine Kampfgruppe, und ich geh auch in keine Partei.

Ach, waren Sie auch nicht?
Nein, warum?

Ja, ist nur eine Frage.
Warum sollte ich?

Man musste, hört man immer.
Kann ich nicht bestätigen.

Ihre Arbeit haben Sie behalten?
Richtig. Ich habe meine Arbeit gemacht, ich habe meinen
Schichtleiter weitergemacht, jahrelang. Habe mich für die
Belange meiner Werktätigen eingesetzt. Selbstverständlich, das
war meine Aufgabe. Also nicht nur für mich zu sorgen, ich hatte
die Verantwortung für meine zehn Schäfchen.

Wenn Sie an den Herbst 1989 denken, woran erinnern Sie sich dann?
An die Montagsdemos bei uns in Kirchworbis. Viele stellten aus
Sympathie Kerzen vors Fenster. Das sogenannte Friedenslicht.
Wenn man am späten Nachmittag hier in unserer Gegend rum-
gefahren ist, standen überall Lichter in den Fenstern.

Klar, wir sind im Eichsfeld.
Das schwarze Eichsfeld, richtig.

Schwarz bedeutet katholisch.
Richtig. Hier sind viele Katholiken, wobei die Protestanten nicht
die Schlechteren sind. Wozu Unterschiede machen? Und warum
nicht auch beim Glauben gemeinsam Vernünftiges machen.

Sind Sie gläubig?
Ich bin katholisch, meine Familie, meine Kinder sind so erzogen.

War das kompliziert zum Beispiel wegen der Jugendweihe?
Nein. Wer der Meinung war, er möchte Jugendweihe machen,
der konnte das machen.

Aber Sie nicht?
Ich nicht. Ich habe dem Klassenlehrer gesagt: Wir sind katholisch, der Junge geht nicht zur Jugendweihe. Also gut. Paar Tage später im Betrieb klingelt das Telefon: Willi, komm doch mal hoch zum Chef. Du, hab hier einen Zettel, dein Junior geht nicht zur Jugendweihe? Ich sage: Ja, der geht nicht zur Jugendweihe. Ja, ich soll dich nur fragen, warum und wieso? Ganz einfach, weil wir katholisch sind. Und damit hatte sich das.

Sie hatten keine Nachteile?
Nein, überhaupt nicht.

Was haben Sie von der Wende erwartet?
Dass es friedlich bleibt. Und da muss ich sagen, Gott sei Dank hat Gorbatschow als Mensch gehandelt und gesagt: Ihr müsst euch selber einig werden. Das ist der Kanzler der Einheit, Gorbatschow.

Das wird der andere Kanzler der Einheit, Kohl, nicht gerne hören.
Das könnte ich ihm klipp und klar heute sagen: Die friedliche Einheit haben wir Gorbatschow zu verdanken, denn wenn der Panzer geschickt hätte ... pfui Teufel.

Was dachten Sie, wie es weitergeht?
Erst mal sind wir rüber in den Westen, nach dem ersten Ansturm. In Duderstadt haben wir das Begrüßungsgeld geholt für die Familie, sind durch das Städtchen, haben uns viel Buntes angeguckt. Wir wussten nicht, wie es nun weitergeht: einheitliches Deutschland oder nicht und wir können trotzdem hin und her fahren – das wusste keiner. Und ich habe mir, muss ich ganz ehrlich sagen, keinen Kopf drum gemacht. Es hätte auch, krass gesagt, so bleiben können.

Für Sie war es ok, wie es war?
Richtig. Wir hatten ja noch Arbeit. Der Kalischacht produzierte.

Wann haben Sie gemerkt, dass es den Leuten hier an den Kragen geht?
1992. Da hörte man vom Zusammenschluss der Produktionsstätten Ost mit West. Erst hinter vorgehaltener Hand. Dann kamen unsere lieben Brüder und Schwestern aus den alten Bundesländern zu uns und haben unsere Produktionsstätten begutachtet, haben geguckt, wie wir in der Grube produziert haben, wie die Fabrik produziert hat, wie wir verladen haben undundund.

Die waren von Kali Kassel?
Richtig, unter anderem. Und das war vielleicht, sage ich heute, das, was man falsch gemacht hat. Man hätte ihnen nicht alles sagen und zeigen dürfen ... Aber wir waren ja gutgläubig. Wir haben gedacht, die wollen uns nichts Böses, sondern ein vernünftiges Miteinander. Die kochen ihr Salz im Westen und wir kochen unser Salz im Osten.

Und derweil kochten sie ihr eigenes Süppchen.
Richtig. Die haben sich für alles interessiert.

Sind Sie und Ihre Kollegen nicht mal stutzig geworden?
Wir haben nie daran gedacht, dass mit dem Zusammenschluss der ganzen Kali-Betriebe, mit dem Abkaufen der Technik und Lagerstätten, dass man dann sagt: Wir können nur so viel auf dem Weltmarkt absetzen – und Aus mit Kali Ost.

Das ist ein altes Spiel: Eene, meene Maus und du bist raus ...
Genauso. Wir waren ganz einfach blauäugig und der Meinung: na gut, wenn sie zusammenlegen – so lange, wie sich das Rad dreht da oben am Turm, so lange wird gearbeitet. Wir haben

ja nie daran gedacht, dass man uns aus Konkurrenz und politischen Gründen sterben lässt. Da haben wir nie dran geglaubt an so was. Wir waren immer guter Hoffnung, weil es ja hieß, wir haben für so lange Zeit noch Kali-Salz in der Grube. Bischofferode musste sterben für Profit und Politik.

Wann wurden Schacht, Technik und Lagerstätten verkloppt?
Verscherbelt, muss man sagen. Das war dann 1994. Das ging schnell. Angeblich soll ja alles Schrott gewesen sein – läuft heute noch in Heringen-West!

Ihre christliche Landesregierung half den neuen Besitzern dabei?
Richtig.

Der Fusionsvertrag ist bis heute nicht komplett bekannt?
Richtig. Da gibt's noch irgendwelche unbekannten und geheimen Klauseln.

Ihnen geht es jetzt darum, dass diese Geschichte so aufgeklärt wird wie alte Kriminalfälle?
Richtig.

Die Kalikumpel wollen wenigstens die Namen der Täter wissen?
Richtig, mehr geht ja nicht. Bestrafung ist wahrscheinlich heute nicht möglich. Bestimmt gibt es sogar Gesetze, die die Strafe verhindern.

Haben Sie eine Vermutung, worum es geht?
Ich vermute, es geht um viel, viel Geld. Ich glaube, die Namen der beteiligten Politiker sollen nicht bekannt werden. Die ganze Geschichte wäre auch schon im Sumpf untergegangen, aber wir haben mit der Linken im Erfurter Landtag die Frage Fusionsvertrag wieder aufgerührt. Wir lassen nicht locker.

Darin haben die Kalikumpel ja Übung: 1993 fing es an, Fusionsvertrag, Ankündigung der Stilllegung der Grube. Was passierte daraufhin hier im Betrieb?

Wir sind erst mal ruhig geblieben, haben uns kundig gemacht und klar gesagt: Wir wollen weitermachen. Wir haben Lagerstätten, wir haben die technischen Voraussetzungen, wir haben gute Kunden. Frankreich zum Beispiel war ein sehr guter, regelmäßiger Kunde, der sich auf die Produktion von Bischofferode eingeschossen hatte.

Ihre tatsächliche Lage war aussichtsreich?

Richtig. Dagegen hat man dann Propaganda gemacht und wollte uns einreden, dass wir nicht konkurrenzfähig seien. Ihr seid nicht produktionsfähig, sagten die. Kanada überschwemmt den Markt, und da ist das alles viel billiger, bei euch ist die Produktion zu teuer. Oder Russland hätte Billigproduktion, weil dort die Löhne noch niedriger sind als bei uns, und der Marktpreis würde tief fallen. Was haben wir in den letzten Jahren erfahren? Der Marktpreis von Kali auf dem Weltmarkt ist gestiegen. Alles Schwindel.

Wie wollten die Kumpel sich wehren?

Da kam uns schon der Gedanke, dass wir unseren Schacht besetzen. Dann kamen Politiker zum Reden, und wir diskutierten, aber umsonst. Also haben wir die Grube besetzt und keinen der netten Menschen von der anderen Seite reingelassen. Das war im Sommer 1993.

Das hat funktioniert?

Ja. Mitunter hat man uns politischen Ungehorsam vorgeworfen. Aber wir haben weiter unsere Arbeit gemacht und produziert, soweit das möglich war. Haben friedlich unseren Arbeitskampf geführt mit Demonstrationen in Sondershausen, Erfurt, Berlin.

Künstler und Politiker waren auch dabei. Auch hier in Bischofferode fanden viele Aktionen statt mit Tausenden Leuten, die uns unterstützt haben.

Wie kam es zu dem Hungerstreik der Kumpel, wissen Sie das noch?
Ja, ich gehörte zu dem Sprecherrat der Kumpel. Wir waren sieben Mann und haben gesagt, alle Maßnahmen und Aktivitäten haben nicht gefruchtet, nicht in der Landesregierung und nicht bei der Treuhand. Was machen wir nun? Wie erreichen wir mehr Aufmerksamkeit – und so kamen wir auf den Gedanken mit dem Hungerstreik. Da saßen wir da drüben, wir sieben Hampels als Sprecherrat: Der Gedanke ist gut. Nun mussten wir den Vorschlag erst mal der Belegschaft rüberbringen. Hin zum Schichtwechsel, die Belegschaft informiert: Wer ist dafür? Wer ist dagegen? Jawoll, machen wir. Dann sind wir nach Hause gefahren und haben mit unseren Familien gesprochen.

Was sagte Ihre Frau?
Es ging ganz einfach. Ich sag: Ich mach es nicht nur für den Betrieb, sondern ich mach es für die Existenz von uns. Habe Zahnbürste und Waschlappen gegriffen und bin wieder zurückgefahren in den Schacht.

Sind Sie denn auch mal mit Ihrem Gott zu Rate gegangen?
Ja, in dem Sinne, dass wir doch Gottgefälliges tun, wenn wir Gutes tun für uns, für die Region, für unsere Familien. Denn es waren ja schon einige Betriebe, die zugemacht hatten, wo es also viel Arbeitslose gab. Wo sollten wir denn dann noch hin, wenn noch mehr kaputtgeht? Ja, mit sich selber hadern ist ganz schön schwierig gewesen ...

Der Pfarrer war auch hier?
Die waren vor Ort. Wir haben hier auch Messen gehalten. Am Füllort, bevor wir in die Grube fahren, und auch hier draußen. Politiker waren auch vor Ort mitunter.

Bernhard Vogel, der damalige Ministerpräsident ebenfalls?
Ja, der war hier und hat zu der Belegschaft gesprochen. Zu guter Letzt ist er plötzlich aufgesprungen, hat ein rotes Gesicht bekommen und zu uns gerufen: Bin ich denn schuld an vierzig Jahren DDR? Da drüben in dem Gebäude war das.

Was hat er gemeint?
Dass wir hier nur maroden Mist haben aus vierzig Jahren DDR.

War Ihr Betrieb marode?
Nein. Auf keinen Fall. Das war der Moment, wo wir ihn wirklich, krass gesagt, mit seinen Aussagen schon in die Enge getrieben hatten. Er wusste nicht mehr, was er uns sagen soll.

Das letzte Argument, die DDR ist schuld?
Bin ich denn schuld an vierzig Jahren, hat er gesagt, da drüben, wo jetzt die Tischlerei drin ist.

Wann hat der Hungerstreik begonnen?
Im Juli, ich glaube, am 7. Juli.

Waren Sie von Anfang an dabei.
Ja.

Wie viele Kumpel waren es?
Sieben. Später zwanzig.

Wie lief das ab?

Den ersten Tag haben wir im Prinzip gar nicht wahrgenommen. Wir haben gesagt, ab jetzt ist nichts mehr. Der Betriebsrat hat uns dann unterstützt und hat schon mal zu trinken rangeholt, und wir haben die Campingliegen geholt, Campingdecken, und haben uns ein Schild hingestellt: Hungerstreik! Reden nur in Absprache.

Sie hatten Ärzte dabei?

Die Amtsärztin, Gott sei Dank, hat uns wirklich unterstützt, neben ihrer täglichen offiziellen Arbeit, und dann war eben die Vereinbarung, wenn sie einschätzt, dieser Kollege kann nicht mehr körperlich, dann hört er auf. Irgendwann baut der Körper ab. Man friert nur noch, man fängt an zu zittern, der Akku ist leer, ganz einfach.

Bis dahin waren Sie aber auch aktiv.

Wir haben doch nicht nur da rumgelegen, um Gottes willen. Geht doch gar nicht. Da haben wir den Arbeitskampf weitergemacht, selbstverständlich. Plakate geschrieben, und da gab's ja viele Handzettel zu kopieren und zu schreiben, sortieren, mit allem Drum und Dran.

Wie schwer war das Hungern?

Die ersten drei Tage, da knurrt der Magen, da tut es ein bisschen weh, dann geht es. Getrunken haben wir immer, wir wollten ja kein Risiko für die Belegschaft.

Wie lange haben Sie durchgehalten?

Vierzehn Tage. Da kam dann unsere Ärztin und sagte: Das geht nicht mehr.

Haben Sie nicht irgendwann einmal gedacht, das alles hat keinen Sinn?
Manchmal geht der Mut weg, das ist richtig. Aber er ist wiedergekommen. Wir wollten unseren Schacht behalten. Wir wollten unsere Arbeit behalten. Wir wollten unser Leben behalten. Das haben wir bis Dezember 1993 versucht.

Und dann?
Dann haben wir einen Schlag in den Nacken gekriegt.

Was war das?
Das war bitterlich.

???
Es war am Heiligabend. Alle kamen noch mal zusammen. Dann hat man uns gesagt, dass alle Mühen umsonst waren und dass es in Bischofferode keine Produktion mehr geben wird, ohne Wenn und Aber. Und wenn wir dagegen verstoßen, dann verstoßen wir gegen Gesetze und das geht nicht – hier wäre ja nun ein Rechtsstaat.

Und weiter?
Vielen kamen die Tränen. Und dann sind wir nach Hause gegangen. Es war ja Weihnachten.

Das kann es noch nicht gewesen sein

GISELA OECHELHAEUSER
Berlin | promovierte Germanistin, Kabarettistin | Jahrgang 1944

Die Frühjahrsmonate der »bleiernen Zeit« der DDR verbrachte ich in der Schweiz. Ich hatte am Neumarkt-Theater in Zürich ein Engagement bekommen. Dort spielte ich die Rolle der Krupskaja in dem Stück »Lenins Tod« von Volker Braun. Von März bis einschließlich Juni 1989 sah ich die DDR aus der Ferne. Aus heutiger Sicht muss ich sagen – wie in einem blöden Witz –, wenn ich gewusst hätte, dass es die letzten Monate der DDR werden würden, wäre ich natürlich nie weggefahren.

Aus der Ferne sah ich sehr scharf die Unhaltbarkeit der Zustände, die Verdrängungsmechanismen der Partei- und Staatsführung, die Durchhalteparolen in Vorbereitung des 40. Jahrestages der DDR, die gebetsmühlenartige Wiederholung der Behauptung von der Überlegenheit des Sozialismus. Von meinen Schweizer Kollegen angesprochen auf die offensichtlichen Probleme zuhause, reagierte ich wie eine Mutter, deren Kind angegriffen wird: mit Verteidigung nach der Methode: »Ja, gewiss doch, das stimmt alles, aber ...«

Im Sommer war ich wieder zu Hause. Das Blei war noch bleierner geworden. Die Führung des Landes war krank oder im Dauerurlaub, auf jeden Fall nicht erreichbar für die Probleme der Menschen. Die Flüchtlingsströme wurden ignoriert, bestenfalls hilflos-zynisch kommentiert nach dem Muster: Denen weinen wir keine Träne nach.

Im Frühherbst verdichtete sich mein schon lange entwickeltes Gefühl, dass es »so nicht weitergehen kann«. Die Liedermacher Hans-Eckardt Wenzel und Steffen Mensching brachten es auf den Punkt: Wenn der Irrationalismus der Führung weiter zunimmt, wird auch der Irrationalismus der Straße zunehmen.

Im September 89 wurden wichtige Künstler der DDR eingeladen zu einem Treffen mit Kurt Hager, Mitglied des Politbüros der SED. Der Minister für Kultur, Hans-Joachim Hoffmann, sagte beim Hineingehen in den Saal leise: »Heute sage ich alles, und dann ist mir egal, was aus mir wird.« Er unterbreitete eine schonungslose Analyse der Zustände in der DDR. Nichts ließ er aus. Nicht die Schönfärberei, nicht die Verhöhnung der Zuschauer in der »Aktuellen Kamera«, die eine DDR beschrieb, die es so schon lange nicht mehr gab. Der Minister folgte der Empfehlung von Brecht: »Die Wahrheit einigt.« Die sich daran anschließende Aussprache füllte den Tag bis zum Abend. Alle wollten sprechen. Die Filmemacher, die Maler, die Unterhaltungskünstler, die Dichter und Schriftsteller, die Komponisten und Musiker. Alle sprachen mit Leidenschaft und dem unbedingten Willen, die Geschicke der DDR endlich in die Hand zu nehmen. Nie zuvor hatte ich ein solches Wechselbad aus Zorn und Leidenschaft, aus Verzweiflung und Hoffnung erlebt. Irgendwann dachte ich – und ich war mit diesem Gefühl vermutlich nicht allein –: »Angesichts solcher Leidenschaft und Kreativität, solcher Hoffnung und übermenschlicher Geduld werden wir jedes Problem lösen können. Wenn man uns nur endlich lässt!«

Das Schlusswort hielt Kurt Hager. Er sagte, er sei traurig, dass selbst die führenden Künstler des Landes nicht verstanden hätten, dass der Imperialismus zu seinem finalen Schlag gegen uns ausgeholt hätte, dass wir die Zeichen der Zeit nicht verstanden hätten.

Weinend fuhr ich zurück in die Stadt.

Ende Oktober, am Tag des Rücktritts von Erich Honecker, moderierte ich im Haus der Jungen Talente in der Klosterstraße die Veranstaltung »Hierbleiber für Hierbleiber«. Toni Krahl, der Frontmann der Rockgruppe City, hatte mich gebeten, die Moderation zu übernehmen, da er niemanden wüsste, dem er das zutrauen würde. Meine Antwort: Ich weiß auch nicht, ob ich mir das zutraue, aber ich habe große Lust, es zu versuchen.

Das Haus war überfüllt. Zu den etwa 1000 Leuten im Saal kamen mindestens noch einmal so viele auf den Gängen, in den Treppenhäusern und auf der Straße. Auf dem Podium saßen u. a. Stefan Heym, Markus Wolf, Bärbel Bohley, Jens Reich, Gisela Steineckert, Dietmar Keller.

Stefan Heym las seinen Essay: »Des Kaisers neue Kleider«, den er in derselben Woche für den »Spiegel« geschrieben hatte. Die Leute jubelten. Heym hatte den Nerv getroffen: Wir müssen uns zu Kindern machen, die dem Kaiser endlich sagen, dass er doch wirklich gar nichts an hat. Keiner wolle den Kaiser töten, keiner ihn einsperren, nein, nur endlich die Wahrheit sagen und hören. Und zwar überall und unzensiert. Keiner wollte weg. Wenn Stefan Heym an diesem Abend gesagt hätte: »Kommt, wir marschieren mal zum Brandenburger Tor!«, die Massen hätten sich nicht aufhalten lassen. Aber die Massen wollten nicht zum Brandenburger Tor, sie wollten nicht weg, sie wollten hier ihr Ding machen.

Wir, die Theaterschaffenden der DDR, organisierten zusammen mit anderen dann die große Demonstration für den 4. November auf dem Alexanderplatz. Und auch hier standen Hunderttausende, die eine andere DDR wollten. Viele wollten endlich den demokratischen Sozialismus. Für die Leute auf dem Platz war ganz offensichtlich nicht der »Westen« das ersehnte Ziel, nicht der Kapitalismus, nein, eine reformierte DDR, eine wirkliche Alternative zum Kapitalismus.

Dann der Mauerfall. In den Nachrichten aus Westberlin sah und hörte ich in dieser Nacht fassungslose, überglückliche Ostberliner, die über den Kurfürstendamm zogen und dann auf die Frage, was sie denn nun am nächsten Tag machen würden, antworteten: »Wat soll sein, morjen früh um sechse jeht's heeme, zurück auf Arbeit!«

In diesen Tagen hatte ich dann das erste live-Interview mit dem Fernsehen der DDR. Natürlich ging es um den Mauerfall, wie überall zu dieser Zeit. Ich kann nur aus dem Gedächtnis zitieren, was ich sagte: »Erstens bin ich sehr glücklich darüber, dass jetzt endlich der Zweite Weltkrieg beendet ist. Denn alle Geschichte seit 1945, insbesondere die deutsche Teilung, ist mehr oder weniger die direkte Folge dieses durch uns Deutsche begangenen Verbrechens.« Mein zweiter Gedanke war eine Hoffnung. Die Hoffnung, dass wir nicht die Fehler wiederholen, die die Geschichte der DDR von Anfang an geprägt haben. Einer der wichtigsten Fehler schien mir damit zu tun haben, dass die Verantwortlichen der frühen Jahre der DDR, die aus dem Exil, aus den Zuchthäusern gekommen waren, glaubten, sie müssten jetzt einfach nur alles ganz anders machen und schon wäre es gut. Meine Lehrerin Prof. Edith Braemer, eine jüdische Kommunistin, die für ihre Überzeugung ins Exil ging und im Konzentrationslager war, hatte mir von dieser Überzeugung sehr eindrücklich berichtet. Sie hätten im Lager gesessen und sich geschworen: Wenn wir hier rauskommen, müssen wir einfach nur alles anders machen, und schon wird es gut.

Das war mein Wunsch: nicht einfach wieder nur das Gegenteil, nein, etwas anderes. Endlich ernst machen mit der Losung der frühen fünfziger Jahre: »Überholen ohne einzuholen«. Endlich eine Alternative zum Kapitalismus, die die Menschen als solche erkennen und akzeptieren können. Eine Alternative, die zu den wesentlichen Fragen des Überlebens Konzepte und Vorschläge hat.

Hier höre ich schon die wohlmeinenden Stimmen: Aber die Menschen hätten es doch nicht anders gewollt. Und: Kein Mensch hätte sich mehr für sozialistische Experimente interessiert.

Ein jeder Mensch folgt seiner Überzeugung, also folge ich der meinigen: In den 25 Jahren, die seither vergangen sind, hat sich bei mir die Überzeugung gefestigt, dass wir nichts dringender brauchen als eine Alternative zu dieser Gesellschaft, die die ostdeutschen Anführer, Frau Merkel und Herr Gauck, als alternativlos bezeichnen.

Unsere Erde ist in Not. Keine der Überlebensfragen ist in den letzten 25 Jahren auch nur im Ansatz gelöst worden: nicht die Erhaltung der Erde ist das gewinnbringende Geschäftsmodell, nein ihre Verramschung und Verschacherung. Wie sagten damals Hans-Eckardt Wenzel und Steffen Mensching? »Wenn der Irrationalismus der Führung weiter zunimmt, wird auch der Irrationalismus der Straße zunehmen.«

Der Irrationalismus der Führung hat weiter zugenommen. Keine der Fragen, die uns vor 25 Jahren umgetrieben haben, ist gelöst. Die Schere zwischen Arm und Reich wird immer größer. Der Reichtum wächst, ohne dass die Armut abnehmen würde. Die Schwachen haben anscheinend keine Stimme. Es ist so viel Unrecht und so wenig Empörung dagegen.

Nein, das kann es wirklich noch nicht gewesen sein!

Das war klar:
Es musste sich was ändern

ISOLDE PARIS
Rangsdorf bei Berlin| Garten- und Landschaftsarchitektin | Jahrgang 1950

Weiß und pinkfarben blüht der Phlox im Garten. Unter den Blättern der Kastanie liegt grünes Licht. Der mächtige Baum schüttelt die ersten Früchte ab. Morgens und abends riechen die Tage schon nach Herbst.

In dieser Zwischenzeit feiern Ronald und Isolde Paris ihre Geburtstage: Das Löwenfest ist ein Treffen mit alten und neuen Freunden, mit Erinnerungen, aktuellen Plänen und Verabredungen, mit Essen, Trinken, Gesprächen. Tage später findet sich Zeit für unser Gespräch.

Ronald Paris kommt später aus dem Atelier dazu. Er erzählt von seiner neuesten Ausstellung. Sie erinnern sich an den bewegenden Brief eines Freundes, und Isolde Paris zitiert als gedanklichen Punkt hinter eine immerwährende Diskussion den Schriftsteller Jurek Becker, der kurz vor seinem Tod 1997 in einem Interview sagte: »Ich hätte mir gewünscht, dass die DDR mehr Erfolg gehabt hätte, dass das nicht so miserabel gemanagt worden wäre, dass nicht alles so ungedacht geblieben wäre und so unausgegoren ... Dass die DDR untergegangen ist, darum ist es nicht schade, diese DDR hat es nicht besser verdient. Aber dass das, was die DDR hätte sein können, untergegangen ist, darum tut es mir sehr leid.«

Isolde, wie haben Sie das Jahr 1989 erlebt?
Das ist ja eine ganze Ereigniskette. Als besonders schmerzhaft und beunruhigend habe ich die Proteste auf dem Platz des Himmlischen Friedens in Erinnerung. Wie da die Studenten niedergeknüppelt und ermordet wurden – und Egon Krenz als Vertreter der DDR stand dabei, kam zurück und fand das ja alles gar nicht so schlimm. Und dann kam die Volkskammerwahl. Wenn überhaupt, denke ich mir, hatte da die DDR-Führung die allerletzte Chance für Reformen und auf demokratische Erneuerung. Sie haben das nicht gesehen und diese Chance nicht ergriffen. Wahrscheinlich waren sie dazu wirklich nicht fähig, vielleicht sogar nie gewesen. Wer weiß.

Kam Ihnen damals schon der Gedanke: vorbei?
Nein, so konkret natürlich nicht. Wer ist schon ein Prophet? Aber so ein Gefühl ...
Im Januar waren wir bei der großen Rosa-Luxemburg-Liebknecht-Ehrung, und dort haben diese weißhäutigen, durchsichtigen Uralt-Menschen gestanden und konnten kaum noch die Hand heben. Ich hab zu Ronald gesagt: Und von denen lassen wir uns regieren? Das kann doch wohl nicht wahr sein. Das war 1989 im Januar. Dann kam der Sommer, und die Leute gingen über Ungarn und Prag in Scharen weg. Die engste Schulfreundin unserer Tochter, die damals dreizehn Jahr alt war, auch. Wir sind im September nach Österreich gefahren, Ronald hatte ein Plein-Air in den Alpen. Als wir im Fernsehen die Montagsdemonstrationen in Leipzig gesehen haben, da sagte ich zu ihm: Es ist vorbei. Möglicherweise war es für mich von außen sogar deutlicher erkennbar, als wenn man mittendrin im Gewühl gewesen wäre. Aber ich sehe die Frau noch vor mir, die direkt in die Kamera

hinein sagte: Ich lass mir gar nichts mehr gefallen. Ich bleibe hier. Ich bin das Volk. Das fand ich irre.

Große Gefühle?
Genauso war mein Gefühl. Und alles, was dann kam, die große Demo auf dem Alex und so, war noch mal Hoffnung. Das war sehr, sehr stark: eine halbe Million Menschen und ich stand da eingekeilt zwischen zwei Riesenkerlen, und wir haben den Rednern zugejubelt und uns eigentlich das erste Mal wirklich frei gefühlt. Das war großartig, das Gefühl. Vorher hatten wir doch ein bisschen Angst. Wir hatten unsere Tochter mitgenommen. Der Lehrerin habe ich gesagt: Das ist ein sehr wichtiges historisches Datum – das wusste man schon –, da muss man einfach hin. Und als wir dann diese Menschen gesehen haben, hatte ich auch keine Angst mehr.

Erwartungen?
Ja, ich habe wie viele andere gedacht: Das ist die Möglichkeit! Und habe natürlich auch den großen Aufruf von Christa Wolf und Stefan Heym unterschrieben.

Für unser Land.
Für unser Land. Um die Sache noch mal rumzureißen. Wir haben in den Rostocker Jahren mit unseren Freunden Baumbach und Jastram und vielen Dichtern unglaublich intensive Gespräche geführt, wie man eine bessere DDR gestalten und eine bessere DDR leben könnte, ohne die sozialistische Idee aufzugeben. Ein Freund, auch ein Künstler, der Hanns Schimansky, meine Generation, sagte einmal: Wenn man die Geschichte in Wellenformationen reflektiert, dann war nach dem Krieg dieser große Aufbruch, den hat die Generation der in den dreißiger Jahren Geborenen erlebt. Wir dagegen sind in eine Talsohle hineingeboren, und damit müssen wir leben. So betrachtete er die

Zeitläufe. Nur wollten wir uns damit nicht abfinden. Dank dieser schönen Utopie in diesem Land konnten und sollten gerade Arbeiter- und Bauernkinder studieren. Chancen eben nicht als Bonbon, sondern als Selbstverständlichkeit. Und dann haben wir natürlich unseren Kopf benutzt zum Denken. Und prompt hatte man – ich auch – sowohl in der Schule als auch im Studium schon eine Menge Probleme.

Trotzdem blieb diese Gesellschaftsvorstellung?
Ja sicher. Wir hatten mehr oder weniger die Hoffnung nicht verloren. Inzwischen gibt es einen deutlichen Abstand zu 1989, und man muss kritisch nachdenken über diese Abwicklungen an den Universitäten und der Betriebe auch. Das hatte schon was von Schau-Prozeduren. Ob Arbeiter oder Professor, wir haben doch nicht nach der Prämisse gelebt, staatsdienende Knechte zu sein.

Was haben Sie damals erwartet?
Sagen wir mal so: Ich habe geglaubt, dass man den Runden Tisch und seine Vorschläge ernst nimmt. Dort lagen schon Ausarbeitungen für eine neue Verfassung vor! Alles wurde in den Wind geschlagen. Da hätten unsere Erfahrungen und gesellschaftlichen Tatsachen gleichberechtigt mit den westdeutschen zusammenfließen können. Das beschäftigt mich immer noch. Und ich sage mir, die Welt ist noch nicht zu Ende. Die Entwicklung ist noch nicht zu Ende.

Schöner Gedanke, woran denken Sie konkret?
An ganz praktische Sachen, was ich in der Wendezeit quasi gemacht habe. Da haben wir zum Beispiel – es war Mitte der achtziger Jahre – die Gesellschaft für Natur und Umwelt in Rostock gegründet. Einmal haben wir uns da an große Bäume angekettet ...

Das war möglich?
Ja, damit sie nicht gefällt wurden, große alte Eichen. Und anscheinend gab's ja auch schon in den achtziger Jahren einen Pfarrer Gauck, von dem wir aber leider in der Öffentlichkeit oder in diesem Fall, was die Bewahrung der Schöpfung betrifft, nichts gesehen haben, auch nichts gehört.

Sie waren eine Grüne?
Was heißt Grüne? Egal, ich habe Gartenbau und Gartenarchitektur studiert. Von Freunden, die in Instituten für Pflanzenphytopathologie arbeiteten, habe ich erfahren, wo und wie unsere Natur systematisch vergiftet wurde, nur um dieses kleine Land aus unserer eigenen Produktion zu ernähren. Das konnte nicht gut gehen. Wenn man einigermaßen naturwissenschaftlich ausgebildet war, wusste man, das geht alles den Bach runter. Insofern war klar, dass sich unbedingt was ändern musste. Dann kam zum Beispiel im DDR-Fernsehen noch diese Umweltsendung von Hartmut Sommerschuh und Hellmuth Henneberg. Da dachte ich: Guck an, jetzt geht's wirklich los. Ich hatte dann auch das Angebot, die Sendung »Du und Dein Garten« ökologisch zu erneuern.

Und?
Dann kam die Wende. Unsere Umweltschützer und der Runde Tisch hatten eine große grüne Utopie. Beispielsweise wollten wir die LKW-Transporte von der Autobahn auf die Schiene bringen. Das wäre wirklich ein Umbruch, eine ganz große Chance gewesen. Auch für Deutschland, gewissermaßen Vorreiter für einen alternativen Warenfluss zu sein und nicht, wie eben jetzt leider der schlimmste Fall überhaupt eingetreten ist, dass die Autobahnen ständig verbreitert werden und noch mehr Verkehr auf die Autobahn ziehen und noch mehr Umwelt zerstören. Das ist meine größte Enttäuschung nach der Wende, dass das nicht gelungen ist.

Ob Ost oder West, die Chancen werden verspielt?

Sieht so aus, in den großen Zusammenhängen. Andererseita muss ich auch sagen: In der Wendezeit war meine Generation Ende dreißig, wir hatten jetzt gerade 40-jähriges Diplomtreffen und 45-jähriges Abiturtreffen. Und es ist schon so, wenn man miteinander spricht, drei Viertel haben nach der Wende erst richtig losgelegt und durchgestartet, wie ich auch. Als Landschaftsplanerin habe ich zwanzig Jahr lang hier im Landkreis gestalten können. Das hätte ich zu DDR-Zeiten niemals gekonnt. Das muss ich schon mal so sagen.

Die DDR schleppte man nicht wie eine Fußkette durchs Leben?

Ganz und gar nicht. Wir konnten natürlich mit unserem großen Pfund, unserer sehr guten Ausbildung, voll wuchern. Und so geht es meinen Schulfreunden und Kommilitonen auch. Die sind eben als Ärzte oder Rechtsanwälte oder auch als Betriebsleiter nach der Wende überhaupt erst richtig durchgestartet. Und ich muss in Anlehnung an den alten Kohl sagen, es ist die Gnade der späten Geburt. Wir hatten wirklich das Glück, wir waren noch nicht in irgendwelchen leitenden Positionen angekommen, und dadurch waren wir gewissermaßen keimfrei. Und alle, die fünf Jahre älter sind, die sagen: Ich kann dir gar nicht folgen, und ich habe wirklich nach der Wende eine schlimme, prekäre Situation nach der anderen erlebt. Das haben wir nicht erlebt. Und das ist wirklich ein großes Glück.

Tut es Ihnen um irgendwas leid, was mit der DDR verschwunden ist?

Also leid tun kann ich überhaupt nicht sagen. Nein. Es ist so, dass ich eine sehr erfüllte Jugend hatte, die war überhaupt nicht langweilig oder grau, wie die Wessis einem immer einreden wollten. Wir sind jedes Jahr von Halle nach Prerow getrampt und hatten da so eine schöne Zeit im Sommer. Wir sind losgetrampt bis nach Achtopol mit einem Rucksack.

Was ist Achtopol?
Das ist die allerletzte Grenzstation in Bulgarien hin zur Türkei. Dort war für DDR-Bürger die Welt zu Ende. Wir haben also unsere Grenzen wirklich abgeschritten und unser Leben gelebt. Und sind sehr gut ausgebildet. Aber die Möglichkeiten zu gestalten waren praktisch sehr gering. Insofern bedaure ich nicht, dass die DDR für mich gerade im richtigen Moment zu Ende ging. Es ist kein Trost, aber eben Tatsache, was Hermann Kant sagt: Wir haben uns das selbst zuzuschreiben, wir als Menschen haben quasi die Utopie nicht mit Leben füllen können.

Sie sind zufrieden?
Insgesamt ja. Was ich in der DDR gelernt habe und wie ich in der DDR sozialisiert wurde, habe ich weitergeben können, und ich bin heute noch der Meinung, dass die Wessis froh sein können, dass sie uns dazubekommen haben. Ja, wirklich. Wir mit unserer schönen Klarheit und auch mit unserer Wärme. Dieses Land ist doch ein ziemlich kaltes Land. Das ist es vielleicht, was ich doch ein bisschen vermisse, diese Unbekümmertheit und auch diese Herzenswärme. Ja, das fehlt mir schon. Wenn man das heute sagt, wird gleich immer so abgewiegelt: Na ja, das war eine Notgemeinschaft und man musste da zusammenhalten. Nein, das war unser Lebensgefühl.

Ich habe gehofft, die Idee wird gerettet

RONALD PARIS
Rangsdorf bei Berlin | Maler und Grafiker | Jahrgang 1933

Ronald Paris, Sie waren Mitorganisator der Demonstration am 4. November 1989 in Berlin.
Diese Demonstration haben wir damals natürlich als euphorischen Vorgang empfunden: Das Ereignis *und* seine praktische Vorbereitung. Im Büro des Verbandes Bildender Künstler trafen sich nicht nur Schauspieler oder der Theaterverband zur Vorbereitung. Wir haben Schärpen gemalt, darauf stand »Keine Gewalt«. Die wurden dann über der Brust getragen, und so marschierten wir von der Liebknechtstraße zum Alex, und dort standen bereits wahrscheinlich eine Million Menschen. Und diese Versammlung, wo man eingeschlossen zwischen allen möglichen Leuten stand – die Kameras von der Sicherheit waren immer noch über dem Alex – und um uns herum Leute mit Leidenschaft und Skepsis – war sehr intensiv. Es hat mich mitgerissen.

Es gibt ein Foto, da tragen Sie eine Fahne.
Die Fahne habe ich noch. Das ist die Fahne der Partito Comunista Italiano, die mir mal Gabriele Mucchi schenkte. Am 4. November 89 liefen Italiener nebenher und fragten, wieso ich diese Fahne trage. Ich sagte, ich glaube an den Dritten Weg. Mehr fiel mir nicht ein. Ich war begeistert von dieser Möglichkeit eines neuen

Aufbruchs, der natürlich all das zu berücksichtigen gehabt hätte, was uns bis heute als Unrecht schwer im Magen liegt.

Wurde nun die Vision auf Halde getragen?
Nein, ich habe auf jeden Fall erst einmal an eine große Veränderung gedacht. Ich habe geglaubt, der Geist hat Macht. Ich habe gehofft, dass die Idee gerettet werden kann durch Toleranz und Ehrlichkeit gegenüber der Geschichte. Denn viele Menschen haben gelebt für diese Idee bis hin zum Martyrium.

Das vergangene Jahrhundert hat dafür große und bedrückende Beispiele wie den Kampf um die Spanische Republik 1936–1939.
Ich habe das Glück, die Malerin Nuria Quevedo zu kennen und ihre Familiengeschichte, die in diese Zeit führt. 1952 emigrierten sie und ihre Eltern vor der Franco-Diktatur in die DDR. Ich sehe in der Geschichte der Spanischen Republik auch diese Familie, ich sehe Leute aus aller Herren Länder, die nach Spanien gehen und in den Internationalen Brigaden für Freiheit und Demokratie kämpfen. Das waren unglaubliche politische Ereignisse und große Beispiele der Solidarität. Darin liegt eben auch Hoffnung.

Große Künstler unterstützten den Kampf.
Ja, Kunst ist immer auf der linken Seite. Der Sänger Ernst Busch, der Fotograf Robert Capa, der Schrifsteller Ernest Hemingway, der Maler und Grafiker Joan Miró. Picasso hatte diese Haltung ebenfalls, sonst hätte er nicht dieses große »Guernica«-Bild gemalt als Anklage gegen Antihumanismus und Barbarei jeglicher Prägung. Ähnlich war es mit Salvador Allende und der Unidad Popular in Chile. Darüber habe ich einige Grafiken gemacht. Ich stehe auf der humanitären Seite des kommunistischen Weltverständnisses.

Die andere Seite ist Ihnen allerdings auch begegnet.
Ja. Eines Tages kam Heinz Willmann, er war in den dreißiger Jahren Mitarbeiter der »Arbeiterillustrierten Zeitung« gewesen, zu mir und sagte: Du musst Kreszentia Mühsam zeichnen. So lernte ich sie kennen. Da saß eine verhärmte Frau vor mir und schwieg. In zwei Zeichnungen versuchte ich zu zeigen, wer diese Frau war.

Hat sie Ihnen von sich erzählt?
Nein. Wie gesagt, sie schwieg. Mein Freund Herbert Sandberg erzählte mir ihre ganze Geschichte. Fast zwanzig Jahre ihres Lebens war sie in sowjetischen Straflagern gewesen. Ihr Mann, der Dichter und Publizist Erich Mühsam, der u.a in der Münchner Räterepublik aktiv war, wurde 1934 im KZ Oranienburg von den Nazis ermordet. Nach Stalins Tod durfte Kreszentia Mühsam 1954 in die DDR ausreisen. Und schwieg. Das verordnete tödliche Schweigen des Stalinismus. Die Zeichnung habe ich 1958 gemacht. Sie hat das Porträt signiert. Es ist ein Dokument der Zeit. 1962 ist sie gestorben.

Wer waren Ihre künstlerischen Vorbilder?
Kurt Robbel und Arno Mohr als meine Lehrer an der Hochschule. Gabriele Mucchi, Otto Nagel. Bei Nagel war ich Meisterschüler. Diese Namen stehen für Wahrhaftigkeit. Dafür, dass Einfachheit Größe haben kann.

Gabriele Mucchi wurde zum väterlichen Freund.
Wir waren uns in den Ansichten einig. Ich bewunderte seine Nähe zu den geschichtlichen Ereignissen. Dazu zählt auch sein wunderbares Bild über den toten Che Guevara. Er war immer am Nerv der Zeit. Aber mit einer großartigen künstlerischen Distanz, die gewährleistet, dass diese Dinge Bestand haben. Das Bild wird bleiben. So ist das mit Kunst: Sie macht Wirklichkeit unsterblich.

Kunst, die in der DDR entstanden ist, wird im heutigen Bewertungs-
raster meist als Auftragskunst verstanden, mithin als Propaganda-
kunst, im schlimmsten Fall als Propaganda für ein Unrechtssystem?
Ja, ja, diese Frage ... Diese Anmaßung heute, über gelebtes Leben
zu richten und Zensuren zu verteilen, wer, wann, wie und
inwieweit Macht stabilisiert hat durch Engagement und Arran-
gements – diese Gebärde des Hochmuts ist nicht akzeptabel.
Im Übrigen wird die Geschichte das bewerten. Und nicht das
momentane Interesse an einer propagandistischen Vereinnah-
mung oder politischen Verurteilung.

Ihr Wandbild »Lob des Kommunismus« haben Sie 1969, vor 45 Jah-
ren, gewissermaßen illegal und ziemlich an der Parteibürokratie vor-
bei für das Berliner Haus der Statistik geschaffen. 1990 wurde über
Bild und Land der Mantel der Geschichte geworfen.
Dann zog die Stasiunterlagen-Behörde dort ein, das Bild kam
hinter einen Vorhang. 2010 wurde es verkauft und in einem
DDR-Museum am Spreeufer neu installiert. Dort ist es zum
ersten Mal in seiner Geschichte unbegrenzt öffentlich und frei
zugänglich.

Passt es überhaupt noch in die Zeit?
Auf jeden Fall. Nichts ist erledigt. Nur Dummköpfe sehen den
Titel als Politikum. Lob des Kommunismus ist mehr, als man-
che Leute begreifen. Ein großer Entwurf für Menschen. Für uns.
Viele wissen nicht mal, dass das Gedicht von Bertolt Brecht ist.
Bekannt ist die letzte Zeile: Er ist das Einfache, das schwer zu
machen ist. Davon war ich überzeugt und bin es übrigens auch
heute noch.

Das Bild ist in der Nähe des Marx-Engels-Denkmal.
Das ist ein Zufall, der mir gefällt. Ludwig Engelhardt und ich
waren Kommilitonen an der Hochschule Weißensee. Er stu-

dierte Bildhauerei, ich Malerei. Zur Entstehung des Bildes: 1969 war ich zwar als Künstler für die Gestaltung des Stadtzentrums gesperrt, aber einer der Architekten bat mich um eine künstlerische Raumlösung. Er sagte, mach mir doch was zwischen diesen Säulen. Ich sagte gut, mache ich, aber wir wölben davor eine Wand. Ich machte es und war glücklich, dass das Bild so eine schöne Spannung im Raum hatte – und Substanz. Das Einfache, das schwer zu machen ist. Genau dieser Satz war für mich wichtig, nicht das Plakative des Titels. Als ich das Bild dann an seinem neuen Standort gesehen habe, da dachte ich mir: Bis jetzt war es immer im Untergrund einer Behörde – und jetzt kommt es in den Untergrund der Öffentlichkeit.

Was bleibt vom »Lob des Kommunismus«?
Die Fragestellung. Wie es bei Brecht heißt: Erkundige dich nach ihm.

Sie sagen, das Ende der Geschichte ist noch lange nicht erreicht. Sind Sie Optimist oder ein Realist?
Irgendein schlauer Mensch hat mal gesagt, ein Optimist ist eigentlich dumm, denn er verdrängt schöpferische Zweifel. Ich sage absichtlich Zweifel und nicht Verneinung, weil immer an dem Bestehenden gezweifelt werden muss. So geht es mir jedenfalls mit meinen Bildern. Es gibt immer das nächste Bild. Und ich bin immer wieder neugierig darauf und stehe auch immer wieder voller Zweifel und mit großer Lust vor einer weißen Leinwand. Und so ist das auch mit gesellschaftlichen Vorgängen – wir sind unterwegs. Mit oder ohne Ziel. Mit finde ich besser.

Sie bewegen sich immer in Umbrüchen und Aufbrüchen.
Das liegt in der Natur der Sache. Wenn die Epochen so grundsätzlich stürzen wie in jenen Jahren nach Faschismus und Krieg. Irgendwo musste ein klarer Strich gezogen werden: Jawohl, ich

mach mit bei dem Neuen. Das waren doch viele, die das wollten. Immer mit Zweifeln. Immer mit Hoffnungen. Die Leute, die mich damals beeinflusst haben, meine Lehrer an der Hochschule und all die Künstler mit unglaublichen Biografien: mit Widerstand und Kampf gegen die Nazis, mit Verfolgung und Emigration – und mit dem Credo »Nie wieder«! Darin ein Vorbild zu sehen ist keine Schande. Bis heute nicht.

Können Sie sich heute ein zweites Epoche-Bild nach dem »Lob des Kommunismus« vorstellen?
Ja. Es wäre aber vermessen, wenn ich sage, dass das »Lob« ein Epochebild sei. Es war für mich wesentlich. Natürlich, die Aufgabe, den Reflex über das Geschehen am 4. November 89 auf dem Alexanderplatz künstlerisch auszudrücken, steht im Raum. Vielleicht habe ich die Kraft, das in irgendeiner Weise als Pendant zum »Lob des Kommunismus« zu machen.

Wie haben Sie sich am Ende dieses Jahres 1989 gefühlt?
Im ersten Moment natürlich erschüttert. Denn wir sind ja auf dem Alex gewesen und wollten Reformen, das ist ein Riesenunterschied zu dem, was dann kam. Wir sind von einem Extrem ins andere gestürzt. Das, was wir überwunden glaubten, der Kapitalismus, wurde restauriert. Wir haben eine Restauration, bitte schön, das ist nun mal eine Tatsache.

Was passierte in den Monaten davor?
Wir waren beunruhigt, wir waren wach. Wir hatten heftige Debatten monatelang im Verband, spontane Zusammenkünfte, Diskussionen, da gab's Pamphlete, da wurden Artikel geschrieben. Von der Partei haben wir Leute eingeladen, dass sie Rede und Antwort stehen sollen. Als dann die Demonstration auf dem Alexanderplatz stattfand, hatte ich noch Hoffnung für unsere Ziele. Dann ging es eigentlich nur noch darum, mit einigem

Abstand – und Anstand bitte auch – zu beurteilen: Was ist bewahrenswert und was ist nicht mehr bewahrenswert. Ich finde, Jurek Becker hat das sehr schön gesagt – darin liegt fast schon wieder einer neuer Anfang.

Wir störten die großen Raubvögel nicht

MATTHIAS PFAU
Berlin | promovierter Ingenieur | Jahrgang 1952

Natürlich habe ich ihn und seine Firma vor dem Interviewtermin gegoogelt. Stichwort: NARVA. Stimmt im Prinzip, aber nicht mehr ganz. Die Firma heißt G. L. E. – Gesellschaft für lichttechnische Erzeugnisse mbH. Mein Gesprächspartner ist Matthias Pfau, einer der Geschäftsführer und zuständig für Marketing und Vertrieb. Die G. L. E. führt gewissermaßen die Tradition des VEB Berliner Glühlampenwerk »Rosa Luxemburg« fort, in der DDR einer der größten Betriebe. Standort im Stadtbezirk Friedrichshain an der Warschauer Straße zwischen Stralauer Allee und Rudolfstraße. Da, wo heute eine Wiese ist, ein Kaffeeshop, ein Blumenladen, sanierte Wohnhäuser und viele Büros. Aus der Arbeiterecke wurde die Oberbaum City. Es gibt noch die Stammkneipe von NARVA, die »Glühbirne«. Da habe er manche Kollegen raus und rüber zur Arbeit in die Nachtschicht gebeten, erinnert sich Matthias Pfau. Er lacht dabei. Unglaublich: Arbeiter wurden zur Arbeit gebeten! Seit 1963 hieß der Betrieb dann NARVA und war seit 1966 als Markenzeichen aktenkundig. 1969 entstand das Kombinat NARVA im Zusammenschluss mit anderen Glühlampenbetrieben der DDR. Der Stammbetrieb in Berlin hatte rund 5000 Mitarbeiter, das Kombinat insgesamt 16 000 Beschäftigte. NARVA setzt sich zusammen aus den Abkürzungen

N für Stickstoff, AR für Argon und VA für Vakuum – die wichtigsten Komponenten bei der Herstellung von Glühbirnen, wie der gewöhnliche Verbraucher seine Lichtquellen nennt. Heute ist NARVA als Markenname der überlebenden Nachfolgebetriebe aus der DDR bekannt. Inzwischen arbeiten in diesen Betrieben sogar wieder etwa 1000 Leute. Sie haben die Wende überstanden Er sagt »Arbeit«, nie »Job«. Arbeit sei mehr als Geldverdienen. Schon immer. Manchmal fährt er über die Rusche-Straße in Berlin-Lichtenberg, vorbei am Arbeitsamt. Sieht Leute auf dem Weg zur Numerierung. Sieht die Müdigkeit in ihrem Gang und sieht in diesen Augen-Blicken auch sich. Hätte ihm ebenso passieren können. Glück gehabt? Mut? Im richtigen Moment gehandelt? Vielleicht alles zusammen.

Ja, sagt Matthias Pfau, ich musste nicht zum Arbeitsamt. Ich war da noch nie. Sein Weg laufe anders, und das habe natürlich mit der Vergangenheit zu tun. Mit der seines 37-jährigen Leben bis zum Sommer 1989 und mit der seitdem. Dr. Matthias Pfau erklärt den durchaus unüblichen Fall, der Treuhandpolitik entkommen zu sein mit einem Bild aus dem Tierreich: Wir waren die Spatzen, die sich die Krümel vom Boden pickten. Das störte die großen Raubvögel nicht. Man könnte es auch so sagen: Rest-NARVA ist für die drei Großen des Weltlichtmarktes Philips, General Electric und Osram alles andere als ein Konkurrent. Das sah zu DDR-Zeiten ein bisschen anders aus.

So ist das. Matthias Pfau grient, zündet sich eine Zigarette an, ruckelt den Stuhl zurecht und guckt dem Rauch hinterher. Pause. »Ich zeig Ihnen was.« Er holt einen Stoß Zeitungsbände aus dem Schrank, Jahrgänge der Betriebszeitung, auch ein Stück Geschichte. Die habe er vor dem Schredder gerettet. Aber das kam später. Nach der Wende, als alles weggeschmissen wurde. Das Land zuerst. Bleiben wir erst einmal im Sommer 1989.

Die Normalität des Hinnehmens wird löchrig. Tatsachen werden nicht mehr getuschelt. Ein Grummeln zieht übers Land, wird immer lauter. Die Leute wehren sich oder gehen einfach. »Unsere Pausen in der Kantine wurden länger und länger, die Diskussionen deutlicher und heftiger. Alle hatten das Gefühl, hier passiert jetzt was. Das ging ja so schnell. Erst die Flüchtlinge über Ungarn, dann über Prag. Ganze Familien, die in den Botschaften saßen. Auch bei NARVA fehlten plötzlich Leute, die täglichen Mitteilungen der Betriebsleitung klangen sehr nach Durchhalten. Es war Endzeitstimmung im Bauch, ohne dass man im Kopf schon begriffen hatte, was da passierte.«

Gaul Geschichte galoppiert. Wohin? – fragt sich damals auch Matthias Pfau und denkt nicht im Traum daran, dass sich gewiefte Jockeys aus einem anderen Stall in den Sattel werfen und die Zügel an sich reißen könnten. Er hat »unheimlich viel Hoffnung« und stellt sich eine solidarische Gesellschaft vor. Naiv nennt er das heute. Die Enttäuschung tut weh. Das war nicht die Wende, die er wollte.

Am Tag nach der Maueröffnung ist das Glühlampenwerk so gut wie leer. Dann wird wieder gearbeitet. Leben zwischen Moral und Moneten. Arbeiter aus dem Drahtwerk des Betriebes stehen an bei C&A, und Matthias Pfau fährt im Frühjahr 1990 zum ersten Mal rüber. Den Hunderter Begrüßungsgeld holt er sich nicht, aber er lernt die andere Seite der Stadt kennen und hat das Gefühl, an historischen Vorgängen sehr direkt beteiligt zu sein. »Es war eine verrückte Zeit. So viel Offenheit, so herrlich chaotisch – so viel schien machbar.« Er denkt über die SED nach, in der er zwölf Jahre war, und von der er immer hoffte, »dass Idioten und Ignoranten die Minderheit sind«. Er ist ehrlich mit sich selbst und fragt nach Schuld und Schaden für andere, kann getrost Nein sagen, kann und will aber Verantwortung nicht abgeben: Zu wenig nachgefragt, nicht reagiert und gehandelt, als klar war, es läuft etwas schief. Es bleibt als Lebensfrage: Warum hat man es nicht wenigstens versucht? »Da habe ich mir gesagt, so funktionierst du nie wieder.«

Pfau wird hellhörig, als aus »Wir sind das Volk!« »Wir sind ein Volk!« wird. Als er Ende 89 Kohls Rede in Dresden hört, als Osram NARVA-Arbeiter mit Kusshand einstellt und die CDU bei den Wahlen im März 1990 als klarer Sieger durchs Ziel geht. Gaul Geschichte, du hinkst. Kapitalismus pur – es kommt das Bunte vom Westen, das Soziale vom Osten geht den Bach runter. Nicht nur NARVA wird abgewickelt. Politiker sorgen für passende Gesetze – Banken und Treuhand, Uralteigentümer und Großkonzerne machen den großen Reibach. Westdeutsche sogenannte Leistungseliten aller Couleur zeigen nun auch dem ostdeutschen Völkchen, wo es langgeht. Die Wir-sind-ein-Volk-Rufer haben ihre Schuldigkeit getan. Die Währungsunion am 1. Juli 1990 setzt den Endpunkt hinter seine Hoffnungen auf eine andere DDR. Pfau schnappt sich Frau und Kinder. Sie fahren zelten irgendwo im Wald und gehen Beeren sammeln.

Zeit, um nachzudenken. Natürlich weiß Matthias Pfau, das Heute hängt mit dem Damals zusammen. In Zusammenhängen denken hat er gelernt: Von seinem Vater, der als Kommunist bei den Nazis im Zuchthaus saß, von seiner Mutter, die als Bibliothekarin bei NARVA war, von seinen Lehrern damals in der Alexander-von-Humboldt-Oberschule in Spindlersfeld und schließlich in Dresden an der Technischen Hochschule. Er ist ein politischer Mensch. Das wird er bleiben, auch wenn er zwanzig Jahre später nicht mehr wählen geht. »Das können Sie ruhig schreiben.« Zu viel läuft schief in Gesellschaft und Politik. Er könnte viele Beispiele nennen. Kinderarmut ist nur eines. Und nein, seine Interessen werden nicht am Hindukusch vertreten, auch nicht im Irak und nicht in Libyen. Alles schon dagewesen und furchtbar schief gegangen. Matthias Pfau zitiert eine Liedzeile von Silly und Tamara Danz: Alles wird besser, nichts wird gut.

Stationen der Erinnerung: Die Modrow-Regierung versucht noch, volkseigene Betriebe in GmbH zu überführen, um einen sanften

200   *Wir störten die großen Raubvögel nicht*

Übergang in marktwirtschaftliche Verhältnisse zu ermöglichen. Der Runde Tisch fordert die Bildung einer Treuhandanstalt zur Sicherung der Rechte und des Eigentums der Bürger am DDR-Vermögen, damit »das in Volksbesitz befindliche Vermögen (...) in der DDR nicht herrenlos wird und einfach verschwindet.« Wie berechtigt die Sorge ist, wird sich noch zeigen.

Im Februar 1990 spricht Ministerpräsident Modrow von 1,4 Billionen DM Wirtschaftsvermögen, Christa Luft wenig später von 900 Milliarden, Treuhandchef Rohwedder von mindestens 600 Milliarden. Ein Ost-SPD-Papier aus dieser Zeit stellt hellsichtig fest, dass »unser aller Ersparnisse vielleicht für den Erwerb von zehn Prozent allen Eigentums im Lande« reichen würden, doch »wäre pervers, noch einmal zu bezahlen, was uns de facto bereits gehört ...«

Das sieht Matthias Pfau bis heute nicht anders. »Wir haben ja dann unser Volkseigentum partiell für die G. L. E. zurückkaufen müssen.« Das passiert 1994. Bis dahin erlebt Pfau die Abwicklung des Berliner Glühlampenwerkes aus nächster Nähe: die halbherzigen Rettungsversuche und das absehbare Scheitern des Privatisierungskonzeptes der Treuhand, kurz, die Abschaffung eines Traditionsbetriebes, in dem 5000 Menschen arbeiteten. »Mir war klar, was mit der Währungsunion kommt: Massenkündigungen, sämtliche Märkte brechen weg, alle Werte werden zu Schrott. Werten Sie mal eine x-beliebige Volkswirtschaft um 400 bis 500 Prozent auf. Die geht unter, wie bei uns.«

Das Glühlampenwerk geht 1992 für eine dreistellige Millionensumme an den bayerischen Firmensanierer und Immobilienentwickler Härtl, der als Priamos firmiert. Die Immobilie – heute die Oberbaum City – wird Sirius zugeschlagen, einer Tochter der bayerischen Hypobank. Priamos übernimmt 1080 Beschäftigte mit einer dreijährigen Arbeitsplatzgarantie und Umschulungsangeboten – aus beidem wird nichts. Das Privatisierungsmodell schließt die traditionelle Nutzung des NARVA-Geländes so gut wie aus. Gerüchteweise soll Härtl dem Osram-Konzern die schnellstmögliche Beendigung der bisherigen Produktion zugesagt haben. Das Berliner Glühlampenwerk wird schließlich zu Schleuderpreisen verscherbelt.

In dieser Zeit rettet Matthias Pfau nicht nur die Bände mit der Betriebszeitung vor dem Schredder, technische Dokumentationen, Entwicklungsberichte und Betriebsbilanzen. Er findet das historische Gründungsdokument der Berliner Glühlampenproduktion von 1893. Das steht nun neben den Betriebszeitungen und Hölderlin im Büroschrank.

Hölderlin? Pfau nickt. Er liebt auch Puschkin, Fontane, Aitmatow. Eigentlich wollte er Dramaturgie studieren. Hat aber nicht geklappt. Gelegentlich trage er westlichen Besuchern vor, was Hyperion an Bellarmin schreibt: »... ich kann kein Volk mir denken, das zerrissener wäre wie die Deutschen. Handwerker siehst du, aber keine Menschen. Herren und Knechte, junge und gesetzte Leute, aber keine Menschen – ist das nicht wie ein Schlachtfeld, wo Hände und Arme und alle Glieder zerstückelt untereinanderliegen, indessen das vergossene Lebensblut im Sand zerrinnt?«

Mancher Gast käme hernach ins Nachdenken.

So ging es Pfau mit Priamos. »Ein interessanter Name. So hieß der letzte König von Troja, bevor es unterging.« Bei Priamos kommt Dr. Ing. oec. Pfau in die Unternehmensplanung und soll 1080 Leute in Brot und Arbeit bringen, tatsächlich aber ein Stück Absurdistan der Marktwirtschaft aufführen: Er soll Schuhgeschäfte ansiedeln und Kollegen zu Verkäufern umschulen. »Dann wurden 500 Leute entlassen, trotz Beschäftigungsgarantie. Das war das Schlimmste. Ich sollte einem Kollegen die Papiere geben, mit dem ich jahrelang zusammen gearbeitet hatte ... Wissen Sie, wie man sich da fühlt? Es war nur zum Kotzen. Ich habe mich danach gefragt, warum hast du nicht Nein gesagt? Das war es eben: Ich hatte doch wieder funktioniert.«

Vielleicht war das der letzte Anstoß. Jedenfalls laufen Pfaus Überlegungen von da an auf einen Punkt zu: Eine eigene Firma gründen. Mit Kollegen entwickelt er das Konzept der Gesellschaft für Lichttechnische Erzeugnisse. »Hätten wir damals über die Dimension der Entscheidung nachgedacht, vielleicht wären wir dann das Risiko nicht eingegangen. Aber man lernt mit dem Druck zu leben und nach dem Prinzip Hoffnung zu handeln.«

Vera Müller, Matthias Pfau und Dietmar Schubert schmeißen 1994 ihr gesamtes Vermögen in einen Topf, melden Förderungen an, verhandeln den ganzen Sommer mit Priamos über den Rauskauf von NARVA-Technik. »Kaufen hieß Kohle, die wir nicht hatten. Schwache Eigenkapitaldecke – das ging fast jedem Ostdeutschen so. Banken waren und sind in diesem Fall sehr zurückhaltend. Wir saßen beim Notar und hatten selbstschuldnerische Bürgschaften am Hals. Ich habe nächtelang nicht geschlafen.«

Seit dem 1. November 1994 gibt es die G. L. E. Das Konzept funktioniert. *NARVA* bleibt ein solides Markenzeichen. Weltweit. »In dieser Firma wird man nicht reich, aber wir kommen gut miteinander hin.« Im Jahr 2004 arbeiten 87 Kollegen in der Firma, heute sind es 120. In siebzehn Jahren wurde das Stammkapital um das Elffache erhöht. In Hongkong gibt es eine Niederlassung. G. L. E. ist auf großen Messen vertreten. »Wir sind bescheiden und realistisch. Keine Profitjäger. Wir investieren.« Wie gesagt: Als Spatzen zwischen den Raubvögeln picken sie die Krümel. Inzwischen sind auch Weißbrotbrocken darunter.

Eine Erfolgsgeschichte also? Pfau weiß nicht so recht. Eher eine über Veränderung und Erfahrung. »Das haben wir doch voraus: Was gottgegeben schien, zerbrach in Wochen. Manchmal kommt mir der Gedanke, vielleicht erlebe ich noch 'ne Wende ...«

Sie waren die fröhlichen Dilettanten

DANIEL RAPOPORT
Lübeck | promovierter Chemiker, Fraunhofer-Institut | Jahrgang 1971

Das Jahr 1989: War das die Wende, die Sie wollten?
Die Wende ist auf jeden Fall nicht etwas, das ich gewollt habe, sondern eher etwas, das mir zugestoßen ist. Ich hatte schon Ambitionen, in der DDR was zu verändern, aber ich hielt mich eigentlich nicht für befugt einzugreifen – irgendwie in die großen Geschehnisse der Zeit. Das war nicht mein Anliegen.

Es sei denn, man fühlt sich wie Alexander der Große, da will man vielleicht den Weltenkreis abschreiten – was wollte man als normaler DDR-Jugendlicher?
Ich war gerade dabei, das Abitur zu machen. Ich war neunzehn – da will man alles Mögliche. Ich kann nicht sagen, dass ich nur so dahintrieb, aber ein Riesenziel – ein berühmter Wissenschaftler zu werden oder so –, das hatte ich nicht. Was war damals bei mir Phase? Ich war in Merseburg an einer Spezialklasse für Chemie und Naturwissenschaften. Die gehörte zu der Technischen Hochschule Carl Schorlemmer in Leuna-Merseburg. Ich wohnte mit ungefähr hundert Schülern im Wohnheim, wie die Studenten, wir hatten auch Studentenausweise und waren sehr glücklich zu dieser Zeit. Ich glaube, das war einer der besten Orte, an denen man in diesem Alter sein kann: mit lauter Gleichaltrigen,

im Prinzip frei. Wir fuhren nur am Wochenende nach Hause. Sonst waren wir unter uns. Wir lernten auch schon so wie später an der Hochschule, mit Vorlesungen und Seminaren und einem erweiterten Lehrplan in Richtung Naturwissenschaften.

Ihr Ziel?
Natürlich studieren, schnell und spezialisiert. Das war ein bisschen Elitenförderung, so ähnlich gab es das in fast allen Fachgebieten. Die Heinrich-Hertz-EOS in Berlin war eher mathematisch ausgerichtet, es gab die Kinder- und Jugendsportschulen, in Rostock noch eine Spezialklasse für Mathematik. Das war so die Idee: Talente fördern, effektiv lernen und studieren. Diese Einrichtungen wurden zum Beispiel mit der Wende abgeschafft, weil sie nicht ins Bildungskonzept der Bundesrepublik passten. Seltsamerweise mit dem Argument, dass das sozusagen zu elitär sei und dass gleiches Recht für alle auf Bildung bestehen müsse. Ausgerechnet jetzt, wo, um es mal so zu sagen, ein ganzer Dschungel von verschiedenen Schulen existiert, wo nix mit Gleichheit ist. Aber so hat man im Grunde das gesamte Bildungssystem abgeschafft, das es damals gab. Ja, aus dieser intensiven Zeit im Wohnheim und ein bisschen entfernt von Berlin – aus dieser Perspektive habe ich sozusagen auch die Wende erlebt.

Gewissermaßen aus der Provinz ...
Aus der Provinz, genau. Aber immer mit einem starken Link, ich war jedes Wochenende in Berlin, da gab es natürlich viele Gespräche. Dem Herbst vorausgegangen war ja der Sommer 89, und da war schon eine Menge passiert. Da ging's ja los mit den Ausreisen über Ungarn ...

In Prag flüchteten DDR-Bürger in die westdeutsche Botschaft.
Darüber haben wir heftig diskutiert. Im Sommer 1989 war ich mit meinen Eltern in Tschechien wandern. Meine Eltern, glaube

ich, waren sehr skeptisch, was da da vor sich ging, und auch ein bisschen ängstlich. Meine Großeltern haben das noch kritischer gesehen. Ich habe es nicht als so extrem wichtig empfunden. Ich dachte, es gibt in der DDR eine Menge Leute, die sind nicht wirklich einverstanden mit dem, was hier los ist, und wenn die gehen wollen, warum soll man sie halten? Ist eine blöde Idee, habe ich mir gedacht, weil die sowieso nicht mitmachen. Und die, die das Land wirklich wollen, bleiben. So ungefähr ...

Sind Sie auch zu Demonstrationen gegangen?
Ja, ich war neugierig und bin am 7. Oktober los, da war die Wende ja noch nicht in vollem Gange, aber da fing es an. Ich kam aus Merseburg und bin direkt zum Alex gegangen. Ich glaube, Gorbatschow war da, es war ja Republiks-Geburtstag. Diese Demo bestand zu achtzig Prozent aus Stasi-Leuten – die waren gut zu erkennen, weil sie immer zu zweit patrouillierten. Ein paar Leute haben rumskandiert: Gorbi hilf oder so was. Das fand ich nicht gut, weil ich denke, man muss sich immer selber helfen – was soll denn der? Ich habe zum Beispiel damals nicht die Rolle der Sowjetunion für unser Land verstanden, dass wir von Moskaus Gnaden existierten. Es war auch Presse da, Kameraleute, aber es ist nichts passiert. Die Leute wollten, glaube ich, zum Palast der Republik und sind dann aber abgedrängt worden und in Richtung Prenzlauer Berg gelaufen. Von den Zusammenstößen habe ich nichts mitbekommen.
Am selben Wochenende war ich noch im Maxim-Gorki-Theater. Da ging es um diese Ausreisesachen und dass sich was ändern müsse. Da ist mir zum ersten Mal aufgefallen, dass Leute sich öffentlich was trauten, was sie vorher nicht gemacht haben und, was man auch retrospektiv weiß, dass der Staat offensichtlich nicht wusste, was tun. Das ist eigentlich eines der Hauptgefühle, an die ich mich erinnern kann aus dieser Zeit. Mein Vater sagte dann nach wochenlangem Rumdebattieren: Wenn uns nichts

einfällt, was man da tun soll, dann wissen die es auch nicht. Also wenn normale Menschen mit gesundem Menschenverstand keine Lösung finden, dann wissen die jeweiligen Chefs in den gesellschaftlichen Diskursen es auch nicht. Das ist so ein Punkt, der ein bisschen entlarvend ist und die Sache auf ein überschaubareres Level bringt.

Die politische Klasse ist nicht schlauer?
Man glaubt immer, die politische Elite hätte bessere Informationen, was wahrscheinlich auch der Fall ist. Sie haben Geheimdienste und dies und jenes, aber mehr Information bedeutet nicht größere Klarheit, sondern macht die Sache schwieriger. Klar, die haben irgendwelche Stäbe, die ständig Szenarien durchspielen, und dennoch: Ich glaube nicht, dass sie letzten Endes irgendwelche klügeren Entscheidungen treffen können als normal gebildete Menschen.

Hatten Sie Angst wegen der Veränderungen?
Ganz eindeutig: nein. Ich hatte überhaupt keine Angst, im Gegenteil, es war eine euphorisierende Zeit. Und zwar gar nicht unbedingt nach dem Motto: Oh, endlich passiert mal was, sondern für mich war es einfach eine Zeit für politische Visionen, für Analyse und Kritik und Betrachtung der Verhältnisse, für Widersprüche. Plötzlich war die Zeit enorm politisiert. Es gab eigentlich keine anderen Themen mehr, und das fand ich toll. Übrigens: Ich war nicht für die Abschaffung der DDR. Ich hätte die DDR gerne umgestaltet, wie viele andere es auch wollten, naiverweise. Das hätte mir gefallen, obwohl ich irgendwie wusste, dass das nicht zu haben sein wird.

Wieso wussten Sie das?
In den Diskussionen, so ab 1990, wurde mir klar, dass wir von den Russen aufgegeben worden waren. Und dann habe ich auch

verstanden, dass wir eigentlich nur als Folge des Zweiten Weltkrieges existiert haben und nicht, weil hier jemand Lust hatte,
den sozialistischen Staat zu errichten.

Nunja, einige Leute schon ...
Die gibt es aber immer – sie sind kein Grund, ein Land zu grün-
den. Da hätten sie schon eine ganz andere Macht haben müssen.
Die hatten sie nie.

*Wie war das für Ihre Großeltern: 1933 Flucht vor den Nazis, Exil in
den USA, 1952 Übersiedlung in die DDR. Und nun wurde das Land
ihrer Wahl derart in Frage gestellt.*
Meine Großeltern haben die DDR nicht als russische Provinz
empfunden, für sie war sie das Werk der Menschen, die da wohnten, die das mehrheitlich wollten und gestaltet haben. So haben
sie das wahrgenommen, und deswegen gab es für sie viele gute
Gründe für die DDR. Sie hatten sozusagen ihr Herzblut gegeben
für die Sachen, die sie da aufgebaut haben. Im Fall meiner Großmutter war das die Einführung der Neugeborenen-Stationen, die
es vorher in Deutschland nicht gab.

*Die Neonatologie – Ihre Großmutter hatte den Lehrstuhl an der Cha-
rité inne, sie war Mitbegründerin der Gesellschaft für Perinatologie
der DDR.*
Ja, sie führte die Neugeborenenmedizin und Vorsorge für Neu-
geborene als eigene Disziplin in der Medizin hier ein und hat
es zuerst an der Charité aufgebaut. Nach dem Vorbild wurde es
dann überall praktiziert und hat dazu geführt, dass die Säug-
lingssterblichkeit in der DDR enorm niedrig war, im internationalen Maßstab lag sie ziemlich vorn. Mein Großvater hat die
Biochemie an der Humboldt-Uni aufgebaut. Die Leute, die da
mitgemacht haben, waren für meine Großeltern die DDR. Die
Arbeit dort, Erfolge und Probleme, Streit und Niederlagen und

Fortschritte – das war für sie die DDR. Meine Generation, Leute wie ich, haben sich ins gemachte Nest setzen können. Es war alles da. Da wurde nichts mehr aufgebaut. Die DDR war für mich Normalität und nichts, was in irgendeiner Weise eine historische Bewegung vollführte.

Es sind nicht Ihre Wunden, die da geschlagen wurden, nicht Ihr Verlust?
Ja. Aber ich weiß, die Wunden waren tief.

War der 9. November für Sie eine besondere Geschichte?
Mehr eine verschwommene Sache. Ich war in Berlin, lag krank im Bett, hatte Fieber, und plötzlich kam meine Mutter rein und sagte: Die haben die Grenze aufgemacht. Willst du mitkommen, gucken? Ich kann mich erinnern, es waren unheimlich viele Menschen unterwegs. Alle waren sehr emotional, meine Mutter auch. Ich nicht. Ich war krank, und die Mauer war nicht mein Problem. Viele Leute fanden es schlimm, dass sie existierte, meine Mutter auch. Ihre eigene Familie ist dadurch zerschnitten worden. Deswegen war die Maueröffnung für sie eine ganz große Sache. Für mich war es wie ein großartiger Abenteuerspielplatz. Wir sind nach Westberlin gefahren, meine Freunde und ich, haben alles erkundet, Nachtklubs und was auch immer. Das war bestimmt ein Jahr lang spannend.

Wie ging es für Sie 1990 weiter?
Ich hatte mich beworben auf einen Studienplatz für Biochemie. In der DDR hätte ich erst mal zur Armee gemusst. Das fiel weg durch die Wende. Das war gut. Eine schlechtere Sache war, dass man mich dann, obwohl ich schon angenommen war für Biochemie, wieder von dem Studiengang ausgeschlossen hat, weil man meinte, ich hätte den Studienplatz ja nur bekommen, weil ich aus privilegierter Familie wäre.

War das so?
Ehrliche Antwort?

Ja.
Nein, so war es nicht. Ich kam von einer Spezialklasse und hatte
ein eins-nuller, sozusagen super-super Abi gemacht, habe mir
auch Mühe gegeben, und das hatte nichts mit privilegiert oder
sonst was zu tun. Aber es hat mich auch nicht weiter gestört, weil
ich dann halt an der TU in Westberlin Chemie studiert habe.
Man kann das als Ungerechtigkeit empfinden, habe ich aber
nicht. Ich hatte die Leistung auf meiner Seite.

*Chancengleichheit und Bildungsgerechtigkeit Ost und West. Wie ist
Ihre Erfahrung?*
Da sind ganz krasse Unterschiede. Absolut. Beide Systeme sind
ungerecht. Beide auf ganz andere Art und Weise ungerecht.

Erklären Sie es bitte.
In der DDR, das weiß nun jedes Kind, wurden Arbeiterkinder
bevorzugt. Dann gab's eine Kontingentierung für bestimmte
Lehrangebote, um kein Überangebot von irgendwelchen Aus-
bildungsrichtungen zu produzieren. Man wusste, soundsoviele
Ärzte werden gebraucht, also wurden soundsoviele Ärzte ausgebildet. Man wird soundsoviele Verkäufer brauchen ... und so
weiter. Das war also ganz klar. Das ist ungerecht und gerecht. Es
ist ungerecht, wenn nur tausend Ärzte gebraucht werden, dann
hat der tausendunderste Bewerber das Nachsehen. Die Auswahl
ist in jedem Fall willkürlich, egal wie man verfährt. Hier ist es
so, dass man jemanden fünf Jahre in diese Richtung laufen lässt
und sagt, ja, ihr werdet schon sehen. Von euch laufen zehntausend los und nur tausend kommen an. Und die anderen müssen
sich dann im Laufe ihres Lebens irgendwie, nachdem sie schon
fünf Jahre oder zehn Jahre, so lange eben so ein Medizinstudium

dauert, in diese Richtung gelaufen sind, plötzlich umsehen und sind gezwungen, sich umzuorientieren. Das sind einfach andere Arten von Ungerechtigkeiten. Jetzt ist es eben so. Chancengleichheit wird nicht gewahrt. Das fängt schon an in der Aufteilung der Schule in Realschule und Gymnasien, eigentlich noch weiter vorher. Es fängt da an, dass in der DDR eine ganz andere Wohnpolitik betrieben wurde. Es wurde keine soziale Trennung praktiziert. Bei uns im Haus wohnten natürlich auch Arbeiter. Die sind nach der Wende alle verschwunden. Die sind in billige Wohnungen gedrängt worden. Jetzt findet eine ganz klare Segregation statt in solchen Stadtteilen, wo, wie man heutzutage sagt, bildungsferne Schichten wohnen, arme Leute. Dort also gibt es entsprechend schlechte Schulen. Die Leute, die da herkommen, haben es schwer, höhere Bildung zu erlangen. Prinzipiell ist alles möglich, aber die Wahrheit ist, wer schafft es denn? Und dann, wenn er es schafft, kommt am Ende noch diese Sache mit dem Schweinezyklus, wenn dann plötzlich viel zu viele Leute von einer Sorte auf den Markt geworfen werden. Und dann regelt es halt der Markt. Das ist die Sorte Ungerechtigkeit, die hier herrscht.

Wie wäre Ihr Leben ohne Wende heute?
Ich fürchte, es wäre gar nicht mal so gut verlaufen, wenn auch am Anfang natürlich viel mehr nach Plan. Der Horror war ja schon, dass ich drei Jahre zur Armee gemusst hätte. Ich finde es fürchterlich, dass es überhaupt gang und gäbe war und in vielen Ländern der Welt immer noch ist, die besten Jahre seines Lebens für so einen Mist wie Militär wegschmeißen zu müssen. Wie ich da rausgekommen wäre ... keine Ahnung. Dann wäre das Studium gekommen, Biochemie. Dann hätte ich eine gute Stellung bekommen. Mein Großvater war *der* Biochemiker, mein Vater war Biochemiker und ich wär der Sohn oder der Enkel gewesen, sozusagen.

Ist das ein Unterschied zu heute?
Ja. Die DDR war klein. Jeder kannte jeden. In jedem Fachgebiet gab es immer nur ein paar Handvoll Leute, und hier ist es viel größer, mehr Fluktuation, mehr Konkurrenzkampf. Wenn einer gut ist, sagt ein anderer über ihn, obwohl er vielleicht schlechter ist, der wäre nicht gut. Diesen existenziellen Neid gab es in der DDR nicht. Was ich mir vorstellen kann, weil die DDR ja doch starke Grenzen gesetzt hat, dass ich Aussteiger geworden wäre.

???
Ja, klar, ich denk mir, man kann in seinem Vorgarten die ganze Welt finden. Man muss nicht irgendwohin reisen, man muss nicht eine tolle Karriere machen. Das war das Gute an der DDR. Im Westen jetzt muss man immer schreien, dass man ein toller Hecht ist, sonst fällt man hinten runter. In der Wissenschaft ist das so wie in praktisch allen Bereichen, wo starke Konkurrenz herrscht und Karriere gemacht werden kann. Und in der DDR war es nicht so. Da haben die zwar gesagt: Ok, du bist nicht gut oder eben widerspenstig – du wirst kein Reisekader. Wirst nicht dies, wirst nicht das. Na und?

Ja, wenn man sagen kann, ist mir scheißegal, dann hat man ein ruhiges Leben. Wie ging Aussteiger in der DDR?
Interessanterweise war das möglich in der DDR. Also ich kenne Leute, die das gemacht haben. Es war auf eine andere Weise machbar als jetzt. Man war dann ein verlorenes Schäfchen, gewissermaßen. Ich glaube, es gab in der DDR mehr Aussteiger als irgendwo anders in der Welt, weils einfach existenziell machbar war. Die Leute haben was gelernt oder was Teures studiert, zumindest für den Staat Teures, und sind dann meinetwegen Bienenzüchter geworden oder haben sich sonst irgendwie zurückgezogen. Nur eine Rückkehr, wie ich sie zum Beispiel im Westen gemacht habe, die wär im Osten sicher fast unmöglich gewesen.

Wir sind wieder im Jahr 1990, Sie haben studiert – was war nun anders?

Ja, also das war schon ziemlich extrem anders als in der DDR. Man war ja diese paternale Haltung gewohnt, die es in der DDR überall gab. Man war das ständige Kümmern gewohnt, im Positiven wie im Negativen. Ständig! Das gab es plötzlich nicht mehr. Kein Mensch hat sich gekümmert, ob du da bist, ob du an einer Vorlesung teilnimmst, ob du im Seminar bist. Keiner wusste überhaupt den Namen. Du warst plötzlich eine Null. Rumms. Das war unheimlich. Dann musste ich lernen, vieles selbst zu organisieren und auch mich selbst dafür verantwortlich zu fühlen, wofür früher andere verantwortlich waren.

Eine Facette der Freiheit.

Naja. Man musste eben ... angefangen damit, dass man sich bestimmte Kurse suchen musste, dass man es irgendwie schaffen musste, den Professoren aufzufallen, damit man vielleicht auch in einer interessanten Arbeitsgruppe mitarbeiten kann, einen Studentenjob kriegt oder später eine Diplomarbeit. Bis dahin, dass man sich selber zum Lernen zwingen muss, es gab ja kein Lernkollektiv oder so was, wo man sich gegenseitig zum Lernen angehalten hätte. Das war ganz seltsam. Es war extrem unverbindlich, es war ein offenes Haus und man konnte reingehen und was lernen, man konnte es auch lassen. Ich hab es dann im Grunde standardmäßig durchgezogen: Regelstudienzeit, Diplom. Aber ich hab irgendwie das Gefühl gehabt, ich lerne nichts.

Woran lag das?

Na, es war ein krasser Gegensatz zu Merseburg. In Merseburg waren wir wirklich hohe Anforderungen gewohnt, und die wurden auch ganz scharf abgefordert. Es war immer hochintensiv. An der TU hatte ich wirklich das Gefühl, neunzig Prozent des Stoffes, den ich nach dem Studium wusste, habe ich schon in Merseburg gelernt, und zehn Prozent dann noch mal in der TU dazu. Ist sicherlich eine subjektive Verfälschung. Am Ende des Studiums wurde es dann doch noch mal interessanter. Da ging es um Quantenmechanik und Ab-initio-Rechnungen, übrigens eine Sache, die auch Angela Merkel betrieben hat, als sie noch Wissenschaftlerin war.

Was ist das?
Da sind so Sachen aus rein physikalischen Prinzipien zu berechnen, wie Moleküle und Molekülionen aussehen.

Und wohin führt das, wenn man das macht?
Man kann Reaktionen berechnen, wie Stoffe miteinander reagieren. Man kann Bundeskanzlerin werden.

So entstehen Karrieren. Wie verlief Ihre?
Ich machte ganz was anderes. Ich war fast drei Jahre Toningenieur. Das Tonstudio habe ich selber aufgebaut, so eine kleine Multimedia-Agentur, da haben wir dann Bands aufgenommen, aber auch Sprache und Werbung und alles Mögliche.

Das war auch Ihr Spaß.
Ja. Dann habe ich aber gemerkt, es ist ein schweres Geschäft, also man verdient nicht viel, muss sich extrem kümmern, um Kunden zu kriegen, Leute, die was aufnehmen wollen. Es wurde auch ein bisschen langweilig. Schließlich habe ich gedacht, eh ich den Zug komplett verpasse, gehe ich zurück in die Wissenschaft.

Obwohl Sie die Wende nicht gewollt haben, hat sie Ihnen vielleicht trotzdem das gebracht hat, was Sie auch wollten?
Nein, ich würde das anders beantworten. Ich glaube schon, dass die Wende letzten Endes eine tragische Geschichte ist und eine Sache, die historisch gesehen den Anschein hinterlässt, als wäre es unmöglich, ein humanistisches Staatswesen zu errichten und

viele Leute dazu zu ermutigen, es zu versuchen. So wird dann das Argument in die Welt gehievt: Na bitte, hat ja nicht funktioniert. Da kann man nicht sagen, mir hat es jetzt aber trotzdem irgendwie was gebracht im Leben. Nein, hat es nicht. Weil ich natürlich mit der Welt grundlegend nicht einverstanden bin. Das war ich aber auch zu DDR-Zeiten nicht. Es gehört sozusagen zu meiner Lebenseinstellung, sagen wir mal, die Fehler der Welt eher wahrzunehmen als ihre Vorzüge.

Welche Fehler sind das?
Die sind schnell hergezählt: die vier biblischen apokalyptischen Reiter Hunger, Krieg, Pestilenz, Tod. In unserer Zeit sind das die Kriege, Krisen und Katastrophen des Kapitalismus – Arbeitslosigkeit, ökologische Verwüstung, soziale Barbarei, politisches Versagen und alles globalisiert. Letzten Endes jede Form von Inhumanität, mit der sich die Menschen halt selbst knechten. Und man kann nicht sagen, dass es durch die Wende besser oder weniger geworden wäre. Auch wenn viele das behaupten. Vielleicht ist auch das Gegenteil nicht richtig. Aber gut ist es nicht, so wie es ist. Ich kann nicht zufrieden sein mit diesen Zuständen, auch wenn es mir gut geht. Ich kann das Bestehende nicht für erhaltenswert erachten wie die Konservativen, die sich nur darum kümmern, dass es vielleicht nicht schlechter wird. Da bin ich im Herzen ein Linker, ohne Partei zu sein. Ich will die Welt anders.

Haben Sie sich in der DDR gleichgeschaltet gefühlt?
Interessante Frage. Paradoxerweise ist es so, dass – obwohl in der DDR so ein didaktisches Bedürfnis da war vom Staat, das auf eine gewisse Gleichschaltung abzielte – am Ende viel, viel weniger Gleichschaltung erzielt wurde als jetzt. Heute werden Individuum und individuelle Entwicklung unentwegt propagiert und verlautbart, aber praktisch verhalten sich die Leute viel, viel gleichförmiger.

Konfektioniert?

Ja, fast durchweg. Auch Wertvorstellungen und Ideale sind sehr viel ähnlicher als die in der DDR. Fast ein Witz der Geschichte: Diese DDR-Leute, die sich ganz und gar nicht im Sinne der Partei und der politischen Eliten verhalten haben, waren astreine DDR-Bürger. Sie waren die, denen immer wieder eingetrichtert wurde, über Dinge von Weltbedeutung nachzudenken. Ihnen wurde eingeflößt, die Gestalter der Geschichte zu sein – die Weltgeschicke mitzubestimmen.

Und dann haben sie es gemacht.

Dann haben sie es gemacht. Natürlich nicht, wie es politisch gedacht war. Aber immerhin ein historisches Ergebnis – dieses Ergebnis. Hier ist es eben so, dass man immerzu erzählt bekommt: Sei du selbst. Wie bist du du selbst? Indem sich alle dasselbe kaufen? Wird man individuell über Dinge, die man kaufen kann? Letzten Endes produzieren die machthabenden Eliten genau das, was dem inneren Mechanismus ihrer Macht auch entspricht. Wenn die also Massenware verkaufen wollen, weil man da am meisten Profit macht, dann werden die Leute halt alle konform, einförmig. Und das ist eigentlich ein ganz lustiges Paradoxon, was mir schon zu Studienzeiten aufgefallen war: Der Westen, der viel, viel bunter nach außen hin wirkt, ist nach innen viel, viel grauer, als der Osten es je war.

Im Blick zurück: Können Sie als allgemeinen Erfahrungswert ausdrücken, was Sie erlebt haben?

Doch, ja. Ich glaube, die Wende ist ein Erlebnis gewesen, das die seltene historische Möglichkeit gegeben hat, sich überhaupt als historischer Mensch vorzukommen. Das Empfinden zu haben, dass man in einer welthistorisch wichtigen Epoche lebt. Normalerweise, glaube ich, treibt die Menschheit so dahin, ohne ein wirklich scharfes Bewusstsein von sich selbst zu erlangen. Es gab

Ausnahmen, wo die Massen tatsächlich erlebt haben, dass Entscheidendes passiert und sie es bewirkt haben.

Beispiele?
Das war die Französische Revolution 1789, vielleicht die Pariser Kommune, und sicherlich für die Russen ihre Oktoberrevolution, wo sie den Zaren davongejagt haben. Für uns hier war es die Wende, vermute ich. Nur: Das war keine revolutionäre Bewegung, sondern eine restaurative – und zwar sehr konsequent und mit dem Dekor einer Revolution. Paradox daran ist, dass im Ende der DDR wieder ein Bewusstsein von ihrem Anfang entstand. Darüber kann man nachdenken noch in Jahren und Jahrzehnten: Die seltsame Episode, in der viele Sachen ausprobiert wurden, von denen Menschen geträumt haben, dass sie mal sein müssten. Und dann können die sich in der Zukunft ihren Reim darauf machen.

Wünschen Sie sich die DDR zurück?
Ich wünsche mir gar nichts, was mit der DDR zusammenhängt. Ich wünschte mir, dass die Menschen wieder politischer würden. Ich glaube, Wende und die DDR, die dadurch ihren Endpunkt gefunden hat, sind eine welthistorische Episode von absolut erstem Range. Es gibt wenige solche Momente der Geschichte, die einem aufgeben, über bestimmte Menschheitsfragen nachzudenken. Ich sag mal so: Mit der Weltgeschichte berührt man sich ja ständig, aber es kommt einem nicht so vor. Und die Wende hat den großen Vorteil, einem mit großer Eindringlichkeit vorzuführen, dass wir Weltgeschichte machen können, indem wir leben. Wir können Neues gestalten. Verhältnisse verändern.

Fragt sich, wohin und wer setzt was durch und wie?
Es gibt eine kleine Geschichte. Sie ist auch eine ganz gute Parabel auf die DDR, weil ich denke, dass die DDR was Neues war in der

Weltgeschichte. Und zwar geht es darum, wie die Fische an Land gingen. Aus der Evolutionstheorie ist das nämlich nicht ganz so leicht zu erklären. Man fragt sich ja, wieso sollten Fische ihre Flossen so evolutionär verändern, dass Beine daraus werden oder Arme. Das bringt ihnen ja keinen Vorteil, sondern im Gegenteil, ist ja ein Nachteil. Also kann eigentlich die Evolution gar nicht in diese Richtung gehen. De facto ist es aber so gewesen, dass sie sich natürlich dort entwickelt haben, wo mal Wasser war und manchmal kein Wasser. Als Gott sah, dass zwischen den Fischen nur noch Bosheit und Geilheit und Gemeinheit war, beschloss er, eine große Ebbe zu schicken, so dass sie alle sterben würden. Die Fische dachten: Das wollen wir nicht. Wir beugen uns nicht Gottes Ratschluss. Es gab viel Rumdiskutiererei, und am Ende blieben nur zwei Parteien: Die Partei der ganzheitlichen Emanzipateure, die sagten: Wir brauchen Lungen statt Kiemen, wir brauchen Beine und Arme und wir brauchen eine Haut, die uns vorm Austrocknen schützt. Das ist das Minimum, ohne das gehen wir erst gar nicht an Land. Die anderen waren die Partei der fröhlichen Dilettanten. Die sagten: Ihr habt zwar recht, aber wir haben das jetzt alles nicht, also lasst uns doch einfach an Land gehen und mal gucken, wie lange wir es aushalten. Und wenn es schlimm ist, dann kehren wir wieder ins Wasser zurück. Das waren die beiden Positionen. Gewonnen haben die fröhlichen Dilettanten – und so hat sich also dann das Neue durchgesetzt.

Für die DDR sind zwei Dinge daraus abzuleiten. Das eine ist, die DDR war genau das: ein kurzer Ausflug aufs Land, mal zu gucken, wie es ist, ein erster Versuch, einen humanistischen Staat einzurichten. Ich sage das abgekoppelt von der eigentlichen historischen Dimension am Ende des Zweiten Weltkrieges. Der zweite und witzige Punkt an der Sache ist der, dass die Macher der DDR sich immer vorgekommen sind, als wären sie die ganzheitlichen Emanzipateure. Aber sie waren nur die fröhlichen Dilettanten.

Hexen, Hexen an die Besen,
sonst ist unser Land gewesen

WALFRIEDE SCHMITT
Berlin | Schauspielerin und Autorin | Jahrgang 1943

Aufgewachsen bin ich mit der Not meiner Eltern, an so etwas Grauenvollem beteiligt gewesen zu sein wie dem Dritten Reich. Nicht tätlich beteiligt, aber doch durch Anwesenheit und mangelnde Gegenwehr beteiligt, also verantwortlich. In ihrer Not war Stalin der Retter, der mit seinen Armeen die Faschisten besiegt hatte. Die Hoffnung: das andere System – das gerechte, friedvolle! Ein wirtschaftliches System, in dem gemeinsam gearbeitet und der Gewinn daraus nicht Einzelnen, sondern allen zugute kommt. Gerecht. Ohne Kriege! Ohne Diskriminierung! Das sollte es sein. Das durchzusetzen würde nicht einfach sein, aber es wäre die Rettung der Menschen vor Barbarei, deshalb sollte alle Kraft dort hineingegeben werden. So habe ich Kaugummi und Mickey-Mouse-Hefte beiseite geworfen und das blaue Halstuch genommen. So bin ich in die FDJ gegangen und Mitglied der Partei geworden. Für den freien Menschen auf freiem Grund! Aber wie soll das gehen, wenn man diesem Menschen immer auf dem Kopf rumklopft?

1984 hatte ich Gelegenheit, in New York zu sein. Ich habe in Brooklyn gewohnt und bin am ersten Morgen hinübergefahren nach Manhattan. Der Anblick, der sich bot, war Wahnsinn. Ich hörte auf zu atmen und habe mich gefragt: »Wie, um Gottes willen, konnte der russische Bastschuhbauer dagegen ankommen? Gegen diese unglaubliche Energie?« Wenn man von Staten Island mit dem Schiff zurückfährt nach New York, sieht man die »Gierige Zunge« von Manhattan. Alle Banken der Welt stehen dort ganz vorne dicht am Rand, als wollten sie über den Ozean hinüber nach dem Rest der Welt greifen. Und die kleine Miss Liberty davor mit ihrer Fackel. Was soll die ausrichten gegen so eine Übermacht der Habgier? Vor der New Yorker Börse steht eingeklemmt zwischen Hochhäusern der arme George Washington mit seiner großartigen Erklärung der Menschenrechte. All die guten Gedanken, all die tapferen Menschen, aber der Besitzwille wird immer gewinnen. In diesen Bildern schien mir, hatte ich verstanden, worum es wirklich geht in der Welt. Um Macht, um Besitz, um Sieg! Sieg um jeden Preis! Ich wollte nicht, dass das über uns kommt. Ich habe gesagt: Passt bloß auf das kleine graue Land auf. Was danach kommt, wird wild.

Aber was soll man machen, wenn die zugelassenen Gedanken immer kleinlicher, immer enger werden? Wenn Kreativität und visionäre Ideen immer mehr bekämpft werden? Wenn man langsam, aber sicher das Gefühl hatte, es geht hier gar nicht mehr um den Sozialismus? Ging es vielleicht nie darum? Wenn die eigenen Probleme nicht behandelt werden, weil immer mit dem Klassenfeind gedroht wird? Aus Angst die Kontrolle zu verlieren? Die absurden Behauptungen, die Lügen wurden so dick, dass das Atmen schwer wurde. Die Mächtigen in meinem Land haben es uns zunehmend schwer gemacht, dieses Land zu lieben. Immer mehr Misstrauen, immer mehr Verbote, immer mehr Lügen. Irgendwann reicht es. Also hat man sich den vielen Menschen angeschlossen, die eine Veränderung gefordert haben.

Eine Veränderung, die auch ich dringend gewollt habe. Ich wollte in einem intelligenten Land leben, in dem die Menschen selbständig denken dürfen, gemeinsam ihr Leben gestalten, fröhlich sind, solidarisch und kreativ. Wenn ich das heute lese, wird mir ja richtig übel. Wie naiv, wie verträumt war ich eigentlich? Ich bin in einen Strudel von Aktivitäten geraten. Die Gründung des Unabhängigen Frauenverbandes am 3. Dezember in der Volksbühne, mit den Kollegen meines Theaters, war mein stärkstes, auch schönstes Erlebnis in dieser Zeit. Es ist entsprungen aus der verrückten Idee, dass die Frauen mit ihren anderen Vorstellungen von »wie leben geht«, Vorschläge machen können, wie eine Gesellschaft aussehen kann, die dem Leben und dem Menschen gut tut. An der Volksbühne hing eine große Ankündigung: »Hexen, Hexen an die Besen, sonst ist unser Land gewesen!« Das war witzig formuliert, aber sehr ernst gemeint. Diese Zeit war ja wie ein Zwischenraum. Alles schien möglich. An einer Häuserwand habe ich später den Spruch gelesen: »Das Chaos ist aufgebraucht, es war die schönste Zeit!« Ich glaube, wir waren an diesem Tag die Einzigen, die nicht zurück, sondern nach vorne geschaut haben. Ja, es wurde auch geklagt, geweint, aber es wurden vor allem Vorschläge gemacht, wie es weitergehen soll, was wir machen werden. Frau Dr. Ina Merkel hat uns ein fantastisches Programm geschrieben. Damit ist der UFV an den »Runden Tisch« gekommen. So viel Kraft und Klugheit war da. So viel Inspiration. Die Erinnerung daran macht mir bis heute Hoffnung. Es könnte gehen ... eine gute Welt zu bauen ... wenn sich die Menschen mal einig werden könnten darüber, was wirklich wichtig ist. Aber das scheint immer wieder unmöglich. Auch in der Wendezeit gab es wenig Bereitschaft zum Zusammenschluss in wichtigen Fragen. Zu viele waren scharf darauf, ihr eigenes Süppchen zu kochen.

Wir haben versucht, Geschichte zu machen, und die Geschichte ist immer vor uns her gerannt, Hand in Hand mit den Banken von Manhattan.

Am 7. Oktober bin ich um 17 Uhr mit meinen Kindern auf den Alexanderplatz gegangen, um an der geheimnisvoll angesag-

ten Demonstration teilzunehmen. Mein älterer Sohn sagte: »In meinem Land passiert etwas. Du wirst mich nicht daran hindern, dabei zu sein.« Ich hatte Angst, dass ihm etwas Schlimmes zustößt. Ich hatte Angst vor China. Da musste ich einfach mitgehen. Die Stadt war totenstill. Von irgendwoher kam Gesang. Ein kleines Mädchen in Begleitung der Mutter mit einem Lampion. Es war ein so gruselig stiller Republik-Geburtstag. Man konnte auf dem Alex jedes Wort einzeln hören. Und dazu der Herbstnebel. Dann: Punkt 17 Uhr schossen aus den dunklen Ecken schnelle schwarze Gestalten hervor in Lederjacken. Der Ruf: Stasi raus, Stasi raus!, begleitet von wild nach vorne stoßenden Armen, ließ die Luft erzittern, und plötzlich, wie aus dem Nirgendwo waren die Kameras aus der ganzen Welt auf dem Platz. Bis hin nach Japan ist die Information über diese Demo gelangt. Wie? Wer? Warum war ja klar. Irgendwie sehr gemütlich wirkende Polizisten sorgten dafür, dass der Strom der Menschen, der sich jetzt natürlich sammelte, am Roten Rathaus vorbei zum Palast der Republik zog. Aus: »Stasi raus!« wurde »Gorbi hilf«. Jetzt wurde der Zug wieder umgelenkt, ja, natürlich, weg von Gorbatschow, die Liebknechtstraße hinunter zum Alex zurück. Jetzt war es schon eine mächtige Demonstration. Alle sind gekommen: die Jungen, die Alten, Mütter mit Kinderwagen, Hippies, Proletarische, Elegante, Verrückte, Entschlossene, Wütende, Heitere. Alle. Und sie riefen den Leuten an den Fenstern und auf den Balkonen zu: »Kommt runter! Reiht euch ein!« und »Wir sind das Volk. Wir bleiben hier!« Das war eine Kampfansage. So habe ich das empfunden. Das war die Einforderung der Versprechungen, mit denen das Land angetreten war. Wir sind das Volk. Wir wollen mitbestimmen. Wir wollen zu Worte kommen. Es soll unser Land sein. Wir bleiben hier und werden das durchsetzen.
Wie schnell ist daraus: »Wir sind ein Volk« geworden. Das war die Anpassung. Es waren ja viele unterschiedliche Menschen mit unterschiedlichen Gedanken an dieser sogenannten Wende

beteiligt. Ich bin davon überzeugt, dass die ersten Protestierer, die denkenden, die tapferen Anfänger, sehr wohl für eine andere DDR eingetreten sind. Einen freien demokratischen Staat. Dann später eben kamen die anderen dazu, ok, ich bin böse: die, die einkaufen wollten. Die, die wollten, »dass sich die Spreu vom Weizen trennt«. Irgendwer hat sich dann später entschlossen, die Losung zu »Wir sind ein blödes Volk!« umzuwandeln. Als klar war, wozu wir benutzt worden sind. Als die LKW mit den Warenlieferungen über die deutsche Grenze gefahren sind, um endlich neue Absatzmärkte zu haben. Als der Besitz dieses Volkes von der Treuhand verschachert worden ist. Heiner Müller hat die Losungswut dann kurzgeschlossen mit: »Ich bin Volker!« gekrönt. Ok. Dabei will ich bleiben. Ich will auch Volker sein.

Wir hatten das Recht auf Arbeit und das Recht auf Wohnraum. Wir hatten ein Dach über dem Kopf, wenn auch, obwohl unser Chef Dachdecker war, ein etwas defektes, aber ein leicht zu bezahlendes. Wir hatten billiges Brot zu essen. Aber eben nicht das Recht auf eine eigene Meinung. Jetzt ist das umgekehrt. Und viele finden das schöner. Das Ego ist gestärkt worden gegen die Verschlafenheit und Mittelmäßigkeit der Kollektive. Jeder darf sich jetzt ungestraft selbst der Nächste sein. Das war schon immer so, sicher, aber heute mehr denn je. Jeder für sich und Gott gegen alle!

Ok, ich bin einverstanden. Die meisten meiner Landsleute sind glücklich. Sie wohnen in wirklich hübschen Häuschen oder rekonstruierten Wohnungen, endlich sind die Ruinen beseitigt, die die kommunale Wohnungsgesellschaft hinterlassen hat, endlich sieht alles ordentlich und gepflegt aus. Man kann gutes Werkzeug kaufen, was absurderweise im »Arbeiter-und-Bauern-Staat« nicht möglich war, man kann schöne Autos kaufen, Ersatzteile, man kriegt in der Stadt jederzeit ein Taxi, Mode für die Dicken, Blumen zum Geburtstag und Reiseangebote in Hülle und Fülle. Ich dürfte sogar Nazi sein, wenn ich das denn wollte. Wir haben satt zu essen, werden auch brav immer fetter und gemütlicher. Erst waren wir Amerikaner, dann Papst, jetzt auch noch Weltmeister. Herz, was willst du mehr? Wer das nicht genießen kann, ist wirklich selber schuld und gehört eindeutig zur Spreu.

Den Deutschen geht es gut. Weil sie so fleißig sind. So ordentlich. So aufrichtig. Ganz anders als die Griechen, die faul in der Sonne liegen. Oder liegt es vielleicht doch auch daran, dass wir der drittgrößte Waffenhändler der Welt sind? Dass wir jetzt schon an so ziemlich allen Krisenherden der Welt beteiligt sind und der Kampf um die Gerechtigkeit und die Freiheit gar kein Ende mehr nehmen will? Hat man eigentlich jemals unsere Freiheit gefunden, die wir in Afghanistan verteidigt haben? Mit wie vielen Toten?

Ich glaube nicht daran, dass es eine wirkliche »Demokratie« gibt, eine wirkliche Freiheit. Vielleicht muss man diese Begriffe noch einmal von Grund auf klären. Vielleicht reichen da die Erklärungen der alten Griechen nicht mehr aus. Des Volkes Herrschaft? Doch wohl nicht. Einmal alle vier Jahre zur Wahl? Um Leute in die Regierung zu wählen, die fast nie das durchsetzen, was sie versprochen haben? Ja, die Freiheit, aus der Tür zu gehen? Gut, das ist ja schon etwas besser als in einem Käfig zu sitzen, nicht raus zu dürfen, und wenn man draußen war, vielleicht auch nicht wieder rein. Wie der Herr Biermann.

Ja, ich habe das Recht auf eine eigene Meinung, ich kann die auch ausleben. Ich kann mich dafür einsetzen, ohne verhaftet zu werden. Ja, ok, das gibt einem ein Gefühl, frei zu sein. Selbständig und mündig zu sein. Aber wer gewinnt? Die Jungs mit dem Geld. Die Lobbyisten, die Leute, die keinen Flugplatz bauen können, unglaublich viele Steuergelder verbraten und dafür keine Verantwortung übernehmen müssen. Die Folgen dürfen jeweils die »kleinen Leute« tragen. Das ist jetzt so Mode geworden: Die einen verjubeln, die anderen bezahlen. Und die Jungs mit dem

Geld gewinnen immer. Ist doch komisch, oder? Sie werden es auch schaffen, das Ceta-Abkommen durchzusetzen, das Fracking etc. Sie werden es schaffen, diese Welt zu zerstören, um ihr Wachstum zu sichern. Ich kann nicht an die »Wende« denken, ohne das Heute mit in Betracht zu ziehen: Was hat es der Welt gebracht, dass das Land da war, was hat die Auflösung gebracht? Das Ergebnis ist ziemlich deprimierend. Das große Umsonst? Ich denke an meine Enkelkinder. Die Tatsache, dass ich jetzt einen warmen Hintern habe, dass es mir persönlich gut geht, kann mich nicht darüber hinwegtrösten, welcher Gefahr sie ausgesetzt sind.

Das von uns allen so gepriesene demokratische System hat schon einmal einen Hitler durchgelassen und wird im Ernstfall nicht verhindern, dass so etwas wieder geschieht. Es ist keine sichere Bank gegen Unrecht und Untat. Es wird nicht in der Lage sein, die Probleme dieses Erdballs zu lösen. Nee, Kinder, tut mir leid, ich kann die allgemeine Heiterkeit nicht teilen.

Ich mag auch gar nicht, wie mit der Erinnerung an mein ehemaliges Land umgegangen wird: Diese politisch organisierte Nichtachtung des Lebens, das hier gelebt worden ist, und des Weges, der hier versucht wurde. Das ist schon sehr beleidigend. Und sehr kulturlos, sehr niveaulos in einem Land der Dichter und Denker. Gerhard Zwerenz hat mal geschrieben: Während im Westen die Leute nach dem Krieg den alten Weg gingen, haben sich im Osten ein paar Leute aufgemacht und gesagt: »Wir müssen einen anderen Weg finden, damit so etwas nie wieder passieren kann.« Haben es versucht und sind schrecklich gescheitert. Man darf dieses Land verspotten, besonders dafür, dass es grau und arm war, keine Obdachlosen und keine tollen Waschmaschinen hatte. Man darf es beschimpfen und verspotten, weil es ununterbrochen im Unrecht war. Man darf es unter gar keinen Umständen verteidigen oder gar Dinge erwähnen, die vielleicht doch gut angedacht waren, die von einem Respekt für das menschliche Leben zeugten. Ich bin nicht unglücklich darüber, diesen »Versuch« miterlebt zu haben.

Und ich bin immer noch sehr neugierig darauf: Was geschieht jetzt? Die Luft kann man nicht mehr atmen, das Essen ist verseucht, der Krieg ist da, der Terror kommt? Immer noch zu wenige Menschen, die das Spiel durchschauen. Immer noch zu wenige Menschen, die zur Gegenwehr bereit sind. Man soll ja auch möglichst überhaupt nicht nachdenken. Man soll einkaufen gehen. Ich bin zum Verbraucher geworden.

Ich halte es da gerne mit Volker Braun, der in seinem Buch: »Machwerk« schreibt:

Die Fragen überleben die Antworten wie der Hunger
den Witz,
und für die Garküche der Zukunft sind keine Rezepte
geschrieben.
Vielleicht muss sich die Menschheit noch einmal
buchstabieren,
und der neue Anfang der Geschichte heißt:
Für den Letzten soll die Welt gemacht sein.
Gewohnt zu scheitern denkt (der Autor) für sich,
die Eigentliche Arbeit habe noch gar nicht begonnen,
sie wird der Gesellschaft den Atem verschlagen.

Über Hoffnungen von damals und über Realitäten

MANFRED STOLPE

Potsdam | Jurist, Ministerpräsident des Landes Brandenburg 1990–2002 |
Jahrgang 1936

Herr Stolpe, auf dem Weg zu unserem Gespräch habe ich in der Zeppelinstraße an einem Haus gelesen: Kapitalismus ist blöd! Wie kommt es, dass 25 Jahre nach der Wende diese Sprüche an den Häuserwänden stehen?

Blöd würde ich gar nicht sagen, eher bedrohlich, weil es eine Gesellschaftsordnung ist, die mehr auf Egoismus setzt als auf Gemeinsinn. Das macht Angst. Es ist eine Gesellschaftsordnung der spitzen Ellenbogen. Das empört die Menschen, besonders junge. Und dagegen rebellieren sie und wollen die Verhältnisse ändern. Es gab immer schon Ansätze, Kapitalismus zu entschärfen – das ist aber schwierig. Die gefährlichste Ausprägung ist das Finanzkapital. International organisiert entgleitet es dem Zugriff der einzelnen Staaten, und man hat den Eindruck, dass wir an einen Punkt gekommen sind, wo Regierungen eigentlich nur noch – Spielball sind, wäre vielleicht zu locker gesagt –, also wo Regierungen oft gesteuert werden von Kapitalinteressen.

Was meinen Sie mit entschärfen?

Es gibt immer wieder Versuche, das System aufzulockern und auch dem Individuum eine Gemeinschaft zu schaffen. Das Genossenschaftswesen ist dabei eine wichtige Möglichkeit. In der DDR war es viel ausgeprägter, und ich bin froh, dass es jetzt wieder in ganz Deutschland Fuß fasst. Es gehört zu den Strukturen und Verhaltensmustern aus der DDR-Zeit, die nun in Deutschland angekommen sind. Wie andere Dinge auch – das Ampelmännchen ist der harmloseste Fall dabei.

Nicht gerade von Bedeutung.

Aber mit Symbolwert.

Den hat es. Aber gegen das Finanzkapital hilft es nicht. Was wäre wirklich zu tun?

Die Staaten müssten das mehr kontrollieren. Die Staaten müssten eingreifen. Die Staaten dürften gar nicht erst in die Lage kommen, mit Steuergeldern ins Schleudern geratene Banken aufzufangen. Ich hoffe, dass es auch irgendwann mal gelingt, durch internationale Absprachen und Abkommen zwischen den Staaten die Herrschaft der Banken zu beenden.

Diesen Zustand gab es in der DDR.

Sicher, in manchen Bereichen ist stärker auf den Gemeinsinn orientiert worden, und dennoch war die DDR nur ein kleiner Teil in der internationalen Wirtschaftsverflechtung. Ihr ökonomisches Überleben hing am Ende davon ab, ob sie genügend Finanzkapital aus dem Westen bekommen hat. Insofern waren die Überlegungen, hier wird eine Variante, eine bessere gesellschaftliche Variante aufgebaut, von vorne herein gefährdet.

Haben Sie das als junger Mann so empfunden: DDR als bessere Variante?
Als Jugendlicher war mir das alles fremd. Richtig wahrgenommen habe ich den 17. Juni mit seinen Auswirkungen. Beim nächsten größeren Einschnitt, dem Mauerbau, da war ich schon im Berufsleben. Diese Zeit habe ich dann sehr aktiv zwischen Potsdam und Berlin erlebt.

Im gleichen Jahr haben Sie geheiratet. 1961 hat zwei Seiten für Sie.
Ja, gerade deshalb blieb ich hier und bin nicht weglaufen.

Sonst vielleicht doch?
Nein. Niemals weglaufen.

Hat das was mit der Dickschädligkeit zu tun, die man Ihnen nachsagt?
Das ist Naturell, nennen Sie es ruhig Dickschädligkeit, das ist der Typ des Nordostdeutschen, der ja nicht so schnell aus der Ruhe zu bringen ist. Aber, wenn man sich es genauer anguckt, ist die Glaubensüberzeugung dann der andere Teil, der für mein Verhalten eine Rolle spielt.

Das habe ich mich gefragt: Ist es in die Wiege gelegt, ist es Erziehung, ist es der Glaube?
Alles ein bisschen.

Sie wirken immer freundlich, geduldig – nie ein Zeichen von Ärgerlichkeit oder von Zorn. Gibt es das nicht?
Ich habe in der Tat eine gewisse Grundgelassenheit. Das ist Naturell und hat mit meiner frommen Mutter zu tun. Sie hat mich von früh an in kirchliche Bindungen einbezogen. Das hatte Einfluss auf mein ganzes Leben, hat zum Beispiel meine Berufswahl verändert.

Wie kam das?

Eigentlich wollte ich Richter werden. Das war mein Berufsziel, aber das ging nicht durch meine Nähe zur Kirche und zur Studentengemeinde in Jena. Ich habe an der Friedrich-Schiller-Universität Rechtswissenschaft studiert, und meine Kirchenbindung gefiel den Uni-Leuten nicht. Ich wurde also nicht weitervermittelt. Wie das eben so geht. Ein alter Professor setzte sich für mich ein – trotzdem wurden meine Zensuren gedrückt und in Marxismus-Leninismus und Politischer Ökonomie bekam ich eine Vier.

Hatten Sie die verdient?

Nein. Ein Satz dazu: Mir wurde gesagt, ich wüsste ja alles, aber ich würde reden wie ein bürgerlicher Kritiker, und das sei für eine sozialistische Universität nicht tragbar. Ich habe mich dann selbst gekümmert und bekam schließlich ein Angebot von der Rechtsabteilung bei Jenapharm. Aber meine Mutter hatte inzwischen mit der Kirche in Greifswald gesprochen, kurz gesagt: So kam ich in eine Juristenstelle bei der evangelischen Kirche. Ich war insofern interessant für sie, als ich der Einzige war, der ein komplettes juristisches DDR-Studium hatte. In Berlin machte ich noch mal Jura an der Freien Universität und absolvierte danach noch eine juristische Ausbildung bei der Kirche. Ich bin also Jurist dreier Rechte.

Da konnte ja nichts schiefgehen.

DDR und Bundesrepublik und Kirche. Wegen dieser Erfahrungen nahm ich von Anfang an immer teil an Verhandlungen mit dem Staat. Ich habe von 1959 bis 1990 auf allen Ebenen und mit allen Instanzen Verhandlungen geführt. Das war ein großer Vorteil. Ich habe relativ bald begriffen, dass diese einheitliche Staatsgewalt doch nicht so einheitlich ist. Dass es Unterschiede macht, was Parteien sagen, was Verantwortliche der Bezirke sagen und was dann Ministerien sagen. Man muss da fein zuhören. Und in diesem Zusammenhang wusste ich dann oft mehr als meine Gesprächspartner. (Stolpes Handy klingelt) Das bin ich, tut mir leid. Ich erwarte einen Anruf.

Die Unterbrechung ist vielleicht ganz gut, Sie galoppieren mir jetzt zu schnell durch die Zeitgeschichte. Bei Kriegsende waren Sie zehn Jahre, wie haben Sie das erlebt?
Ich bin die ersten Kriegsjahre in Stettin gewesen, zusammen mit meinen Eltern. Dann war es ja so, dass eine Reihe von Bomberangriffen, die Richtung Berlin fliegen sollten ... (Telefon klingelt erneut)

Sie sind noch sehr aktiv, Sie können's nicht lassen?
Ich mache das, was mir Freude macht. Das ist ja das Schöne an einem Rentnerleben, dass man in der Regel sagen kann, das mache ich und das mache ich nicht. Im Moment (September 2014, d. A.) unterstütze ich einige Menschen, die ich für geeignet halte, hier auch weiter Politik zu machen.

Sie machen Wahlkampf.
Nicht ganz – keine Kundgebungen, keine Beschimpfungen anderer Parteien, sondern Gespräche zum Beispiel über Zeitgeschichte. Eigentlich das, was wir jetzt hier machen, das mache ich auch.

Sind die Leute interessiert?
Ja, erfreulich viel. Es geht dabei um ihr Leben und Erleben. Mir ist auch sehr wichtig, junge Leute dafür zu interessieren.

Dann erzählen Sie bitte weiter. Wir waren beim Kriegsende ...
Richtig, diese Bombenangriffe, zum Teil durch Kampfverbände der Amerikaner und der Engländer, die nicht bis Berlin durchkamen und ihre Bomben über Stettin abschmissen.

Das war gefährlich.
Ja, aber vor allem war es interessant für mich. Ich hatte keine
Angst. Ich fand das furchtbar spannend und wollte immer raus-
laufen. Meine Eltern brachten mich deshalb zur ostpommer-
schen Verwandtschaft. Da war noch richtiger Frieden. 1944 dann
zurück nach Stettin, weil meine Mutter meinte, jetzt hat das
keinen Zweck mehr da oben, der Junge ist zu nah dran an der
rollenden Front – also zurück, und von Stettin aus sind wir nach
Greifswald gegangen.

Ihre Jugendjahre fallen in Nachkriegszeit, SBZ, Gründung der DDR.
Eine hochpolitische Zeit.
1953 ist meine erste deutliche Erinnerung. Da habe ich also mitbekommen, wie am 10. Juni vom neuen Kurs gesprochen wurde.
Die Lehrer sagten, es wird jetzt alles wieder anders. Die Maßnahmen werden gemildert, die da 1952 beschlossen worden sind.
Und dann kam eine Woche später die große Enttäuschung, dass
alles wieder zurückgerollt wurde mit der Demonstration und
dem Einsatz von Panzern. Das ist für mich so eine Art prägende
Erfahrung gewesen. Man darf, wenn man auf Veränderungen
hofft, nicht außer Acht lassen, dass alles wieder zurückgedreht
werden kann. Das war ja 1954 in Polen, in Ungarn 1956, 1968
in der ČSSR, und immer wieder dieselbe Erfahrung: Es werden
dann Panzer eingesetzt. Das war für mich der Hintergrund, als
die Ereignisse 1988, 89, 90 losgingen.

Wie konkret sind Ihre Bilder der Erinnerung – was ist sofort da, wenn
Sie an diese Zeit denken?
Die Kirchen, die rappelvoll waren. Ich hatte in meiner Funktion
als Verhandlungsführer für alle DDR-Kirchen mitbekommen,
was sich in Leipzig anbahnte. Da war ja bis Mitte September ein
Sammelpunkt in der Nikolaikirche für Leute, die raus wollten:
Wir wollen weg – das war der Ruf. In Berlin waren es mehrere

große Kirchen, wo sich Leute versammelten, wie die Sophien-kirche, Erlöserkirche, Gethsemanekirche. Die Kirchengemein-den kümmerten sich. Eigentlich wollten sie, dass die Menschen dableiben. Das war die Linie der Kirche. Der Bischoff, der ständig gesagt hat, ihr werdet hier gebraucht und auf Ärzte schimpfte, die nach dem Westen abhauten. Das fand alles öffentlich statt. Es gab freilich ein starkes Aber: Die Menschen, die inzwischen alle Brücken in der DDR abgebrochen hatten. Für sie war die Kir-che *die* Instanz der Hoffnung. Ich habe für über dreißigtausend Ausreisewillige in Zusammenarbeit mit dem Rechtsanwalt Vogel die Ausreise vermitteln können. Das war die Erwartung, die 1988 einsetzte. 1987 gab's auch eine große Hoffnung: Honecker fuhr nach Bonn.

Das veränderte die Situation?
Ja, doch, es gab Auflockerungen. Wir konnten plötzlich in den Kirchenzeitungen schreiben, was wir für richtig hielten. Ein Olof-Palme-Marsch wurde genehmigt, eine Demonstration quer durch die ganze DDR mit Plakaten und Sprüchen. Es war ein Jahr der Bewegung.

Was bedeuteten für Sie Glasnost und Perestroika?
Hoffnung. Das war die Hoffnung. Wir hatten ja mehrere Situa-tionen, bei denen wir Hoffnung schöpften. Von 1961 bis Anfang der siebziger Jahre ging es darum, sich zu behaupten, Schritt für Schritt kleine Erleichterungen aushandeln, was schwer genug war, weil die harte Hand von Walter Ulbricht eigentlich immer drauf lag, dass die Kirchen nicht zu üppig wurden. Willy Brandts neue Ostpolitik war das erste Signal, wo wir sagten: Halt, da könnte sich hier ein bisschen mehr Raum zum Atmen ergeben. Wandel durch Annäherung – gekrönt durch die Schlussakte von Helsinki: 1. August 1975, ganz wichtiges Dokument. Drei Körbe. Korb 3 die Menschenrechte. War schwer zu bekommen der Text.

In der DDR, im Land, wurde es nicht abgedruckt. Aber als Argumentationsmaterial brauchten wir den Text. Wir hatten gute Kontakte nach Berlin West und haben dort ein »Neues Deutschland« mit dem Text nachdrucken lassen. War ziemlich schwer wegen des anderen Papiers. Dann kursierte es hier. Es machte einfach Mut – nicht die DDR zu stürzen, aber es machte Mut, für mehr Freiheiten einzutreten.

Eine bessere DDR?
Eine verbesserte. Die Kirchensynode des Bundes der evangelischen Kirchen in der DDR hatte 1982 in Dresden getagt, und ihr Thema war: Verbesserlicher Sozialismus. Die SED-Spitzen sprangen aus dem Anzug: Die DDR ist nicht zu verbessern. Das ist Konterrevolution. Im Grunde hatten sie ja recht.

Welche Rolle spielte Gorbatschow?
Die Trumpfkarte für Veränderungen war wirklich die Schlussakte von Helsinki. Keine Trumpfkarte war Gorbatschow. Er war für uns die große Hoffnung, und er wurde umjubelt, wenn er hier ins Land fuhr, er war ja auch in Potsdam, ich glaube, 1988 oder 1987, und war der Hoffnungsträger, aber die politische Führung der DDR hat von Anfang an dagegen gehalten. Bis dahin, dass das Wort Reformen ja ein Unwort war. Sie kennen das ja, von Kurt Hager.

Ja, diese Geschichte, dass man nicht neu tapezieren muss, nur weil der Nachbar es tut. Das ist die eine Seite – was wollten Sie?
Wir – die Kirche – hatten ganz, ganz schlechte Karten.

Ich meine Sie persönlich, Manfred Stolpe.
Keine großen Programme, sondern ganz konkrete Änderungen: mehr Meinungsfreiheit. Mehr Möglichkeiten, sich zu organisieren. Das war ja ganz spannend mit den Oppositionsbewegungen.

Eine Überprüfung von Verwaltungsentscheidungen, eine unabhängige Verwaltungsgerichtsbarkeit, Reisefreiheit und Möglichkeiten für eine effektivere Wirtschaft, das heißt, für kleinere Unternehmer ein bisschen mehr Bewegungsfreiheit. Das waren vier, fünf Punkte.

Nicht viel eigentlich.
Nein, das war nicht viel. Wir haben nicht den Sturz der DDR gefordert. Wir wollten wirklich, so wie es 1982 schon mal programmatisch angekündigt wurde, wir wollten einen verbesserlichen Sozialismus, eine bessere DDR. Und wir haben darunter gelitten, dass 1988/89 nicht die geringste Bewegung gemacht wurde. Der Honecker kam zurück aus Bonn, ein Höhepunkt seiner Karriere, war krank und ließ sich von Günter Mittag vertreten, ausgerechnet.

Das war der Sommer 1989.
Es fing an mit der Bonnreise und dann gab es immer mehr Verhärtungen, Aktionen gegen kirchliche Gruppen: Zionskirche Berlin, Inhaftierungen. Ich habe vierzehn Tage zu tun gehabt, um die wieder aus der Haft rauszukriegen.

Schreckliche Sachen, die da passiert sind?
Mit dem Wort schrecklich bin ich vorsichtig. Wissen Sie, das kommt mir immer zu nahe an die Gleichsetzung von Nazi- und DDR-System. Das ist ja eine beliebte Geschichte heutzutage. Eine andere Sache, um die ich mich jetzt kümmere, ist, die Jugend zu immunisieren gegen Naziparolen, also zivilgesellschaftliche Aktivitäten gegen Rechtsextremismus zu unterstützen wie Sportvereine und Kulturgruppen. Neulich sagte mir in Prenzlau ein Neonazi: Was habt ihr gegen uns? Die Nazis sind doch nur so gewesen wie die DDR, und die DDR war ja nicht schlimm.

Was sagen Sie dazu?

Ich antworte, die einen haben Aktenberge produziert und die anderen haben Leichenberge produziert. Diese verdammte Gleichsetzung von Nazisystem und DDR ist ganz schlimm, gibt den Nazis Auftrieb. Es ist ein falsches Argument.

Sie wollten eine verbesserte DDR. War die Demonstration am 4. November auf dem Alexanderplatz eine Möglichkeit?

Ja, klar. Der 4. November war einerseits das politische K. o. für die SED-Führung und zugleich eine große Hoffnung, dieses Land zum Guten – ist nicht das richtige Wort – zu einem freiheitlicheren Land werden zu lassen. Doch dann kommt der 9. November, und all die klugen Menschen, die am 4. November gesprochen haben und Ideen entwickelten, wie man das Land hier verändern konnte, fanden plötzlich kein Publikum mehr. Das ist ein Nebeneffekt der Maueröffnung, aber ein gravierender. Insofern war der 9. November eigentlich das wirkliche Ende der DDR. Soll ich Ihnen da mal eine kleine Geschichte erzählen?

Ja, gerne.

Ich hatte in diesen Monaten viel Kontakte, auch mit Leuten aus westlichen Staaten, die kamen und fragten nach meiner Meinung. Ich war überrascht, dass diese Politiker die großen Demonstrationen hier nicht ernst genommen haben. Das gibt's überall bei uns, sagten sie. Sie hatten nicht den Eindruck, dass die Existenz der DDR dadurch gefährdet war. Das, was die beeindruckt hat, war der Mauersturm. Dass die Bevölkerung die Sache sozusagen selber in die Hand nahm und Souveränität zeigte. Da hatten sie den Eindruck, jetzt ist die DDR kaputt. Was wird jetzt? Die Franzosen wollten das nicht, die Briten wollten das auch nicht. Wie geht das jetzt weiter? Was kann man denn machen? Wählen. Die Sowjets waren dagegen. Ich wurde einige Male eingeladen in die sowjetische Botschaft. Gespräche unter vier Augen. Einmal war ein Politbüromitglied dabei. Nach dem 9. November haben auch die Sowjets zu entscheiden gehabt, die DDR gewaltsam aufrecht-zuerhalten oder die Verbindung mit dem Westen aufzugeben oder die Zusammenarbeit mit dem Westen weiterzuführen. Das Politbüro unter Gorbatschow entschied sich für die Zusammen-arbeit mit dem Westen. Das war Mitte Februar 1990. Eine Woche später fuhr der Kohl dahin. Und da haben die ihm dann gesagt: ja, ja, die können alle wählen – und Kohl hat sich als großer Sieger aufgestellt. Aber eine Woche vorher war Hans Modrow in Moskau gewesen und hat auf die russische Frage: Kann man das machen mit den Wahlen? ... darauf hat er gesagt: Ja, wir gehen nicht unter dabei. Langfristig hat er ja Recht behalten.

Wie meinen Sie das?
Na, gucken Sie sich doch das Land Brandenburg an.

Brandenburg ist sozusagen der Erbe der DDR?
Nein. Aber wir – ganz besonders Regine Hildebrandt –, wir haben uns immer gegen jede Verteufelung der DDR und gegen die übliche Schwarz-weiß-Malerei gewendet und uns bemüht, wei-terzuführen, was an sinnvollen Dingen geschaffen worden ist. Jetzt müssen wir aber noch mal über die Gewaltfreiheit reden.

Ja, bitte.
Anfang September 1989 sagte die Kirche: Wir werden keine Ver-handlungen mit dem Staat mehr führen, weil das alles nur Hin-halte-Geschichten sind. Dann kam der 9. Oktober in Leipzig – es waren immer diese Montage – mit der Frage, werden die Gewalt einsetzen? Und es gab die Entscheidung von Egon Krenz, damals der Verantwortliche für Sicherheit: Wir werden nur schießen, wenn wir angegriffen werden. In den Kirchen wurden die Leute ja vorher gesammelt, in Leipzig waren das zwölf Kirchen rund um den Ring herum. Und die Pfarrer, die haben diese Leute ja

nicht alle zum Christentum bekehren können, aber sie haben sie dahin gebracht: keine Gewalt, keine Gewalt! Kerzen statt Steine. Die Staatsmacht hatte doch damit gerechnet, dass gelyncht wird, dass Parteizentralen abgebrannt werden.

Also das Schreckensbild von 1953.
Genau das haben die gedacht. Und das war nun ganz anders, und dann am 16. Oktober wieder eine große Demonstration, wieder alles friedlich ... und was nicht ganz geklärt ist, was mir keiner richtig sagen kann, ob vor dem 16. Oktober Honecker und Mielke gesagt haben: Ihr müsst die Waffen einsetzen, denn das ist doch Konterrevolution. Das kann mir keiner genau sagen. Krenz ist da fair – der will Honecker nicht belasten, also der sagt da nichts. Den Krenz müssen Sie mal besuchen.

Sie glauben, was er sagt?
Das Meiste ist sehr glaubwürdig, was er geschrieben hat. Das deckt sich zum Teil mit meinen Beobachtungen. Am 18. Oktober wurde Honecker abgelöst, und am 19., also noch am 18. nachmittags, kam der Kontakt von dem Büro von Krenz: Können wir morgen eine Beratung machen mit den Spitzen der evangelischen Kirche? Die fand am 19. Oktober statt.

Und was kam dabei raus?
Da hat dann Krenz gesagt: Wir werden Meinungsfreiheit zulassen, wir werden die Oppositionsgruppen zulassen, wir wollen auch wirtschaftliche Verbesserungen durchführen, wir werden eine Verwaltungsgerichtsbarkeit machen, alles, alles dabei und alle Leute können bis Weihnachten reisen. Bis Weihnachten können alle ohne Anträge und ohne Komplikationen reisen.

In den Westen?
Natürlich!

Also sie, die Kirchen, haben das eingeleitet, was dann Schabowski trottelig und angeblich versehentlich ...

Nein, nein, wir haben gar nichts eingeleitet. Wir waren eher ein bisschen skeptisch und wollten das nicht groß rausposaunen. Denn da gab es ja noch Unberechenbarkeiten, und zum Schluss wären wir die Dummen dabei gewesen. Also die Kirchenvertreter, die dabei waren in dem Gespräch in Hubertusstock in der Schorfheide, haben das im Wesentlichen für sich behalten oder nur in den Kirchengremien darüber gesprochen. Und dann fragte der damalige Oberbürgermeister von Berlin, Erhard Krack, ob ich nicht ein Gespräch mit Momper, dem Regierenden Bürgermeister, vermitteln könnte. Das war gar kein Problem, der war immer gesprächsbereit. Wir trafen uns am 25. Oktober im damaligen Palasthotel, das ist ja inzwischen abgerissen. Da gab's ein Rosenzimmer, so ein bisschen verwinkelt um die Ecke, und einen kleinen Salon. Und da kamen dann Krack mit Schabowski und Momper mit Schröder. Der Berliner Generalsuperintendent Krusche und ich waren die Gastgeber. Und die haben sich unterhalten über alles Mögliche und dass Veränderungen kommen werden und dies und jenes. Und dann sagte zum Schluss der Schabowski zu Momper: Herr Momper, richten Sie sich darauf ein, die kriegen alle die Reiseerlaubnis und kommen alle nach Berlin West.

Das klingt ja wie eine Drohung.

Richten Sie sich darauf ein, sagte er, damit sie nicht überrannt werden. Die haben dann Vorbereitungen getroffen, mit dem Verkehrsnetz und allem drum herum. Die gingen in Wartestellung. Und dann kam dieser Schabowski mit seinem Versprecher. Was die meisten Leute nicht so richtig verstanden haben. Haben Sie das verstanden, was er sagte?

*Nein, ich hab es gar nicht gesehen. Ich bin nur am nächsten Morgen
ins Fernsehen raus, und da war die Hölle los und wir sind raus und
haben gearbeitet.*

Also, Momper ist sofort ins Westfernsehen, in die Abendschau,
gegangen, und da sagte er: Heute können alle frei reisen. Der hat
sich gar keine großen Gedanken gemacht, dass das ja alles organisiert werden muss mit den Stempeln in den Personalausweis und
der Ausgabe der Stempel. Er ist dann noch mal ins Studio. Sein
O-Ton: Ihr könnt alle kommen, wir freuen uns auf euch, aber
lasst die Trabis zu Hause. Wissen Sie, wenn da so ein lebensprak-
tischer Satz dabei ist – da haben's die Leute geglaubt. Und dann
standen sie da und wollten rüber. Sie kennen die Geschichte
natürlich mit der Bornholmer Straße und der latenten Gefahr,
dass Waffen eingesetzt werden.

Haben Sie das auch befürchtet?

Ja. Im Nachhinein erfuhr ich, dass der Krenz schon am
4. November gesagt hat: Es wird nicht geschossen. Den Grenzern
war also schon am 4. November klar gewesen: nicht schießen.
Und am 9. galt das im Prinzip auch, aber das wusste man ja nicht.
Ein guter Freund von mir wohnte direkt am Checkpoint Charlie. Er ist dann runtergegangen und hat dort miterlebt, dass es
ganz kurz vorm Schießen war. Checkpoint Charlie fiel friedlich,
als die ersten Heimkehrer aus Westberlin zurückkamen. Als die
braven DDR-Bürger, die am nächsten Morgen arbeiten wollten,
schnell noch nach Hause gingen.

War das Ihr schönster Tag?

Es war der Tag, an dem ich mehr Angst hatte als am 13. August
1961. Damals habe ich hier in der Nähe von der russischen Ka-
serne gelebt, und die Panzer rollten ununterbrochen. Da habe
ich gedacht, jetzt gibt's Krieg. Und in dieser Nacht des 9. November 89 hatte ich große Sorge, dass doch geschossen wird. Ich war

erleichtert, als mein Freund mir sagte, dass am Checkpoint Charlie nicht geschossen wurde. Da habe ich geschlafen wie ein Bär.

Was hätten Sie gern in die Einheit mitgenommen aus dieser Zeit?
Es entstand damals ein wunderbarer Verfassungsentwurf – für einen Weg der sozialen Gerechtigkeit und Solidarität in der Gesellschaft. Wenn Sie diesen Entwurf neben die Brandenburger Verfassung legen, dann sehen Sie, dass wir doch einiges mitgenommen haben, in diesem Sinne auch aus der DDR.

Ein Stückchen gerettet ...
Natürlich. »Kleine DDR« – für manche Leute ist das ein Schimpfwort. Ich hab das nie als Schimpfwort empfunden. Weil: Wir wollten eben auch gute Sachen mitnehmen.

Herr Stolpe, was nehmen Sie der DDR übel?
Die DDR war ein Produkt des Krieges, und was hätten ihre Politiker anders machen dürfen? Letzten Endes waren sie doch an der Leine Moskaus. Leider hat die SED verpasst – ja, wann wäre der Zeitpunkt gewesen, vielleicht wirklich schon 1985 – jedenfalls hat sie verpasst, dem Vorbild des großen Bruders zu folgen und über Veränderungen nachzudenken. Da wäre die DDR vielleicht noch zu erhalten gewesen. Aber wenn ich mich jetzt unterhalte mit Leuten, die damals Verantwortung hatten – ich treffe keinen mehr, der glaubt, dass man die DDR hätte erhalten können. Ich hatte ja immer auch Kontakte gepflegt mit der sowjetischen Botschaft und mit Polen und Ungarn ganz besonders, die waren ja da in einer gewissen Bedrängnis gelandet in DDR-Zeiten. Wir Kirchenleute waren immer, mit den Kulturschaffenden, noch die Einzigen, die zu den Empfängen hingingen, und da hat mir ein Gesandter, ein späterer Botschafter, bei einem der Treffen in der Botschaft gesagt: Wetter ist schön, wir gehen mal draußen spazieren. Klar, der wollte nicht abgehört werden. Er fragte

mich: Was glauben Sie, wenn die DDR-Bürger sich frei entscheiden können: Teil der Bundesrepublik zu werden oder selbständiger Staat zu bleiben wie Österreich, wie würden die sich entscheiden? Ich hab rumgeeiert. Er sagte: Die würden wohl zur Bundesrepublik gehen. Dieses wunderbare Schaufenster gleich nebenan, man denkt, das ist das Schlaraffenland, das Paradies auf Erden. Die Mehrheit wird dahin wollen. Das sagte er 1988.

Die haben also alle möglichen Varianten überlegt. Ich habe nicht geglaubt, dass die Sowjetunion uns aufgeben wird als DDR. Ich habe geglaubt, gehofft, dass man mehr Meinungsfreiheit erreichen kann, wirkliche Wahlen – das war ja eine Peinlichkeit –, unabhängige Gerichte, Reisefreiheit, wirtschaftlich im RGW-Bündnis bleiben, im Bündnis militärisch bleiben – und die Freiheiten von Finnland. Das war meine Vorstellung. Was dann passierte, ist am Ende kein Unglück und der Lauf der Geschichte gewesen.

Das Rad der Geschichte rollte eben so.
Ja, im Herbst 89 war es so.

War das die Wende, die Sie wollten?
Ich wollte es anders haben durch den Einigungsvertrag. Im Nachhinein muss ich sagen, es stimmte, dass es nur ein Zeitfenster gab, Deutschland zusammenzuführen. Das habe ich zunächst ziemlich bezweifelt. Ich habe es begriffen im August 1991, beim Putsch in Moskau.

Was halten Sie der DDR zugute?
Trotz aller Bedrängnisse – es war leichter, Gemeinschaft zu pflegen, es war leichter zusammenzuhalten.

Auch eine schöne Sache.
Das ist eines der Ziele der brandenburgischen Landesregierung: Arbeit, Bildung, Zusammenhalt.

Türen zu öffnen ist gar nicht so schlecht

HANS-JOCHEN TSCHICHE
Satuelle bei Haldensleben | Theologe, Politiker, Autor | Jahrgang 1929

Sie wohnen in der Straße des Friedens, typisch DDR?
Ja. Jedenfalls im Wortlaut. In der Wirklichkeit war es etwas komplizierter.

Wie war es da?
Ich hab schon Ende der siebziger Jahre begonnen, das zu sein, was man heute Bürgerrechtler nennt. Ich selber verstehe mich als Mensch, der Widerstand geleistet hat, aber ich war kein Feind der DDR, sondern ich hatte eine Hoffnung, nämlich, dass der Sozialismus zwar vom rechten Bahnhof abgefahren und während der Fahrt nur aufs falsche Gleis geraten war. Das war also meine Vorstellung. Mein Ziel war, den realexistierenden Sozialismus zu demokratisieren. Ich wollte nie im Westen ankommen. Das war nie meine Absicht. Ich hab ja in Westberlin studiert. Ich hätte auch im Westen bleiben können, aber ich bin in den Osten gegangen. Das war für einen Theologen und evangelischen Pfarrer vielleicht nicht üblich, aber ich fand den Osten hochinteressant. In der DDR hatte die evangelische Kirche einen großen Stellenwert, denn weit über die Grenzen der Kirche hinaus

hatten die Leute großes Vertrauen zu den Pastoren. Die galten immer als die vom anderen politischen Ufer. Das war ziemlich problematisch. Die evangelische Pfarrerschaft ist ja von Hause aus deutschnational gewesen, und die alten Herren, die waren alle noch Offiziere im letzten Weltkrieg, das spürte man immer noch. Sie waren Antikommunisten, und Bischof Dibelius sagte 1933 von sich, er wäre immer ein Antisemit gewesen. Das ist so diese protestantische Spur. Es gab also eine tiefgreifende Feindschaft zwischen dem Kommunismus auf der einen Seite und den Kirchen auf der anderen Seite.

Das klingt nicht gerade nach gedeihlicher Zusammenarbeit.
Das war auch sehr schwierig und vom Misstrauen geprägt. Es änderte sich aber allmählich. Am Anfang hat man versucht, die Kirche zu unterdrücken. Es gab Enteignungen, es gab Verhaftungen und so weiter. Es änderte sich allmählich, blieb aber immer ein bisschen zwiespältig. Es war eine eigenartige Situation, in die ich irgendwann reinkam.

Wie kommt denn ein braver, junger Theologiestudent aus Westberlin zu den Kommunisten beziehungsweise in die DDR?
Ich bin ja im Osten geboren und kam 1956 hierher zurück, in die Altmark. Warum ich Theologie studierte, kann ich ganz schwer sagen. Ich komme nicht aus einem frommen Haushalt, sondern »ganz normalo«.

Was heißt normalo?
Weihnachten mal in die Kirche gehen und die Kinder taufen lassen. Irgendwie fand ich das aber spannend. Ich hatte immer Neugier auf das, was merkwürdig war. Und ich beschloss, Theologie zu studieren, habe 1948 Abitur gemacht und mich in Leipzig beworben. Da mein verstorbener Vater ursprünglich Bäckermeister war, kam ich nicht zum Studium. Mein Bruder, der viele Jahre

später geboren ist, durfte problemlos zur EOS, weil unser Vater später mal Straßenbahnschaffner war, also Arbeiterklasse. Naja, ich bewarb mich eben in Westberlin. Nun muss man wissen, dass die Westberliner Kirchliche Hochschule eine Einrichtung der Bekennenden Kirche war, die zwar zur Nazizeit eröffnet, aber von den Nazis auch verboten worden ist. Ausbildung und Ausrichtung waren nach dem Krieg für Pfarrer aus dem Osten gedacht. Aber ich hätte natürlich auch nach dem Westen gehen können.

Warum sind Sie zurückgegangen, und was um Gottes willen hatten Sie mit dem Sozialismus am Hut?
Zurückgekommen bin ich, weil ich verheiratet war. Aber das war nicht der einzige Grund. Die andere Sache war die Neugier auf das Neue, was dort entstehen sollte. Das war so. Ich habe gedacht, es ist das bessere Deutschland, insofern, weil mit dem Nationalsozialismus ganz anders aufgeräumt worden war, als das im Westen ablief. Erst seit der Wende gehen die doch überhaupt einigermaßen ehrlich mit ihrer Geschichte nach dem Krieg um. Das ist schon erschütternd, wenn man nur die Fakten betrachtet. Jedenfalls war ich schon ganz am Anfang, 1946, in der Antifa, später dann FDJ, und meine Klassenkameraden sagten: Tschiche, du roter Hund, wenn's anders kommt, hängen wir dich auf! So was hinterlässt Spuren. Aber 1948 bin ich dann aus der FDJ ausgetreten, weil das schon wieder so autoritär wurde. Ich bin ein Mensch, der autoritäres Gehabe überhaupt nicht vertragen kann. Schon im Jungvolk musste ich lachen, wenn die vorne brüllten. Deswegen bin ich nie was geworden. Ich bin so ein antiautoritärer Einzelgänger, der nicht vertragen kann, wenn Leute kraft ihrer Wassersuppe über andere bestimmen.

Was hat Sie an dieser Idee, dieser Gesellschaftsvorstellung gereizt?
Ich war vielleicht auch ein bisschen naiv, das gebe ich ja gern zu. Also, ich habe gedacht, das ist die entscheidende Auseinander-

setzung mit dem Nationalsozialismus. Das war der eigentliche
Grund. Ich war gleichzeitig auch im Widerspruch zu dieser DDR.
1968 hatte ich heftigen Ärger im Zusammenhang mit dem Ein-
marsch der Warschauer-Pakt-Truppen in die Tschechoslowakei.
Natürlich habe ich es abgelehnt, so ein autoritäres System zu
unterstützen. Das war für mich nicht in Ordnung. Solche Sprüche: Der Frieden muss bewaffnet sein, das war nicht meine Linie.
1945 hatte ich mir geschworen: Tschiche, so lange du lebst, nie
wieder Nazis. Nie wieder Soldaten und Nie wieder Krieg. Das
war mein Ernst. Das eine haben wir einigermaßen geschafft, das
andere kaum. Und unterdessen haben wir ja wieder die Men-
schenrechtskriege, die ich katastrophal und falsch finde. Aber
Sie fragen nach der Idee.

Ja, was hat Sie an dieser Idee angezogen?
Es war die Idee der Solidarität und der Gleichheit. Nach dem
Krieg gab ja eine ganze Reihe von deutschen Schriftstellern wie
Arnold Zweig und andere, die aus der Emigration nun in die DDR
zurückkehrten. Nicht nach Westdeutschland. Und es war anfangs
überhaupt noch nicht entschieden, dass die DDR dem realexistierenden Sozialismus ausgeliefert war. Die Sowjets waren bereit,
wenn das ganze Deutschland neutral würde, dann die kommunistische Herrschaft aufzugeben und hier eine parlamentarische
Demokratie zu gründen. Es gab auf beiden Seiten machtpoliti-
sche Interessen, und wir waren sozusagen an der Grenze des Kalten Krieges. Das machte die Sache so schwierig. Ich habe gedacht,
man kann in diesem System auch leben, aber ich habe immer
öffentlich widersprochen, wenn mir was nicht gepasst hat.

Druck von beiden Seiten?
Na, zumindest nachdrückliche Fragen. In dieser Auseinandersetzung hat es mal geheißen, ich sollte meine Pfarrstelle verlassen,
und die Kirche sagte: Wenn Sie nicht gehen, werden Sie verhaftet.

Da habe ich an die SED-Bezirksleitung geschrieben, dass ich mich nicht als Feind des Sozialismus sehe, allerdings die undemokratische Verwaltung der Macht kritisiere. Das war so der Knackpunkt. Die staatlichen Behörden blieben dabei: Feind der Republik. So kam ich also zu siebzig Decknamen um mich drumrum. Das war alles ziemlich aufregend. Auch die Kirche war skeptisch. Jedenfalls sagte der Bischof Krusche nach dem Ende der DDR: Ja, ja, manche sind nur Pfarrer geworden, weil sie nicht in die Politik gehen konnten. Und dann drehte er sich um zu mir. Er hatte Recht: Ich war immer an gesellschaftlichen Vorgängen interessiert. Ich bin nicht dieser privat Fromme, sondern hatte immer den Wunsch einzugreifen, zu kritisieren und zu verändern.

Sie waren aktiv besonders in Friedensfragen.
In den achtziger Jahren, als die Aufrüstung auf beiden Seiten eskalierte, habe ich versucht, ein Netzwerk von Friedensgruppen aufzubauen. Es gab in der DDR die Initiative »Frieden konkret«. Das war das Treffen der evangelischen Basisgruppen, Friedensgruppen, Umweltgruppen, Emanzipationsgruppen, also Schwule, Lesben, Frauen und Dritte-Welt-Gruppen. Den Ausdruck »Frieden konkret« habe ich schon sehr zeitig verwendet. Wissen Sie, weder Staat noch Kirche traten explizit für Frieden ein, das waren so allgemeine Reden. Deshalb »Frieden konkret«. Irgendwann habe ich einen Brief an meine Kollegen in der Kirchenprovinz geschrieben, dass wir uns vernetzen müssen. Komisch – die Briefe sind alle spurlos verschwunden. Die hatte die Sicherheit beschlagnahmt. Die Kirche war böse, weil ich es gemacht hatte, als die gerade zur Synode waren, und befürchtet, dass ich das hinter ihrem Rücken mache. Das war so der Spannungsbogen. Hinterher habe ich mitbekommen, den Leuten, denen ich misstraut habe, hätte ich vertrauen können, und Leuten, denen ich vertraut hab, hätte ich misstrauen müssen. Ich bin nicht böse auf meine Kirche, und ich finde, die evangelische Kirche hat

eine große Leistung vollbracht: keine Gewalt in dieser Wendezeit. Überall, wo wir hinkamen, hieß es: keine Gewalt. Das war
das Stichwort, und das hat ja auch geklappt. Wobei es natürlich
fast überall, außer in Rumänien, gewaltlos abgegangen ist. Manche sagen friedliche Revolution, ich hatte immer Schwierigkeiten
damit. Ich weiß nicht genau, wie ich den Zeitpunkt bezeichnen
muss. Ich sage immer: das Ende der Geschichte der DDR.

Was haben Sie in dieser Zeit gemacht?
Ich war Leiter der Evangelischen Akademie Sachsen-Anhalt in
Magdeburg. Träger waren die Kirchenprovinz Sachsen und die
Landeskirche Anhalt. Das reichte bis Erfurt. Wir hatten aber kein
festes Haus, sondern waren ein Wanderzirkus. Das heißt, wir
fuhren in die Städte. Nach Suhl, nach Erfurt, nach Torgau. Ab
Mitte der achtziger Jahre wurden diese Treffen auch Treffen der
DDR-Opposition. Es kamen also meine Freunde aus Berlin, mit
denen ich bekannt geworden war, weil mein Sohn mich überall mit hingeschleppt hat. Er lebte damals mit Katja Havemann
zusammen. Dadurch hab ich diese ganze Truppe kennengelernt.
Das waren die damals Vierzigjährigen, und ich habe mal gesagt,
ich könnte der Vater von denen sein. Worauf dann Staat und Kirche gesagt haben, der Tschiche ist größenwahnsinnig geworden,
er behauptet, er sei der Vater der Friedensbewegung. Ich hab's
aber biologisch, nicht ideologisch gemeint.

Sie haben schon Einfluss genommen.
Ja, aber ich habe keiner Gruppe angehört, sondern war immer so
ein Netzwerker. Hab versucht, diese Sachen zu verbinden mit der
Aufgabe der Kirche, Demokratie einzuüben. Dazu gehörten die
Wehrdienstverweigerung, die Bausoldaten, die da Friedensdienst
machten. Die wurden als Feinde des Sozialismus und Friedens
diffamiert – da habe ich dann einen Brief geschrieben, einen
offenen Brief, der auch im Westen erschien: dass wir eine Gene-

ration sind, die Krieg erlebt hat, und wir nicht die Feinde des Friedens sind. Mein letzter Satz war: Eine Welt ohne Militär, das wäre eine Alternative.

Eine Welt ohne Waffen – weit und breit nicht in Sicht.
Ja, das ist furchtbar. Und unerträglich ist, dass damit Kohle gemacht wird. Die Frage ist kompliziert, auch heute wieder. Ich habe mich deswegen schon mit Gauck richtig doll angelegt.

Erzählen Sie es?
Das ist so: Ich kenne Jochen Gauck, wir waren 1990 in der Fraktion Bündnis 90 der Volkskammer. Und Gauck gehörte nicht zu den Friedensgruppen. Er ist leider kein Mann des Ausgleichs. Kein Václav Havel. Er spaltet in Fragen von Krieg und Frieden, wo er alles tut, um den Krieg wieder salonfähig zu machen. In der Frage der Menschenrechte, wo er die Kriegsverbrechen wichtiger Verbündeter unseres Landes unter den Teppich kehrt. Und in der Frage, welche Bedeutung der Islam für unser Land hat. Hier distanzierte er sich von seinem Vorgänger Wulff, der gesagt hatte, der Islam gehöre zu Deutschland. Diesen Satz könne er so nicht übernehmen, sagte Gauck der ZEIT. Dem Islamgegner Sarrazin hingegen bescheinigte er »Mut«. Er ist ein Mensch der Freiheit, aber nicht der sozialen Gerechtigkeit – wie noch eine Reihe anderer in diesem Umfeld. Die gehen auf Distanz, wenn ich sage: Der Sozialismus liegt nicht hinter uns, sondern noch vor uns.

Ein weiter Weg allerdings.
Ja, manches braucht seine Zeit. Die DDR wollten wir auch reformieren, aber mit dem Tag der Maueröffnung war die Geschichte der Veränderung der DDR zu Ende. Wir waren die Türöffner für eine neue Zeit, aber die Politik haben andere gemacht. Zu meinem persönlichen Trost sage ich mir dann immer, Türen zu öffnen ist gar nicht so schlecht.

Kommt auf die Tür an und wohin sie führt.
Ja. Ich hab zum Beispiel nicht dem Einigungsvertrag zugestimmt. Und zwar, obwohl ich Theologe bin, hauptsächlich aus ökonomischen Gründen, weil ich wusste – das konnte man sich doch ausrechnen –, der ganze Ostmarkt bricht weg. Das musste ja schief gehen. Und zweitens, die Bundesrepublik befand sich gerade am Anfang einer industriellen Krise, und die brauchten die Kapazitäten nur auszufahren. Die brauchten uns gar nicht. Es war vorauszusehen, dass es so kam, wie es kam. Und ich habe dann, es war, glaube ich, in meiner ersten Rede in der Volkskammer, dieses Vorgehen kritisiert. Es war klar, der Osten wird wirtschaftlich den Bach runtergehen. Meine These war, man sollte warten.

Worum ging es damals den Leuten, wie haben Sie das erlebt?
Ich war ja Gründungsmitglied des Neuen Forums im Bezirk Magdeburg und habe in dieser Zeit, so Ende September bis Anfang November, die Entwicklung hautnah erlebt. Ich hatte ein Büro in der Akademie, und dort kamen alle hin: die Genossen von der Bezirksleitung, die Bürger, die sogenannten Blockparteien, die Gewerkschaften. Das war ein Riesentrubel. Es ging den Leuten um Grundsätzliches. Das Motto »Wir sind das Volk« drückt es ganz deutlich aus: Wir wollen uns selber regieren. Das war die Zeit, als das Neue Forum einen großen Einfluss hatte.

Auch diese Gesellschaftsvorstellung?
Ja, am 4. November hatten wir wie in Berlin hier in Magdeburg eine Demonstration mit diesen Zielen. Da haben alle möglichen Leute gesprochen: gegen den Alleinvertretungsanspruch der SED – für ein demokratisches Staatsgebilde. Es war nicht davon die Rede, dass die DDR beseitigt werden soll. Es war seit Kriegsende meine Überzeugung gewesen: Wer an die Bestimmungen der Potsdamer Konferenz rührt, riskiert den 3. Weltkrieg. Davon war ich überzeugt, aber 1989 war die Nachkriegszeit vorbei. Es

wurden Dinge möglich, die man vorher für unmöglich gehalten hatte. Für mich war völlig überraschend, dass dieser Riesenblock »Warschauer Vertrag« in sich zusammenbrach. Es ist ja nicht nur Ostdeutschland gewesen, es brach ja alles in sich zusammen, und ich vermute, die autoritäre Führung, die keine gesellschaftliche Bewegung zugelassen hat, die hat das selbst herbeigeführt. Wenn Leute nicht eigenverantwortlich mitreden können, dann kann so ein System nicht lange bestehen. Das werden wir in Zukunft öfter erleben. Meine These: Die DDR ist nicht an uns paar Widerständlern zugrunde gegangen, sondern es war das Ende, weil die Leute nicht mehr mitgespielt haben. Das war von innen her zermürbt oder, wie Inge von Wangenheim sagte: Die Fackel der Revolution ist aus gewesen.

Was dachten Sie, was sich im Alltag verändert?
Vor allem habe ich gehofft, dass an den wirtschaftlichen Besitz- und Eigentumsverhältnissen nichts geändert wird. Geblieben ist davon, dass die Enteignungen durch die sowjetische Militäradministration nicht zurückgenommen worden. Die ganze Bodenreform ist ja geblieben, sonst hätte es noch mehr Ärger gegeben. Ich habe auf eine sozial orientierte Demokratie gehofft.

Sie wollten die Eigentumsverhältnisse in Wirtschaft und Banken nicht ändern?
Auf keinen Fall wollte ich die Entwicklung, wie sie dann gelaufen ist. Ich habe immer noch in Erinnerung, dass Helmut Schmidt 1988 in der Akademie in Meißen gesagt hat, dass die Eigentumsverhältnisse egal sind, wichtig sei, dass die Menschen darüber frei entscheiden können. Dass die Eigenverantwortung ungebrochen bleibt. Leider ist dann tatsächlich das passiert, was ich befürchtete: Wir hatten in Ost wie West dann den neoliberalen Kapitalismus mit all den unglaublichen und unmenschlichen Folgen. Ich bin immer voller Zorn, wenn ich mir angucke, was da

alles läuft. Und wenn dann Gauck sagt: Hach, ich bin endlich da angekommen, wo ich immer hin wollte, denke ich, Jochen, ich nicht. Da sind diese Spannungen. Diese westliche Welt bedarf einer gründlichen Veränderung. Mein Hauptvorwurf ist, dass alles, was wir erlebt haben, dazu dienen sollte, die Einweltmachtstellung der Amerikaner zu stützen. Alles andere ist Gerede. Man kann Menschenrechte nicht mit Panzern, Bomben und Soldaten bringen. Man kann Völkermord nicht mit Krieg verhindern!

Unter anderen Verhältnissen?
Ja. Langer Rede kurzer Sinn: Meine Idee war ein demokratischer Staat mit einer hohen Sicherheit in den sozialen Belangen. Keine riesengroßen Unterschiede in den Eigentumsverhältnissen und eine große Gerechtigkeit und Frieden. Das war für mich besonders wichtig. Dafür werden wir ja immer noch belächelt. Ich bin ein Pazifist. Ich weiß natürlich, wir haben ja auch Polizei, dass wir nicht das Paradies auf Erden schaffen können. Wer das will, der schafft den Vorhof zur Hölle, weil er nämlich immer Recht haben will. Aber die Pazifisten erinnern daran, dass es noch einen Traum gibt, der weit weg ist.

Da müssten sich Ihnen ständig die Haare sträuben.
Und da von westlichen Werten zu reden, ist, finde ich, die koloniale europäische Arroganz. Es gibt universelle Menschenrechte, aber an der Rede von westlichen Menschenrechten hängt unausgesprochen die Behauptung, wir sind der bessere Teil der Menschheit. Und wir vergessen dabei zu sagen: Kolonialismus, Unterdrückung, blutigste Geschichte im Mittelalter. Wenn man das dem Christentum alles noch vorhalten würde, wie man das den Kommunisten jetzt vorhält, dann bliebe von uns auch nicht allzu viel übrig. Das ist alles ein bisschen, wie soll ich mal sagen, mir fällt der Franzose ein, der dieses Buch geschrieben hat –

... Stéphane Hessel?
Ja. »Empört Euch«. Dieses Gefühl bewegt mich. Ich bin empört: So wie es ist, geht's eben nicht. So kann es nicht bleiben. Lasst uns widersprechen und lasst uns suchen.

Sind Sie in der besseren Gesellschaft angekommen?
Im Ganzen natürlich nicht. Die Situation ist anders geworden. Wir haben den Rechtsstaat. Dass es da auch Durchstechereien gibt, ist von allen unbestritten. Wobei der Rechtsstaat auch merkwürdige Blüten treibt. Zum Beispiel der Unterschied zwischen dem, was ich vorher erlebt habe und dem, was ich jetzt erlebe: Heute kannst du sagen, die Bundesmutti ist eine dumme Trute, und keiner sagt irgendetwas. Wenn ich aber sage, mein Chef ist ein Arschloch, dann bin ich auf der Straße. Damals konnte ich sagen, mein Chef ist ein Arschloch, aber Honni ist ein Ochse – dann war ich weg. Das ist im Grunde der Unterschied, und das ist für Leute in diesen sozialen Abhängigkeiten viel bedrückender.

Man kann sich jetzt aber wehren.
Das ist richtig. Es gibt aber auch da einen Unterschied: Wer auf Opposition aus ist und auch wahrgenommen wird, der war in der DDR im Paradies. Eine Kerze im Prenzlauer Berg und schon war der ganze Staat aufgeregt. Hier brauchen wir mindestens zehntausend Leute, eh sich irgendein Kamel rührt.

Das ist Demokratie.
Jaja. Ich kann das schlecht beschreiben. Vielleicht Folgendes: Auf einem Treffen der Evangelischen Akademie kam ein ehemaliger Kollege und sagte: Weißt du, Jochen, du hast dich nicht geändert. Du musst immer den Löwen am Schwanz ziehen und gucken, was er macht. Aber ich sag dir eins. Der Westen, da kannst du ziehen und ziehen, der rührt sich nicht.

Gesundheit ist leider
ein Geschäft geworden

PROFESSOR SIEGFRIED VOGEL
Berlin | Neurochirurg | Jahrgang 1944

Was ist die Wende für Sie: Ein Bild, Gedanken, Gefühle?
Viele Gedanken und viele Gefühle. Und ein Erlebnis im September 1989. Vor allem aber bedeutete diese Wende einen jahrelangen Kampf um die Tätigkeit als Arzt. Dazu würde ich schon was sagen.

Erst mal das Erlebnis?
Ich muss vorausschicken, dass im September 1989 Professor Wüllenweber, ein Neurochirurg in Bonn, seinen 65. Geburtstag beging. Es gab zwei Einladungen in die DDR. Professor Lang und ich konnten fahren. Auf dem Rückweg nach Berlin kamen wir mit einem Kollegen von der Freien Universität ins Gespräch, Professor Cervos-Navarro. Wir kannten uns fachlich schon mehrere Jahre. Er sagte uns, er wettet jede Flasche Champagner, dass die Wende kommt. Keine Kunst damals, aber er wurde sehr konkret: Im November würde die Wende kommen. Das konnten wir eigentlich nicht richtig fassen. Es waren mehrere Leute in dem Zugabteil, und alle belächelten diese Idee und besonders den Termin.

Obwohl die Zeit doch eigentlich sehr bewegt war?

Gewiss, aber man konnte sich nicht vorstellen, dass so kampf-
los eine Öffnung der DDR nach dem Westen möglich war, weil
verschiedene ökonomische, politische Gründe eigentlich dagegen standen. Selbst dass eine große Zahl von DDR-Bürgern über
Ungarn geflohen war in den Westen oder die Botschaftsbeset-
zung in Prag und in Warschau – das alles baute natürlich politischen Handlungsdruck nach innen auf, ließ aber nicht zwin-
gend den Schluss zu, dass die Mauer gänzlich fallen würde.

Was haben Sie damals erwartet?

Veränderungen, natürlich, aber ich wusste nicht, welche Richtung die Unzufriedenheit nehmen würde. Ich war viele Jahre
schon in die Friedensbibliothek am Friedrichshain gegangen.
Man spürte ja, dass viele nicht einverstanden waren mit der
politischen Stagnation im Land. Es gab ein starkes Empfinden,
dass diese DDR von Kleinbürgern regiert wird, die eine geringe
Allgemeinbildung hatten und keine Toleranz, weil sie mittelmäßig waren und fürchteten, dass irgendwer schlauer oder mächti-
ger sein könnte als sie. Diese Kleinbürgerei, das ist quasi meine
Wendeerwartung gewesen, würde nun hinweggefegt werden.

Was dann kam, war ...

... nicht zu erwarten gewesen, prägte sich aber als Bild ein. Am
9. November war ich relativ lange in der Klinik, bis 22 Uhr, und
fuhr dann mit meinem Auto von der Charité nach Haus und sah
viele, viele Menschen auf der Luisenstraße. Ich hielt an, weil ich
das ungewöhnlich fand um diese Zeit und fragte vier Jugendliche, und die sagten mir, ja, die Mauer ist offen. Was? Und da
erzählten sie, dass sie an der Oberbaumbrücke nach Kreuzberg
rüber sind und nun über die Sandkrugbrücke wieder zurückkamen. Ich hab das kaum geglaubt und fragte mich: Nur ein
Zufall und bleibt das so?

Ein Zufall mit Folgen.
Ich habe es auf jeden Fall genutzt und bin gleich am Sonntag mit meiner Familie in das Brücke-Museum gegangen. Und die sagten: Sie sind der erste Ossi, der hier zu Besuch kommt, die anderen holen ihr Geld. Und das konnten sie eigentlich überhaupt nicht glauben, dass jemand als Allererstes diese Freizügigkeit genießt und das Brücke-Museum besucht. Das war also für mich auch ein großer Eindruck.

Die schönen Seiten der Wende.
Ein zweites Mal war noch überraschender, ist aber eine längere Geschichte.

Erzählen Sie.
Ich gehe gern, vor allem im Ausland, auf Friedhöfe, weil man dort sieht, wie viel der Mensch anderen Menschen wert ist. Ich kenne zum Beispiel einen Grabstein in Havanna von acht Kindern für ihre Mutter und da steht: Es ist die Mutter, die alle unsere Geheimnisse bewahren konnte. Das ist ein so wunderbarer Spruch und eine so wunderbare Geste. Man lernt auf Friedhöfen viel über das Leben.
Ich ging also am Mehringdamm auf den Friedhof, wo bedeutende Leuten begraben liegen. Am Grab der Familie Mendelssohn war eine alte Dame, die rechte das Laub, weil ja nun schon November war, putzte den Grabstein. Sie guckt so hoch und sah uns vor diesem Grab und sagte: Sie kommen sicher aus Ostdeutschland. Ich sagte: Sehen Sie das – ist die Kleidung zu schäbig oder was ist? Nein, sagt sie, aber es gibt in Westberlin niemanden, der an dieses Grab kommt.

Wer war das?
Diese alte Dame war die letzte Hausangstellte der Familie Mendelssohn in der Leipziger Straße.

Ungewöhnliche Wendeerlebnisse. Was war Ihnen in der DDR – wenn überhaupt – lieb und teuer?

Lieb kann man eigentlich überhaupt nicht zu einem Staat sagen. Lieb ist mir meine Heimatstadt Dresden, meine Tätigkeit damals in der Charité, das Studium hier an der Humboldt-Universität, das alles ist mir sehr, sehr lieb. Es war eine sehr sympathische Atmosphäre zwischen den Kollegen und zu meinem Doktorvater. Das existiert wahrscheinlich heute gar nicht mehr so. Als ich meine Doktorarbeit schrieb – da expandierten wir in dem anatomischen Institut hier in Berlin, und es ging meist in die Nacht hinein, und gegen Mitternacht sah man da bei einigen Assistenten noch Licht. Dann rief man eben an und sagte, möchten Sie noch einen Tee trinken oder ich möchte Ihnen mal eine mehrkernige Nervenzelle zeigen und was denken Sie darüber? Man ging aufeinander zu. Es war also sehr viel Kollegialität da, die heutzutage eigentlich kaum noch vorhanden ist, weil sehr viel Konkurrenzdenken herrscht und Angst, der könnte mir was wegnehmen, also behält man lieber die Dinge, die wichtig sind, für sich. Übrigens habe ich diese Offenheit auch in den USA angetroffen, als ich 1987, noch zu DDR-Zeiten, eine Gastprofessur in Baltimore bekommen habe.

Sie waren in der internationalen Fachwelt ein gefragter Kollege – Arbeitsbesuche u. a. in den USA waren selbstverständlich?

Allerdings erst nach Anwendung meines damaligen DDR-Lebensprinzips, der geordneten Disziplinlosigkeit.

Das klingt subversiv – wie geht das?

Das geht so, dass man nicht alles, was Vorschrift ist, machen muss, sondern dass man sagt: Nein, ich mach das jetzt anders oder das will ich jetzt tun – und dann muss man diesen Willen auch durchsetzen.

Eigentlich ein universelles Prinzip.

Kann sein. In der DDR funktionierte es es auch, zum Beispiel mit der Professur in Baltimore. Ich hatte schon Ticket und Einladung von der Johns Hopkins University dort, kam damit in die Reisestelle der Humboldt-Universität und die sagten, die USA gäbe kein Visum. Ich konnte das gar nicht glauben. Von einer Ungarnreise hatte ich meinen Reisepass noch und ging damit in die amerikanische Botschaft. Das war verboten für DDR-Bürger, aber ich dachte: Darauf lässt du es jetzt ankommen. Es klappte, die Leiterin des Konsulats war perplex. So was hatte sie noch nicht erlebt. Sie sagte, eine solche Courage muss belohnt werden und trug das Visum handschriftlich in meinen Pass ein. In der Humboldt-Reisestelle guckten sie ganz verwundert und haben gesagt: Aha, naja gut, dann fahren Sie eben. Und dann bin ich eben geflogen.

Was war dort anders?

Was mich am meisten verwundert hat, dass diese Kollegialität in den USA die Regel war. Ich hatte ganz andere Vorstellungen von den USA und war gar nicht so erpicht auf diesen Aufenthalt. Ich hab also so viel gelernt von dieser Aktivität, die dort in einem ungeheuren Maße vorhanden ist. Zum Beispiel die These, dass Kunst ein Kreativitätsimpuls für Höchstleistungen im Beruf bringt. Das heißt, ich muss mich nicht nur mit meinem Fachgebiet beschäftigen, sondern meinetwegen zum Konzert des Juilliard String Quartet gehen, so dass man am Sonntagnachmittag in einer vollen Aula war. Das wär in der DDR überhaupt nicht möglich gewesen, die Leute zu aktivieren.

Das war aber doch erklärtes sozialistisches Programm: Kultur für alle. Nein?

Nein, nein. Es ging nur um stubenreine Kultur. Da war eben für Sartre kein Platz, kein Platz für irgendwelche anderen Philosophen, zum Beispiel, ob das nun Schlegel oder andere waren. Es war zwar möglich, sich damit zu beschäftigen, aber das musste man dann schon alleine tun. Die Kleinbürgerlichkeit zeigte sich in den Irrwegen der Kunstbefehle, dass Künstler die Arbeiterklasse und den Kommunismus hochloben sollten. Das ist alles vielleicht gut gedacht – dass man eigentlich Gutes tat und für eine humane Idee kämpfte. Es gibt ja den bekannten Ausspruch von Churchill: Wer mit zwanzig kein Kommunist ist, hat kein Herz. Und wer mit vierzig kein Kapitalist ist, hat keinen Verstand.

Das ist ziemlich apodiktisch. Was ist dann mit Ihnen, haben Sie kein Herz?
Doch, ich habe eben das Herz, das habe ich heute noch. Ich bin regelmäßig in Palästina Westjordanland und arbeite dort zwei Wochen. Die Klinik ist in Ramallah. Das ist schon eine Menge Herz, möchte ich sagen, weil man sich alle Demütigungen gefallen lassen muss, die die Israelis an irgendeinem Grenzpunkt da mit einem machen.

Und wie oft sind Sie dort?
Aller sechs Wochen.

Ist das nicht belastend?
Für mich nicht.

Sie können helfen.
Ja. Das ist für mich wichtig, sehr wichtig. Ich mach das seit vier Jahren. Man weiß, wenn man geht, was beim nächsten Termin zu tun ist. Ich bin letzten Sonntag nach Berlin zurückgekommen und hatte eine Liste von über 30 wartenden Patienten in Ramallah. Das heißt, man erwartet, dass ich pünktlich wiederkomme und dass ich dann weiterarbeiten kann, also dass die Patienten, die warten, dann auch eine Chance haben.

Solche Einsätze haben Sie auch schon früher gemacht?
Zu DDR-Zeiten hab ich mehrmals, also 1982, 1983 und 1985 in Angola an der Universität in Luanda gearbeitet und Studenten ausgebildet. Dort herrschte Bürgerkrieg, und die DDR unterstützte die Befreiungsbewegung der MPLA auf verschiedenen Gebieten mit Fachleuten, natürlich auch und besonders im medizinischen Bereich.

Wer hat Sie denn hingeschickt, die Charité?
Kann man so nicht sagen. Schalck-Golodkowski hatte ein Unternehmen, wo solche Objekte oder solche Aufgaben registriert wurden. Diese Organisation von Schalck-Golodkowski hat dafür eine Menge Valuta eingenommen, und wir haben gar nichts bekommen. Das heißt, wir bekamen pro Monat hundert Dollar.

Sie konnten dort aber helfen, nehme ich an.
Na sicher, hoffe ich. Ja, man war als Arzt für alles verantwortlich, weil es dort nicht um die Frage ging: Was sind Sie für ein Spezialist? Sondern es ging um die Frage: Können Sie hier helfen? Alles, was die Medizin bot, ob es chirurgisch oder nichtchirurgisch war, wurde als Frage an einen gestellt, und entweder konnte man helfen oder man konnte nicht helfen. Man brauchte plötzlich alles, was man im Studium gelernt hatte, von der Hygiene angefangen bis Pharmakologie und von der Chirurgie bis zur Gynäkologie und so weiter. Das war eine der wichtigsten Zeiten in meinem Leben als Arzt, weil man lernte, mit wenig auszukommen. Man hatte schon gelernt in der DDR, mit Mangel zu leben und zu improvisieren, aber in Afrika war das ja um Dimensionen schlimmer. Wenn ein Schiff mit Medikamenten aus der DDR im Hafen lag, dann kamen vielleicht noch zehn Prozent in den Krankenhäusern an, alles andere wurde geschmuggelt.

Wir bleiben noch bei Churchill. Was ist mit Ihrem kapitalistischen Verstand, denn den zu entwickeln und zu praktizieren lernte man ja in der DDR sicher nicht?

Ja, kann man sagen, aber wir haben viele Beispiele von Kollegen, die nach dem Westen gegangen waren vor 1989 und zeigten, dass genügend kapitalistischer Verstand auch in diesen Hirnen war, die das offensichtlich nie gelehrt bekommen hatten. In meinem Selbstverständnis meines Berufes als Arzt und Neurochirurg habe ich die Medizin nie als Geschäft empfunden. Und es ist für mich ein Jammer eigentlich, dass man jetzt am Ende seiner Tätigkeit plötzlich in einer Privatklinik arbeiten und unterscheiden muss zwischen Patienten, die bezahlen können, und solchen, die nicht bezahlen können. Das ist eine ganz schlimme Erfahrung, dass hier in dieser Bundesrepublik Medizin in zwei Klassen oder zwei Schichten abläuft. Und dass die, die nicht zahlen oder gesetzlich versichert sind, ja auch nur eine begrenzte Behandlung bekommen, zum Beispiel bei Tumoren eine Chemotherapie eben nur für ein halbes Jahr, obwohl man weiß, dass man das mindestens ein oder zwei Jahre durchziehen muss. Denen wird die Möglichkeit zum Weiterleben entzogen. Also das sind ganz schlimme ethische Dinge. Aus der kleinbürgerlichen Politik in der DDR, die einen nichtsuffizienten Sozialismus baute, sind wir nun in eine Gesellschaft gekommen, die so tolerant ist, dass sie selbst das Verbrechen toleriert. Und dies ist eine Gesellschaft, die so inhuman ist und unsozial, dass es eigentlich verwundert, wie die Bevölkerung das so hinnimmt und mit wenig kritischem Verstand betrachtet.

Macht Sie das traurig?

Ja. Sehr. Das ist eine ganz schlimme Sache. Ich empfinde es eben richtig wohltuend, dass, wenn ich in Palästina arbeite, die Frage gar nicht steht und ich weiß, dass diese Menschen dort, wenn sie mit einem Hirntumor kommen, in Tel Aviv oder Jerusalem etwa fünfzigtausend US-Dollar zahlen müssten, die sie nicht haben. Und wenn sie dort zu mir kommen, dann behandle ich sie selbstverständlich und Palästina bezahlt die Krankenhausaufenthalte und dann ist das quasi umsonst.

Was hat Sie veranlasst, diesen Berufsweg einzuschlagen?
Der Grund lag in Krieg und Nachkrieg. Mein Vater war 1945 im Oktober von einem betrunkenen russischen Offizier erschossen worden, und meine Mutter musste nun sehen, wie sie sich und zwei Kinder durchbrachte. Der Antrag auf irgendwelche Witwenrente oder so was wurde abgelehnt, und wir bekamen auch keine sogenannte Halbwaisenunterstützung, so dass sie also wirklich immer an der Kante war. Sie schickte mich in den Kreuzchor, weil dort für mich gesorgt wurde.

Das ist aber nicht der übliche Weg zur Medizin.
Nein, aber meine Vorgeschichte.

Hatten Sie denn Stimme?
Ja, sicher. Klar, die war vorhanden und auch musikalisches Interesse. Ich hatte mit sechs Jahren angefangen Flöte zu spielen, mit acht Klavier und mit zehn Jahren dann Trompete. Und da gab es einen Vorbereitungskurs zwei Jahre von acht bis zehn und eine öffentliche Aufnahmeprüfung, wo sehr viel Musikantisches verlangt wurde. Von vielleicht vierzig, fünfzig Bewerbern kamen zwanzig oder achtzehn in den Chor. Und das war mein Glück, dass ich darunter war und auch sofort in die Konzertbesetzung aufgenommen wurde und Konzertreisen mitmachen konnte. Meinen Aufenthalt in diesem Internat mit Essen, Trinken, Musik und Schule bezahlten die Kirche und der Staat, so dass meine Mutter mich nicht versorgen musste.

Sie hätten auch Musik oder Kunst oder Philosophie studieren können?
Das wollte ich auch machen. Ich hatte sehr früh Kontakt mit Künstlern in Dresden, die mich anregten, dass ich auch selber malen und zeichnen sollte. Das hab ich befolgt und wollte dann studieren. Meine Mutter sagte aber, ich solle das beurteilen lassen von einem einem, der Ahnung hat. Da bin ich mit meiner Mappe zu Hans Grundig gegangen. Und Lea Grundig und Hans Grundig haben quasi meine Arbeiten begutachtet und haben gesagt: Ja, mach das.

Damit war alles klar?
Eigentlich ja. Im April 1958 fuhr ich dann mit Klassenkameraden in die Sächsische Schweiz. Beim Klettern bin ich vom Fels gestürzt, etwa zwanzig Meter tief in den Felsen gefallen. Kameraden hörten, wie der Körper aufschlug. Sie dachten, das sei mein Ende. Ich soll gesagt haben: Kam ein Vogel geflogen. Ich lebte also und kam nach Dresden ins Krankenhaus.

Was sagen Sie heute als Arzt?
Gibt's nicht.

Glück gehabt?
Ja. Das war außergewöhnliches Glück. Und dadurch entstand auch das Interesse, Medizin zu machen, aber mehr im Sinne der Neurowissenschaften, neurowissenschaftlich quasi das zu entdecken, was unsere Freude an Kunst ausmacht. Warum wir Musik lieben oder warum wir Bilder gern anschauen und so weiter. Diese Zusage hatte ich von meinem Doktorvater Professor Walter Kirsche und wechselte für das Thema von Dresden nach Berlin.

Und ab da war dann die Charité gewissermaßen Ihr Haus?
Ja, dort habe ich gelernt, und dort habe ich dann auch meinen Beruf begonnen. Ich war damals verheiratet und genau am Tag

des letzten Staatsexamens haben wir unsere erste Tochter bekommen – meine Frau war im Kreißsaal und ich bei der Prüfung. Wir hatten aber nur unsere Studentenbude, also ein Zimmer in Untermiete, und wollten jetzt natürlich eine Wohnung. Und wie das in DDR-Zeiten üblich war, musste man sich anstellen und bekam vielleicht nach zwei Jahren oder wann auch immer eine Wohnung. Das ging manchmal schneller, wenn man irgendwelche Vorzüge hatte, Medaillen, Ehrennadeln oder so.

Hatten Sie welche?
Ich hatte keine – aber ein Staatsexamen mit 1,0.

Das ist ja nicht nichts.
Diese Urkunde habe ich dem Beamten im Wohnungsamt vorgelegt, und der sagte, ich mach gerade Fernstudium und ich weiß, was das bedeutet: Sie kriegen sofort eine Wohnung. Und ich bin also noch an demselben Tag mit einem Schein für eine Wohnung in Adlershof davon gezogen. Es war eine wunderschöne Wohnung, und wir waren begeistert. Das war der einzige Nutzen dieses etwas außergewöhnlichen Examens. Und da fing die Medizin an, und ich blieb eigentlich immer an der Neurowissenschaft hängen.

Sie haben unglaublich viel erreicht auf diesem Gebiet und die Möglichkeiten Ihres Faches erweitert.
Ja, der Abstand zwischen Klinik und Neurowissenschaft war so groß, dass man eigentlich kaum voneinander profitiert hat. Deshalb wollte ich gern direkt mit dem Patienten zum Beispiel neurochirurgisch, neurologisch arbeiten und versuchen, Probleme zu lösen. Ich denke schon, dass im Laufe dieser über 40 Jahre Neurochirurgie schon eine ganze Menge Grenzen überschritten worden sind von mir. Ich habe 2009 meinen zehntausendsten Tumor bei Patienten operiert, das ist ungewöhnlich viel. Norma-

lerweise hat ein Chirurg so um die zweitausend Tumore operiert in seinem Leben. Dass es so viel waren, ergab sich aus verschiedensten Gründen meiner Ausbildung, da ich schon früh selbständig operieren konnte.

Kann es sein, dass Sie auch ein bisschen besessen sind und Ihre Arbeit lieben?
Ja, kann sein, weiß ich nicht. Und ich habe mich immer verpflichtet gefühlt, irgendeine Anforderung, die ein Patient mitbrachte, eine Krankheit, einen Zustand, dann individuell ganz für ihn speziell zu lösen. Mich anzustrengen für jeden Patienten.

Ich habe über Sie gelesen, dass Zeit für Sie keine Rolle spielt. Sie arbeiten vierzehn Stunden am Tag durch oder sechzehn.
Es geht eben nicht nur mit zehn Minuten Sprechstunde oder einmal sehen und nie wieder. Es geht nur mit intensiver Zuwendung. Ich hab viele Patienten, die ich jetzt über zwanzig, dreißig Jahre betreue und immer wieder sehe. Ein Kind zum Beispiel, das ich 1990 operiert habe, das war damals acht Monate jung mit einem Hirnstammtumor, wo alle anderen Fachleute gesagt haben, das kann man gar nicht operieren, das geht nicht. Die Patienten bekämen nach der OP so viele Defekte, dass es kein lebenswertes Leben ist. Da hab ich gesagt, das wissen wir noch nicht. Dann hab ich das Kind operiert – und jetzt nach zweiundzwanzig Jahren habe ich das Mädchen wieder getroffen: Es studiert Medienwissenschaften in Potsdam, hat keinerlei neurologische Defekte, hat eine ganz normale kindliche Entwicklung genommen.

Weil Sie nicht gezögert haben.
Eines weiß ich: Wenn die OP nicht gewesen wäre, dann wär das Kind schon damals gestorben. Zwei, drei Monate hätte es vielleicht noch gelebt. Und solche Erlebnisse gibt es über die Jahre sehr viele, und das ist eben das, wofür man Arzt ist.

Es gibt auch Grenzen.

Medizin und Wissenschaft haben ihre Grenzen, man kann sie Stück um Stück im Interesse der Patienten hinausschieben, aber sie sind nicht ohne weiteres zu überschreiten. Das schmerzt – dann mus man mit dem Patienten auch weinen können.

Sie haben es am Anfang angesprochen: Nach der Wende wurde Ihnen übel mitgespielt. Es ging um Ihre Berufung an die Charite Mitte. Einfach gesagt: Sie wurden weggebissen. Das musste einen Menschen mit Ihrem Engagement doch tief kränken.

Nein.

Das hat Sie nicht verletzt?

Nein.

Es erinnert an Hexenjagd.

Aber, und das war für mich entscheidend, die Patienten haben sich nicht abgewendet, nicht sie lehnten mich ab, sondern das waren Kollegen, die mich verleumdet haben, diffamiert, beleidigt, was weiß ich, die eben um Macht kämpften oder um Ansehen. Denn obwohl es Ostberlin war, war es eben die Charité mit ihrem internationalem Ruf. Und wenn irgendjemand kam, auch aus Westberlin oder Westdeutschland, der eine zweite Meinung hören wollte, ging er eben in die Charité, weil er meinte, das ist die höchste Instanz. Allein aus diesem Grund entstand zum Beispiel hier in Westberlin sehr viel Rivalität. Das kann man sich gar nicht vorstellen, was da gelaufen ist. Die Dinge unmittelbar bei meiner Wiederberufung oder bei der Wiederbewerbung waren völlig undurchsichtig. Es verschwanden Akten, es verschwanden Urteile des Senats. Der Hochschulsenator, der sich damals mit meinem Fall beschäftigte hat, erhielt dann Anrufe von verschiedensten Neurochirurgen der Bundesrepublik, die sich gegen mich stellten.

Das fiel ja direkt in die Wendezeit – hatten Sie damit gerechnet?
Nein, natürlich nicht. Enttäuschung, ich nenn es mal so, schärft allerdings den Blick. Diese ganze Mittelmäßigkeit auch des Westens ... Das war einer der erschreckendsten ersten Eindrücke der Wende. Stellen Sie sich das vor: Alles war offen, man konnte für einen S-Bahn-Fahrschein meinetwegen ins Rudolf-Virchow-Krankenhaus oder in die Freie Universität gehen und konnte sich die Kollegen ansehen beim Operieren – die vorher immer als Götter auf unseren Kongressen erschienen sind. Da kam eben Professor Brock aus Westberlin vorbei und hat uns das Neueste mitgeteilt über neue Techniken, und wir bewunderten diese Leute, und für uns war das so der Maßstab. Und als man dann hinfahren konnte in diese Kliniken, und ich schickte meine Oberärzte gleich in den ersten Wochen in die Westberliner Kliniken, kamen die zurück und sagten, das ist ja ganz mittelmäßig, da ist ja gar nichts Besonderes, die machen ja nichts besser als wir und die haben so viel Möglichkeiten, die sie gar nicht nutzen, also Geräte, die dastehen. Aber auf Kongressen wurde immer betont: Wir machen, nur als Beispiel, Monitoring.

Kurze Erklärung bitte?
Wenn man die Funktionen eines Menschen während der Operation auf dem Bildschirm kontrolliert, das ist Monitoring im OP. Und das ist eben der Widerspruch: Auf Kongressen oder in den Veröffentlichungen stellt es sich glorreicher dar als in der Wirklichkeit. Die ist oftmals sehr ernüchternd. Und das war auch ein Grund, warum dann hier die Charité Mitte, Neurochirurgie, zusammengelegt wurde mit dem Rudolf-Virchow-Krankenhaus Charité. Das war eine ganz merkwürdige Situation. Mein Vertrag lief am 30. September 1996 ab. Keine Stelle in Berlin – dafür wurde gesorgt, so dass zum Beispiel 160 000 D-Mark an den Gesundheitssenator gezahlt wurden, damit ich keine Stelle in Berlin bekomme.

Das ist wirklich so gewesen?

Das hat mir damals der Vorsitzende der Ärztekammer mitgeteilt, dass er davon Kunde bekommen hat, aber er hat mich gleich darauf hingewiesen: Da können Sie nicht zum Staatsanwalt gehen, Sie können das nicht beweisen. Ja gut, ich bin auch zu einem Rechtsanwalt gegangen, der mir dasselbe gesagt hat, das hat keinen Sinn. Das sind gedeckte Kosten, die nirgendwo erscheinen.

Sie wissen, dass das unglaublich klingt?

Also Korruption bei Stellenbesetzung gehört hier zum Gewerbe, ganz normal, wie irgendeine Antragstellung. Der Verwaltungsleiter der Charité Mitte kam zu mir und sagte: Warum packen Sie Ihre Sachen nicht ein, warum räumen Sie nicht das Zimmer? Und ich sage: Na, warten Sie ab. Denn im August hatte mich das Büro des Regierenden Bürgermeisters zum Gespräch eingeladen.

Damals Eberhard Diepgen.

Diepgen war damals der Regierende Bürgermeister. Er wusste von dem Trubel um meine Person, von dem Hin und Her meiner Berufung, von den Patienten-Demonstrationen für mich. Ende September klärte sich die Lage. Es hatte da eine Beratung gegeben: zehn Leute. Mir wurde erzählt: Am Beginn der Sitzung waren neun Leute gegen Sie und einer für Sie -das war Diepgen. Und am Ende der Sitzung waren neun Leute für Sie und nur noch einer gegen Sie. Daraufhin bekam ich einen Vertrag, als Hochschullehrer an der Humboldt-Universität zu bleiben.

Ein Kompromiss?

Deshalb brauchte ich auch das Zimmer nicht zu räumen, sondern blieb. Mein sozusagen-Kollege aus Westberlin vom Rudolf-Virchow übernahm dann die Station, die Abteilung, die ich vorher hatte, und ich sollte in dieser Abteilung weiterhin arbeiten. Als er mich sah und ich ihm sozusagen meine Loyalitätserklärung übergeben wollte mit meiner Bereitschaft, unter seiner Leitung zu arbeiten, da kollabierte er.

Mit Ihnen hatte er nicht gerechnet.
Der Schreck war groß. Er forderte dann von mir, ein halbes Jahr nicht zu operieren, ein halbes Jahr nicht klinisch tätig zu sein. Ich könne alle studentischen Arbeiten machen, ich könnte Doktoranden betreuen und so weiter, aber nicht in Erscheinung treten.

Die Rache des kleinen –
Mannes. Genau. Und es wurde den Schwestern und Ärzten verboten zu sagen, wo mein Zimmer ist. Und sie sollten auf Fragen, wo ich denn arbeite, antworten, sie wissen es nicht. Es gibt mich nicht, obwohl ich zwei Türen weiter mein Dienstzimmer hatte.

Das möchte man fast nicht glauben. Andererseits sind Sie ja kein Einzelfall und natürlich war die Vertreibung der Ost-Eliten und die Neuaufteilung der Claims Teil der schönen neuen Welt nach der Wende. Ich hätte nur nicht geglaubt, dass es so persönlich und mafiös fies war. Wie erklären Sie sich das? Man wollte Ihnen auch politisch am Zeuge flicken, anderen ebenfalls.
Das Politische, das war ja schon weg. Da hatten wir von Gauck diese Persilscheine bekommen, und da war nun eigentlich alles geregelt.

Was dann, der pure Futterneid?
Selbst Regimenähe war dann kein Argument mehr. Nein, der Grund war, dass man eben rein fachlich verhindern wollte, dass eine Stelle kompetent besetzt wird ausgerechnet von einem Ossi – was weiß ich. Da war fast jedes Mittel recht: Ich bekam damals zum Beispiel ein Paket mit einem Strick, eine ganz professionelle Schlaufe, mit so einem gleitenden Knoten. Der dama-

lige Dekan hatte mir kurz zuvor gesagt: Das Beste wär, dich gäb es gar nicht. Wir waren zu DDR-Zeiten nicht befreundet, aber als Kollegen arbeitete man zusammen.

Hat das nicht mal irgendwann Ihr Gottvertrauen in Verhältnisse und zu Menschen erschüttert?
Na, Gottvertrauen in dem Sinne nicht. Es hat aber mein Vertrauen in mich selber nicht erschüttert, im Gegenteil. Es waren immer Patienten da, die mich brauchten – dagegen war das andere wirklich nicht von Bedeutung, muss ich sagen. Die Bestätigung durch die Patienten und dass sie zu mir hielten, das war mir Bestätigung genug.

Sie machten Ihre Arbeit weiter?
Vom Gertraudenkrankenhaus bekam ich dann das Angebot, den Chefarzt zu übernehmen, auch aus kommerziellen Gründen. Dieses katholische Krankenhaus hatte immer schwarze Zahlen geschrieben, also immer mit Gewinn gearbeitet. 1996 kamen sie in die rote Zahlen. Es hatte eine Wende gegeben in der Medizin: Viele Operationen wurden endoskopisch gemacht, die Liegedauer der Patienten verkürzte sich rasant und demzufolge gab es viel zu viel Betten. Leere Betten und ein dafür ausgerichteter Personalbestand. Also zu viel Geld investiert, aber es kam nichts rein. Und da holte man mich in der Annahme, ich würde die Betten, die leer stehen, füllen.

Sie ziehen Patienten nach.
Und so war es. Ich bekam nicht die neurochirurgische Station, sondern die Station, die quasi leer war. Das waren internistische, gynäkologische Betten und so weiter, allgemeinchirurgische. Jedenfalls fing es mit acht Betten an und hörte mit 42 Betten auf. Das heißt, die Station hatte plötzlich hundert Prozent. Das Krankenhaus hatte auch hundert Prozent. Nach einem halben Jahr

sagte der Verwaltungsdirektor zu mir: Es hat sich gelohnt, Sie zu nehmen, wir haben fünf Millionen verdient an Ihnen. So war alles beim Rechten. Ich konnte arbeiten, und das Krankenhaus hatte Gewinn.

Medizinischer Fortschritt minimiert offensichtlich den Gewinn?
Die waren nicht so schnell wie die Medizin. Heute ist das alles geregelt. Heute sind die Kliniken darauf abgestimmt, sie haben viele Betten abgestoßen und Personal vermindert und sich auf diese neuen Methoden eingestellt. Man hat sich so eingestellt, dass der Gewinn fließt. Es ist leider so, dass heutzutage Medizin eben nicht als ethische Aufgabe innerhalb einer Gesellschaft gesehen wird, sondern als Dienstleistungsbetrieb, so wie Wäsche waschen und Autos herstellen und so weiter. Man muss einfach diesem Mitanspruch des Bürgers Rechnung tragen, dass er halt, was weiß ich, Prophylaxe-Untersuchung oder Operation oder Tumorentfernung oder andere Dinge braucht – aber dafür muss er bezahlen. Das ist ganz einfach. Es ist ein Dienstleistungsbetrieb.

Das muss doch gegen Ihre gesamte innere Haltung gehen.
Ja, das ist das, was mich eben so sehr traurig macht, dass man jetzt am Ende eigentlich nichts mehr dagegen machen kann. Es ist ganz gleich, wo Sie arbeiten, ob in einer Privatklinik oder in einer städtischen oder Universitätsklinik, sie sind immer gebunden an den Verdienst und an Gewinn und werden in ihrer Bedeutung nicht an den medizinischen Erfolgen gemessen, sondern eben an dem Gewinn, den sie einspielen. Das kann auch Wissenschaft sein. Da interessiert auch nicht, ob sie irgendwas ganz Umwerfendes entdeckt haben, sondern es interessiert, ob das Geld bringt und dass sie Geld einspielen – Drittmittel nennt man das. Die Stiftungen von irgendwelchen Wissenschaftseinrichtungen, die dann eben Geld spendieren für einen Auftrag,

und der muss dann halt durchgezogen werden und möglichst mit Erfolg. Die Erfolgschance ist natürlich auch wieder eine Verführung.

War das die Wende, die Sie wollten – Ihre Antwort klingt nach Jein. Hin zu Freizügigkeit und sehr guten Arbeitsmöglichkeiten einerseits, aber andererseits eben auch fachliche Enge und ethischer Verfall.
Ja, aber der ethische Verfall ist ja nicht nur in der Medizin vorhanden, der geht ja ringsherum durch diese Gesellschaft. Es gibt kaum noch irgendwelche Dinge, an denen man sich orientieren kann. Es gibt ganz weniges, an dem man sich festhalten kann. Man muss schon sehr suchen und sehr auf der Hut sein.

Was wünschen Sie sich aus den Erfahrungen Ihres Lebens?
Wünschen ...? Anders: Ich bin dankbar, dass wir oder meine Generation zwar im Krieg geboren sind, aber keinen Krieg erlebt haben. Nicht so nah wie damals in Angola oder wie jetzt in Palästina. Wenn ich daran denke ... doch, dann wünsche ich, dass dieser Widersinn an Gewalt in Kriegen und im Alltag aufhört. Aber genau das Gegenteil geschieht.

Wünschen ist zu wenig?
Ja.

Entschuldige mal,
sind wir jetzt hier im Kafka?

JUTTA WACHOWIAK
Potsdam | Schauspielerin und Dozentin | Jahrgang 1940

Was hat Sie in diesen vergangenen Zeiten bewegt?
Ich habe ja nichts zu leiden gehabt. Ich war am Theater engagiert und habe Filme gedreht, ich hab alles Mögliche gemacht. Und das hab ich auch gern gemacht. Und wenn sie uns was verboten haben, dann habe ich gekämpft, dass sie das nicht tun. Das habe ich natürlich auch ein paar Mal erfolglos getan, und dann kommt langsam so eine gewisse Müdigkeit und Lethargie, wo man sagt, wenn's keinen Sinn hat, brauch ich auch keine Briefe mehr zu schreiben oder Telefongespräche zu führen oder irgendwelche Versuche zu unternehmen, dass das in irgendwelchen Etagen auf die Tagesordnung kommt, was hier brennt.

Was wollten Sie verändern?
Es ging mir darum, dass ich die Bevormundung und die Behauptungen der Bestimmer, sie wüssten, was für unser Volk gut ist, einfach unzutreffend fand. Ich hatte die Sehnsucht, dass wir selbst sagen können, was wir mögen, was wir wollen und was nicht. Es gibt viele Möglichkeiten, gerade mit Kunst, Einfluss zu nehmen. Im Grunde haben wir heute das gleiche Problem,

aber original. Bloß, der Gegner ist eben nicht eine Körperschaft, sondern ein Universum. Und da weiß man nun gar nicht mehr, wohin.

Zu viele Adressen, zu wenig Verantwortung. Damals hatten Sie das Volk jeden Abend vor und mit sich – was lief zwischen Bühne und Publikum?
Nach diesen Nächten am 7., 8., 9. Oktober, nach den Demonstrationen in Berlin, da ging es schon steil nach oben. Wir haben da einen Text gelesen, warum es endlich anders werden muss im Land. So eine Resolution war das, und das konnte man nicht einfach unter den Tisch kehren. Dann traf man sich im Foyer zu Diskussionen. Ich hab schon gemerkt, wie ich schlotterte, wie mir Himmelangst wurde und wie ungeübt ich war, frei zu reden und mich ohne gelernten Text vor die Leute zu stellen. Das waren Prozesse, die kann man heute kaum noch nachempfinden, aber damals war das furchtbar schwer für mich.

Glaube ich nicht.
Doch. Furchtbar schwer, und ich war klatschnass und vollkommen fertig. Und das haben sehr viele Kollegen auch so empfunden, so dass der Kreis derer, die sich zur Verfügung stellten, immer kleiner wurde. Aber ich hab das dann schon irgendwann gelernt. Die Foyers waren immer rappelvoll. Da standen die Leute und man selber mittendrin, ohne Mikro, war ja alles improvisiert, aber es bündelte ein Entstehen von einer Art Bürgersinn.

Ihre Rollen sind eine Landkarte Ihrer Absichten und Ansichten: »Streit um den Sergeanten Grischa«, »Die Mutter und das Schweigen«. »Guten Morgen, du Schöne«. »Krupp und Krause«, auch das muss man nennen. »Die Verlobte«.
Ja, im Ansatz muss man schon irgendwie sendungsbewusst sein, um einen Vorschlag zu machen. Um immer wieder eine oder die

Idee künstlerisch zu gestalten. Stimmt, es war immer irgendein Vorschlag. Und daran hat mir auch viel gelegen. Insofern habe ich auch immer seltsamerweise das Gefühl gehabt, ich steuer ja was bei zu dem, was ich eigentlich möchte. Es ist ja nicht ganz so, das liegt an der Art des Berufes, dass nur private Gründe übrig geblieben waren. Sie waren natürlich künstlerischer Art, ich wollte ja auch besser werden und mich ausweiten.

Waren Sie glücklich und zufrieden mit dem, was Sie gemacht haben?
Absolut. Ja, das kann ich nicht anders sagen. Und ich hab auch die Kämpfe genossen. Ich hab schön gefunden, dass man da hingehen und sagen kann: Moment mal! Aber ich hab nie rausgekriegt, warum sie uns Plenzdorf verboten haben am Deutschen Theater – »Paul und Paula«. Ich war eben auch beteiligt, und eines Morgens kamen wir hin und die Requisite sagte: Wir sollen alles abräumen. Wer hat das gesagt? Ja, wir sollen alles abräumen. Na, wir hin zum Intendanten. Ich sage: Wo hat denn die Requisite den Anruf hergekriegt? Ja, müssen wir mal Wischnewski fragen, das war der Chefdramaturg, ja, hm hm, ja ja, nee nee. Irgendwie weitermachen geht nicht. Ich sagte: Entschuldige mal, sind wir jetzt hier mitten im Kafka? Was ist los? Ich sage: Dann gehe ich jetzt zum Ministerium. Ja gut. Ich bin ins Ministerium.

Also einfach los?
Ja. Termin geholt und hin und diskutiert. Die Arbeit für »Paul und Paula« haben wir dann doch abbrechen müssen. Das sind so Erfahrungen, wo du sagst, ich würde schon ganz gerne den nächsten Kampf mal wieder gewinnen, damit ich mich wieder auffülle mit einer Hoffnung, dass hier noch was zu löten ist an der Holzkiste. Das war einfach erschöpft. Da gab's einen Zeitpunkt – das ist ja kein Zufall –, da gibt es dann so einen Zeitpunkt und wenn, wie heißt der Satz? Eine Idee, die Massen ergreift –

Dann wird sie zur materiellen Gewalt.
Genau – das fand statt. Und es hatte die Massen ergriffen, im Gegensatz zu allen Versuchen vorher, war das plötzlich der Fall. Dann kommen halt so ein paar Sachen zusammen.

Welchen Weg wollten Sie gehen?
Ich bin natürlich davon ausgegangen, dass wir das Land in Ordnung bringen. Aber das ist eine Naivität, die mir jetzt sauer aufstößt. Also mit der Ahnungslosigkeit, mit der wir da geschlagen waren, kann man natürlich gar nicht gegenschwimmen. Ich hab ja noch mit Christa Wolf zusammen den Aufruf »Für unser Land« gemacht. Das war natürlich viel zu spät. Aber andererseits: Wann hätte man's machen sollen als in dem Moment, in dem man merkt, wir sind jetzt hier gerade dabei, vollkommen überschwappt zu werden. Andererseits sage ich, wenn man immer schon vorher sagt, das hätten wir uns kneifen können, dann kommt ja auch nichts in Gang. Das habe ich noch mit tiefstem Herzen mitgetragen. Und dann haben wir uns auch ein paar Mal getroffen, weiß ich noch, da war die Tamara Danz noch dabei und irgendwelche Wissenschaftler, hochgebildete Leute. Ich kam mir da immer vor ... Jutta, dachte ich, das ist die reine Hochstapelei, was willst du hier? Du kannst hier nur sitzen und zuhorchen, und dann kannst du mal deine Meinung sagen, einfach nur eine Meinung, und sonst gar nichts.

Wann begann die Geschichte für den 4. November?
Das war am 15. Oktober.

So genau erinnern Sie sich?
Weil das der Tag war, ein Sonntag, an dem wir uns im Deutschen Theater getroffen haben. Davor, am 7. Oktober, hatten wir uns schon mal in der Volksbühne getroffen. Da waren auch schon Theater aus der Republik dabei. Wir sammelten uns alle in der

Volksbühne. Und dann bin ich hingegangen und hab gesagt: So, jetzt. Und habe vorgelesen: Wir machen am 4. November eine große Demonstration. Das war ein Applaus! Ich hab ja schon viel Theater gespielt, aber so einen Applaus hatte ich in meinem Leben noch nicht, wie auf diesen Vorschlag hin. Dann kam der 4. November, und wir gingen alle hin. Dort war ein LKW aufgebaut, wo so ein Podium draufstand für die Redner.

Sie waren mit in dem Zug?
Wir waren da alle mit drin. Alle. Und es war wirklich so, wie Stefan Heym dann gesagt hat: Es ist, als hätte jemand die Fenster aufgestoßen. Genau dieses Gefühl hatte ich. Und es war gar keine Musik, kein solch Tschingderassa tsching. Sonst wurde man ja immer beschallt. Es war so still. Man hörte nur den Redner, und das wurde in alle Straßen übertragen. Wir waren wohl über 750 000 Menschen, und es war still. So viele Menschen und still. Das hat mich dermaßen beeindruckt, dass ich wirklich dachte, ich muss mich mal ein bisschen zusammenreißen, sonst fang ich an zu heulen.

Hatten Sie da den Gedanken an Geschichte, oder mischt man das später dazu?
Das habe ich da noch nicht gedacht. Und dann war ja noch die Wahl am 18. März.

Nein, bitte noch mal zurück: Also der 4. November, was hat denn dann der 9. November mit Ihnen gemacht?
Na, der 9. November, das ist ja geradezu grotesk. Am 9. November befand ich mich in Braunschweig. Und in Braunschweig gab es ein Filmfest. Eine kleine Gruppe von Leuten veranstaltete das alle paar Jahre. Das war eine Clique, die sich den DDR-Film vorgenommen hatte, um ihn im Westen ein bisschen publik zu machen. Und dieses Jahr war Roland Gräf eingeladen, mit dem

ich fünf Filme gemacht habe. Also Braunschweig. Und meine Mama hat am 10. Geburtstag, ich hatte ihr gesagt: Ich versuch, dich anzurufen. So und nun: Ich komme am 10. November früh ins Café Kollontai, dort in Braunschweig, wo wir uns immer trafen. Und die Mädels, die da halfen und immer sagten: Ich darf doch du sagen? und irgendwelche Zöpfchen gebunden und irgendwelche lila Sachen auf den Augenlidern hatten und schräg und lustig waren, die sagten: »Na, wie find'ste denn das nun?« Und ich sagte: »Wat?« Und die: »Na, die Mauer ist weg.«

Deus ex Machina.
Weiß Gott. Ich also: »Aha. Wo?« Und die: »Na, überall.« Ich sag: »Ach darum.« Ich hatte schon gesehen, dass überall Trabis rumstanden. »Ach«, sage ich, »das ist ja komisch.« Und die sagen: »Freust du dich denn gar nicht?« Ich sage: »Noch nicht, nein – also – nee, noch nicht. Mal sehen ...« Und dachte: Wie absurd. Irgendwann gingen wir zurück, und da stand so ein Trabi quer auf dem Bürgersteig, weil natürlich jede Lücke genutzt wurde, und keiner machte Strafzettel dran. Aber es war trotzdem ein Zettel hinter dem Scheibenwischer. Ich dachte, die werden den doch jetzt hier nicht mit Westgeld abzocken, und habe nachgeguckt. Nee. Auf dem Zettel stand, wenn er Lederpuppen oder schönes altes Porzellan oder andere kleine Antiquitäten hätte, soll er ruhig wiederkommen und die und die Nummer anrufen. Stand auf dem Zettel.
Kann man es exemplarischer um die Ohren geknallt kriegen. Und da habe ich gedacht: Ja, siehst du, das war der Grund, warum ich mich nicht so ganz schnell freuen konnte.

Wie war denn die Begegnung Theaterleute Ost und West? Sie kamen ja jetzt als Kollegin.
Genau. Bei einer szenischen Lesung in der Hamburger Innenstadt über die Wende sollte der Quadflieg eigentlich mitmachen,

sagte aber kurzfristig ab und damit war eigentlich schon klar, dass die Sache erledigt war, denn in Hamburg kannte mich kein Mensch. Das war mir sofort klar, dass ich hier Schütze Pups im letzten Glied war und mit nichts versehen, kein Glamour, kein klangvoller Name, keine tolle junge Frau – also nichts.

Keine Überlegungen, jetzt gemeinsam was zu machen?
Nein. Oder doch: Die Lesung in Hamburg war die Idee von der KBB-Chefin des Thalia. Die hatte damals das Gefühl – das war übrigens der allereinzige Versuch, den ich von Westleuten zu spüren bekam –, dass sie auf Augenhöhe mit uns zusammen irgendeine Sorte von Verständigung herstellen wollte.

Keine Neugier: Wie sind die?
Na, neugierig waren die gar nicht. Also die meisten blieben auf Distanz. Das habe ich nicht für möglich gehalten, neugierig waren sie vorher, da kamen sie immer mal nach der Vorstellung in die Kantine. Als noch Ost und West getrennt war, da kamen schon manchmal Kollegen und haben gesagt: Ach, Kinder, ihr seid so toll. Plötzlich waren wir nicht mehr toll, schon toll, aber auch Gefahr. Rivalität, Konkurrenz, das war ganz schnell da.

Ernsthaft?
Sofort. Ganz schnell. War sofort da.

Die haben die Lage schneller begriffen als die Ostmenschen?
Viel schneller, weil sie ja auch schon viel länger mit solcher Sorte von Konkurrenz umgegangen sind. Wir kannten das so nicht. Wir Weiber am Deutschen Theater waren ganz viele tolle Frauen. Wir haben gearbeitet und basta. So war das bei uns. Und dass die Tine toll ist und die Margit und Gudrun, das fand ich damals schon und bin auch davon ausgegangen, die finden mich auch toll. Und wir sind eben vier, die toll sind. Jede auf eine völlig andere Art.

Keine harte Konkurrenz?
Nein, da war ja auch keine Existenzangst. Existenzangst ist meiner Meinung nach das, warum ich immer noch denke: Freiheit kann man das nicht nennen, wenn so viele Leute Existenzangst haben. Die Ängste, die wir damals in der DDR hatten, also dass man zu früh alt wird oder dass die Gören einen auffressen oder was man da so an Ängsten hatte, das war ja immerhin auf hohem Niveau, wenn man so will, und nichts so Bedrohliches dagegen, dass ich, wenn ich drei Monate das Geld für die Miete nicht aufbringe, auf die Straße fliege.

Das wäre hier nicht passiert?
Nein. Das wäre im Osten nicht passiert. Und die, die drei Monate lang wirklich keine Miete bezahlt haben, die flogen trotzdem nicht aus der Wohnung raus.

Nein, natürlich nicht. Interessant, dass Sie und ich und andere dazu sagen: natürlich nicht.
Ja. Natürlich nicht. Das gehört auch dazu, wenn vom Osten die Rede ist. Natürlich kann man sich fragen, ob das sinnvoll war. Oder wenn die Brigaden einen Kulturplan hatten und alle sollten ins Theater gehen. Ist das sinnvoll? Andererseits: Wenn sie nicht alle gehen oder nicht soundso viel Prozent der Brigade, dann kriegten sie die Prämie nicht.

Ärgerlich, aber nicht wirklich repressiv.
Absolut. Aber die saßen dann da, und man hatte die Chance – ich als Schauspielerin habe es jedenfalls so empfunden –, vielleicht ist einer dabei oder zwei, die sagen nach der Vorstellung: Gut und gar nicht so schlimm.

Ein Funke der Inspiration?
Ja. Vielleicht kommen die mal wieder ins Theater.

Dann hätte der Theaterzwang Sinn.
Ja. Und ist es nun so viel schlimmer, als wenn man sie vor RTL II setzt?

Da wäre ich mir aber sehr sicher: RTL2 und anderes ist schlimmer.
Ich weiß es nicht genau. Ich hatte immer die Hoffnung, es geht irgendeiner mit etwas wieder raus, das er vorher noch nicht gewusst hat, nicht so empfunden hat. Und das ist doch auch was Schönes.

Was nehmen Sie der DDR übel?
Wenn ich darüber nachdenke, dann, dass es doch sehr schmerzlich war zu begreifen, dass das Land nicht mehr in Ordnung zu bringen ist. Nicht 1989.

Was bringen Erinnerungen an diese Zeit?
Vielleicht, dass sich auf diese Weise möglicherweise eine Bild zusammensetzt, Beschreibungen zusammenkommen, die deutlich abweichen von dem allgemein verbreiteten Quatsch mit Soße. Wenn ein Mensch Lebenserinnerungen hat und ist ununterbrochen konfrontiert mit der Behauptung, er würde sich falsch erinnern, dann verliert der Behaupter seine Glaubwürdigkeit.Das ist ein Fehler der sogenannten Sieger, den man immer wieder beobachten kann.

Das war ein großer Knick
in meinem Leben

MARIO WALTER
Halberstadt | Lokschlosser, Lokführer, Busfahrer und Discjockey |
Jahrgang 1970

Mario Walter habe ich bei einer Recherche im Harz kennengelernt. Nach Osterwieck fahren schon ewig keine Züge mehr, aber
einige Male täglich verkehrt ein Bus von und nach Halberstadt.
Der Bus zuckelt durch die Gegend. Ich bin der einzige Fahrgast.
Zig Stationen, kein Mensch steigt zu. Ist das immer so? Der Busfahrer nickt. Ja, außer bei Berufs- und Schülertouren früh und
nachmittags kaum Leute. Kein Guten Tag und kein Wie geht
es. Nur die Straße. Sanfte Hänge, schöne bunte Fachwerkdörfer,
ein weiter Blick. Beim richtigen Wetter bis zum Brocken. Aber
eben menschenleer. Weil, erklärt Busfahrer Mario Walter, wo
keine Arbeit ist, geht das Leben weg. Früher war er Lokschlosser.
Dann wurde die Bahnstrecke eingestellt. Lokschlosser war gut.
Am besten war Lokführer, ein Traum. Busfahrer ist aber auch ok.
Am liebsten macht er Disco.

Wann war das denn alles?
1986, gleich im Anschluss an die Schule machte ich die Lehre bis
1988 und arbeitete bis 1991 als Lokschlosser. Durch die Wende

wurden die Lokschlosser abgebaut, weil die Durchsichtsfristen der Lokomotiven auseinandergezogen wurden. Da hat man mir den Lokführerposten angeboten. Ich habe den Lokführer in zwei Jahren gemacht, durfte alle dieselhydraulischen Loks fahren ... Und nach der Ausbildung sagt man mir: Du musst gehen. Personalüberhang. Im Westen wurden die Beamten behalten, im Osten die jungen Lokführer abgebaut.

Wie alt waren Sie da?
24 Jahre. Da war ich schwer enttäuscht. Diese Lokführerprüfung ist ja nicht einfach, und dann mit einem Mal abzusteigen, weil es heißt, wir haben für dich keinen Platz mehr, und plötzlich standest du da – eine dolle Enttäuschung. Das war ein großer Knick in meinem Leben, so muss ich es sagen. Weil Lokführer eine schöne Sache war.

Wohin sind Sie mit Ihrer Lok gefahren?
Wir haben Züge bis Stapelburg gefahren, damals nach Thale-Magdeburg. In der Ausbildung sind wir die Strecke Halberstadt-Berlin gefahren, die Bäderzüge bis Binz. Das war eine schöne Zeit.

Und jetzt mit dem Bus fahren Sie quer durch das Land?
Naja, bis Vienenburg. Und wenn dann der ehemalige Grenzübergang kommt, der eigentlich nicht da war, will man immer wieder schnell zurück.

Wie meinen Sie das?
Ja, manchmal habe ich Angst, dass sie die Mauer hinter mir wieder aufbauen. Ich fühl mich nicht wohl, muss ich ganz ehrlich sagen. Ich fühl mich im Westen nicht wohl. Ich sehe auch zu, dass ich da nicht hinkomme.

Warum denn das?
Ich denke mal, das sind vierzig Jahre, in denen sich die Menschen auseinandergelebt haben. Es ist einfach ein anderes System gewesen, in dem wir großgeworden sind. Wir sind ein anderer Schlag Menschen als die im Westen.

Nun sind Sie kein Hundertjähriger, sondern noch ein ziemlich junger Mann – was stört Sie denn?
Ich sag mal, im Westen ist alles kalt. Hier ist alles freundlicher. Hier gibt es Freunde, hier gibt es Kumpel, hier ist es eben sozialer. Dadurch, dass wir nichts hatten, haben die Leute zusammengehalten, waren einfallsreicher, haben sich geholfen. Dieser Zusammenhalt bröckelt zwar jetzt auch immer mehr, aber er ist noch da. Ich hab ja auch zwei Jahre im Westen gearbeitet, in Celle, wie gesagt als Lokführer, und da war alles kalt, das merkt man.

Wie war das vor 25 Jahren in Halberstadt: Was war hier los?
Es gab Montagsdemonstrationen wie in jeder anderen Stadt.

Wogegen oder wofür?
Die waren für Verbesserungen im Staat. Anfangs war's ja eigentlich nur so ausgerichtet, dass Verbesserungen im Staat kommen sollten. Viele Sachen waren vielleicht auch gut gedacht und gut gemeint. Dass es so weit kommt, hätte ja nun keiner gedacht.

Was meinen Sie damit?
Na ja, dass die Grenzen geöffnet werden. Im Grunde genommen hat ja, denke ich mal, jeder zweite im Hinterstübchen gehabt, dass es so kommt, wie es damals in der ČSSR gewesen ist. Oder dass Panzer fahren wie am 17. Juni 1953.

Sind Sie auch demonstrieren gegangen?
Nein. Mich hat das nicht interessiert, muss ich ehrlich sagen.

Das habe ich ja noch nie gehört. Warum nicht?
Ich war zufrieden. Das war meine kleine Welt hier in Halberstadt: meine Disco machen, zur Arbeit gehen und fertig.

Was haben Sie denn gemacht, als es losging?
Meinen Sie den 9. November?

Zum Beispiel.
Am 9. November, kann ich Ihnen ganz genau sagen, Grenzöffnung. Das hat man noch am Fernseher gesehen. Ich bin aber nicht an dem Abend losgefahren, hatte am nächsten Abend eine Disco, weiß ich noch ganz genau, in Wegeleben im Schützenhaus. Wir hatten da die Disco aufgebaut und – das werde ich nie vergessen – nicht ein Mensch kam an diesem Abend. Wir haben ganz spät wieder abgebaut und sind nach Hause gefahren. So ein, zwei oder drei Wochen später, jedenfalls erst nach einer ganzen Weile, sind wir zum ersten Mal rüber. Man ist ja immer zur Arbeit gegangen und hat versucht, die Disco zu machen. Ich hab dann mal irgendwann Urlaub gekriegt und bin rübergefahren.

Wo sind Sie hin?
Nach Wolfenbüttel. Bis zum Grenzübergang Mattierzoll, und da hat drüben dann ein Bus gewartet. Der hat uns bis Wolfenbüttel gefahren, wir sind dort ins Rathaus gegangen, haben das Begrüßungsgeld genommen, die hundert Mark, sind nach Braunschweig reingefahren und haben uns da alles angeguckt.

Und?
Das werden Sie nicht glauben, Platten gekauft.

Ja klar, liegt auf der Hand. Wissen Sie noch welche?
Ja, ich weiß es noch ganz genau. Anne Clark war das, »Hopeless Cases« hieß das Album, U2 war auch bei. Man war eben

froh, dass man nichts mehr aufnehmen musste. Eine schöne Geschichte, als ich dann den ersten CD-Player gekauft und in die Disco geschleppt habe, sagten die Kollegen, schließ den nicht an, die Anlage knallt durch. Dolle Technik. Wir haben damals immer zu zweit gestanden, das war ja gemütlich, dieses Raussuchen. Und mit einem Mal war alles anders. Da gab's diese silbernen Scheiben, und man konnte alles alleine machen, bloß reinlegen, nummerieren und ab damit. Und vorher haben wir mit Kassettendeck oder Tonbandgerät die Discos gemacht, da waren wir froh, wenn wir zu zweit waren. Aber ich sag mal, wir haben früher so gelebt und heute leben wir so.

Ja, wie haben Sie denn früher gelebt?
Ich bin ja schon immer bei den Großeltern gewesen, weil die Mama nicht so klar kam mit mir, sie war dolle krank mit den Nerven, und ich war immer bei Oma und Opa, war ein Oma-Opa-Kind. Die Mami ist dann in den Freitod gegangen, 1982 im Oktober.

Da waren Sie ja erst zwölf Jahre.
Ja.

Das ist schlimm für ein Kind. Wie ging es nach dem Tod Ihrer Mutter für Sie weiter?
Ich hatte auch keinen Vater mehr, die Eltern hatten sich getrennt, nachdem ich geboren war. Dann hatte sich die Jugendhilfe eingeschaltet, die vom Staat.

Wie sah das praktisch aus?
Einmal im Jahr mussten meine Großeltern mit mir zu so einer Feierstunde, und die Leute da haben sich die Probleme angehört und haben auch geholfen, uns unterstützt eben. Wenn man mal Mist gebaut hat, dann hieß es: dududu und fertig. Ich meine, toll

war der Termin nicht, aber sie haben sich sehr um meine berufliche und schulische Entwicklung gekümmert, dass muss ich sagen. Also ich kann da nichts Negatives sagen.

Manchmal hört man, dass die Kinder weggenommen wurden.
Nein, meine Großeltern wurden dann Vormund für mich, beide, und ich blieb bei ihnen, obwohl sie ein hohes Alter hatten, 60 waren sie da schon, denke ich mal. Ich weiß es nicht mehr ganz genau. Aber nein, es gab nichts Böses.

Was haben Ihre Großeltern gemacht?
Der Opa, der ist mal verunglückt, der hatte bloß einen Arm, der war praktisch Rentner in der DDR, auch schon zu Arbeitszeiten. Und die Oma, die hat geschneidert zu Hause.

Ging es Ihnen schlecht?
Nein, kann ich nicht sagen, absolut nicht. Nein. Das waren gute Großeltern, und sie haben auch alles für mich gemacht. Der Staat hat aber geholfen. Die haben mir auch ermöglicht, dass ich Disco machen konnte. So ein Kassettenrecorder war nicht gerade billig. Ich weiß noch, der Stern-Radiorecorder, den ich damals hatte, hat 1100 DDR-Mark gekostet.

Das war ein Schweinegeld.
Ja, und das war eigentlich der Recorder meiner Oma, und ich habe ihn einfach zur Disco mitgenommen. Und irgendwann war's dann meiner, weil die Oma nachsichtig war. Damit fing alles an, mit diesem Stern-Radiorecorder.

Und vorher?
Als Kind bin ich immer mal ins Haus der Jugend in Halberstadt gegangen zu so einer Schülerdisco. Da hieß es dann, wir suchen Schüler-Discjockeys. Es gab eine richtige Ausbildung mit Musik-

geschichte, Sprachlehrgänge für Moderatoren, war alles klasse. Das war kostenlos. Und dann habe ich die Ferien dafür genutzt und drei Wochen solch einen Discjockey-Lehrgang besucht von morgens bis abends, meine ganzen Winterferien, drei Wochen lang, werd ich nie vergessen. Dann konnte ich überall in der DDR Discotheken durchführen – als Schülerdiscotheker.

So was gab es?
Ja, das hat gar nichts gekostet, das hat der Staat bezahlt. Und 1989, zwei Monate vor der Wende, habe ich wieder mal eine Prüfung als Discjockey gemacht – Schallplattenunterhalter hieß das damals. Komisch.

Aha, da hatten Sie ja zu tun.
Ja. Arbeit als Schlosser, Disco, Lehrgang.

Wie haben Sie sich gefühlt?
Zufrieden, einfach zufrieden. Mir ging's nicht schlecht, sagen wir mal so.

Wie alt waren Sie?
Ich war 19.

Sie wollten nicht weg, raus aus der DDR?
Ich hatte doch keine Probleme. Ich habe normal gelebt und war zufrieden, ja.

Kein Gedanke: Weg?
Nein, einfach bleiben.

Und dann?
Disco machen und arbeiten. Es lief absolut gut für mich.

Na gut. Aber nun kam ja die Wende. Erinnern Sie sich daran?
Ja, ich erinnere mich, dass die Westzigaretten mit einem Mal sieben DDR-Mark gekostet haben. Ich weiß noch, wie die Währungsunion war und wie wir über Nacht das ganze Ostgeld verprasst haben. Heidideiti, es ging wirklich drunter und drüber. Viele sind dann weggegangen. Wie gesagt, ich bin geblieben und wollte auch bleiben, Heimat ist Heimat.

Das ist Ihr Gefühl?
Ja, ich möchte hier nicht weg. Und 1991 kam diese Hiobsbotschaft: Du bist Personalüberbestand. Ich bin in die Lokfahrschule gegangen, sozusagen zwei Jahre umsonst. Dann kam der Bus.

Sie waren nicht arbeitslos?
Doch, aber nur kurz. Habe mir immer was gesucht, bei Kumpels gearbeitet, wie das eben so ist.

Welche Möglichkeiten zu arbeiten gibt es in Halberstadt?
Wenig. Altenheime haben wir viele. Industrie, sage ich mal, ist richtig kaputtgegangen. Es war mal ein großes RAW mit 1200 Leuten. Das hat man runtergefahren, da sind jetzt noch vielleicht hundert Leute. Dann gab's einen großen Maschinenbau mit über tausend Leuten. Die haben Dieselmotoren für Schiffe hergestellt. Da sind auch nur noch höchstens hundert Leute beschäftigt. Der Westen brauchte unsere Ostschiffe nicht.

Und sonst?
Die Würstchen-Fabrik gibt es noch, da haben mal so 700, 800 Leute gearbeitet, jetzt auch nur noch hundert. Ist ja alles zurückgefahren worden.

Da sind Sie ja noch gut dran.
Ja, aber es wird immer stressiger.

Ist so viel Verkehr hier?
Wir als Busfahrer können ja bis zu zwölfeinhalb Stunden arbeiten, aber danach gehst du nach Hause und kannst den Kopf in den Schrank packen.

Da gibt's doch Regelungen?
Es gibt Regelungen, klar. Alles in der Bundesrepublik ist wie Gummiparagraphen, alles ist dehn- und streckbar.

Was ist, wenn Sie sagen: Ich arbeite jetzt nur acht Stunden.
Da kann ich mir einen neuen Job suchen, wie das überall ist.

Ist das wirklich so?
Ja, natürlich. Entweder ziehst du mit, oder du lässt es und bleibst auf der Strecke. So ist das System. Und die Politiker oben, die merken eh nichts mehr. Die haben doch sämtliche Relationen verloren und wissen nichts vom einfachen Volk.

Was ist mit Abwählen?
Viele verschenken ja ihr Stimmrecht.

Gehen Sie denn wählen?
Ja, ich gehe wählen, jedes Mal.

Was würden Sie verändern?
Dieser Staat muss einfach sozialer werden, menschenfreundlicher. Es ist ja schon verachtend, was hier passiert beim Arbeiten. Das ist das totale Ausnutzen. Ich muss das so krass sagen. Das ist alles rückschrittlich.

Womit vergleichen Sie?
Mit dem Sozialen früher im Osten. Es kommt mir immer vor, als ob man das mit Absicht kaputtmacht. Der Mensch ist einfach

nichts mehr wert, weil immer mehr für den Arbeitgeber gemacht wird, für den Kapitalisten. Die Ausbeutung wird immer schlimmer. In der DDR, muss ich sagen, da wurde sich gekümmert. Da war man innerlich ruhiger.

Was müsste anders werden?
Das geht schon los bei diesen Personalverordnungen, die wir haben, denen wir als Busfahrer unterliegen. Genauso wie diese ganzen Arbeitsgesetze immer mehr aufgeweicht werden. Und das geschieht von oben, das ist doch Absicht. Ich denke mal, die Politiker sitzen irgendwo in Lobby-Vereinen, sind irgendwo in der Industrie engagiert und setzen solche Dinge einfach durch. Dann wird dem Volk irgendein Knochen vorgeworfen, und dadurch kann man schnell nebenbei was beschließen.

Was hätten Sie denn anders gemacht damals in der Wende?
Ich sag mal, alle waren sie scharf aufs Geld, auf das Westgeld. Man hätte vielleicht der DDR eine Chance geben sollen, dass wir uns erst mal selber rappeln. Ich weiß es nicht. Ich habe immer das Gefühl, die Generation nach uns, die wird's nicht mehr mitkriegen, aber wir werden immer DDR-Kinder bleiben. Das ist einfach so. Weil wir das System vierzig Jahre kennengelernt haben – oder zwanzig bei mir. Da erinnert man sich noch und kann unterscheiden.

Sie leben inzwischen länger im Westen als vorher im Osten.
Deshalb ja: Hier ist es kalt. Es gibt zwar alles, aber da kann man auch drauf verzichten. Hauptsache man lebt in Wärme. Im Grunde genommen lebt man in Angst, was morgen ist.

Das ist aber hart.
Ja, ich seh das so.

Von oben nach unten
sieht man nichts

HANS-ECKARDT WENZEL
Berlin | Autor, Musiker und Regisseur | Jahrgang 1955

Hast du ein Erinnerungs-Bild von der Wendezeit, das dein damaliges Grundgefühl ausdrückt?
Ich hatte eine Metapher für mich, als sich die Strukturen geändert haben, die DDR aufhörte zu existieren – nach dem 9. November, spätestens im Dezember –, da hatte ich für mich das Bild, dass ich aus einer künstlichen Höhe auf die Realität aufschlage. Die Erdbeschleunigung von 9,81 Meter pro Sekundenquadrat gilt universell, wer sich sträubt, schlägt später auf. Auf jeden Fall würde es wehtun. Das weiß man. Das heißt, dass ich mich der Realität zu stellen hatte. Ich halte mich für einen Realisten. Ich akzeptiere die Verhältnisse, so wie sie sind, solange sie mir nicht nach dem Leben trachten. Ich versuche, sie zu verändern. Ich musste mich auf etwas Neues einstellen. Auf etwas ganz anderes.

War das einfach für dich?
Natürlich nicht. Ich musste umdenken, Normen aufgeben oder nicht aufgeben. Das ist ja die Frage: Wie geht man mit den eigenen Erfahrungen in solchen Umbrüchen um? Ich ahnte, dass es auch einen Umbruch der Welt bedeutet, nicht nur das eine Land

betrifft, das mich nicht so sehr interessiert hat, mich hat immer mehr ein globaler Zusammenhang beschäftigt, die Hoffnungen und das Unrecht der Welt, als Kind schon, mein ganzes Leben lang. Es beschäftigt mich heute noch. Ich sah die DDR als einen Versuch, als eine Alternative. Der Versuch ist gescheitert. Und damit stand man da. So gesehen mit leeren Händen.

Du meinst den Versuch, der Ungerechtigkeit zu entgehen.
Ja, einer grundsätzlichen Ungerechtigkeit, die mit Eigentums-verhältnissen zu tun hat, und ich wusste gleichzeitig – ich war vorher ein Vierteljahr in Mittelamerika, hab da gearbeitet –, dass es andere Formen des Lebens gibt und das, worüber man in der DDR so verzweifelt war, dass das Operettenschmerzen waren. In dem Sinne ist es für mich eher tragisch gewesen, dass es keinen anderen Denkweg mehr für die Welt gab als den in diesen Kapi-talismus. Dramatisch, was wir erleben, dass es auf diese erbar-mungslose Effizienz hinausläuft, die fern ist von dem, was man lebt, wie man lebt.

Du hast Bedenken gehabt, dich auf dieses Gespräch einzulassen, unter anderem weil Erinnerung auch Missbrauch und Instrumenta-lisierung ausgesetzt ist. Trotzdem: Denkst du nicht, dass man sich auch erinnern muss, dass Erinnerung konstituierend ist für Men-schen und ihr Leben? Du hast gesagt: Abbilder schaffen von der Welt, ohne ideologisches Wabern.
Im Moment ist es so, dass die Erinnerung an den Zusammen-bruch der DDR gefeiert wird, weil die gegenwärtige Gesellschaft keine Sinndefinition hat, und deswegen wehre ich mich dage-gen. Im Grunde wird's am meisten gefeiert von den Bundesdeut-schen, die gar keinen Anteil an dieser Wende hatten. Sie nehmen sich die Bilder der Erinnerung, als ob das ihre Sache wär, indem sie uns anregen, auf einmal über unsere Erfahrungen zu reden. Und das ist nicht abbildbar. Ich versuch seit Längerem, das aufzu-

schreiben. Ich weiß, wie schwierig das ist und wie schnell man in irgendwelche Fallen hineintappt. Ich glaube, da es komplizierter ist, als wir im Moment denken, ist es auf der Ebene der persönlichen Erinnerungen nicht abbildbar. Man kann sich über bestimmte Momente annähern, vielleicht, oder ein paar Eindrücke reflektieren, aber was fehlt, ist eine weltpolitische Analyse dieses historischen Vorgangs, der Anfang und Ende der DDR heißt. DDR und Mauer wären nicht da gewesen, wenn es nicht die Welt der Systeme nach dem Zweiten Weltkrieg gegeben hätte. Und ich glaube, wenn man diese Zusammenhänge nicht denkt, dann kann man die daraus entstandenen Erfahrungen nicht abbilden.

Um zu verstehen, muss man sich der ganzen Geschichte stellen.
Ja, die DDR ist ein historisches Ergebnis gewesen und nicht die Laune von irgendwelchen bösen Menschen. So wird es aber inzwischen kolportiert.

Kommunisten gar, die dachten, jetzt machen wir die Welt rot.
Hinzu kommt dieser alte Antikommunismus, der natürlich immer da mit herumschwirrt und der heute Blüten treibt bis zum Gehtnichtmehr. Und in diesem ganzen Bereich werden sozusagen die Erinnerungen letzten Endes instrumentalisiert, und es ist ja auch so: Man hat nur Lust, etwas zu erinnern – und es fällt einem nur etwas ein –, wenn man den Sinn des Erinnerns für sich selbst definieren kann.

Wobei Erinnern an sich Sinn haben kann.
Aber die Erinnerungen, die wir haben, sind überlagert von den Bildern, die uns die Medien zur Verfügung gestellt hatten. Es war ja eine große mediale Aktion quasi, die Wende, die Vereinigung. Lauter festgelegte Bilder und Metaphern, denen wir schwer entkommen. Die sind sozusagen stärker als das eigene Leben und die individuelle Erinnerung. Eigentlich Propaganda.

Wie wehrst du dich dagegen?
Ich versuche, so wenig wie möglich auf solche ideologischen Strukturen einzugehen, sondern einfach genau zu schauen, was wirklich passiert ist. Was sind reale Vorgänge? Man kann es auch manchmal andersrum sehen. Ich arbeite gerade mit Antje Vollmer zusammen an einem Buch. Wir schauen uns alle Fassbinder-Filme an. Die Fassbinder Foundation hat das für uns gemacht, und wir gucken sozusagen auf ein Land, das es auch nicht mehr gibt, nämlich die alte Bundesrepublik, und schauen da auf das, was uns diese künstlerischen Produkte erzählen, als ob ich nichts wüsste. Als ob ich vom nächsten Stern käme. Wenn man nun die Literatur der DDR so durchforsten würde: Was ist das für ein Land? – würde man mehr erfahren, als das, was im Moment sozusagen erinnert oder kolportiert wird oder was das Feuilleton letzten Endes draus macht.

Wir versuchen es: Fast die Hälfte deines Lebens hast du in der DDR verbracht. Wie kommt es, dass sie dich nicht interessiert hat?
Kein Interesse? – das will ich nicht sagen. Mit zunehmendem Alter, zunehmenden Erfahrungen merkte man, dass in diesem Land immer mehr auseinander triftete. Das war der Eindruck, den ich hatte: zwischen dem, was als Anspruch da ist von der Gesellschaft, und dem, was die Realität ausmacht. Und diese Diskrepanz, in der musste man versuchen, sich zu behaupten. Fast unmöglich. Es gab eine Form von Kleinbürgertum und von Verbohrtheit in der DDR, die dem eigenen Anspruch widersprochen hat, und deswegen ist sie sozusagen auch letzten Endes implodiert, sie ist einfach zusammengebrochen. Es ist eine Überschätzung der Bürgerrechtsbewegung, dass sie der Grund für das Ende der DDR gewesen sei.

Das war die größte Reibungsfläche überhaupt: Die Schere zwischen Anspruch und Wirklichkeit. War dieser Anspruch, auch in seinen kleinbürgerlichen Verkleidungen, war der denn trotz allem auch dein Anspruch?

Der war schon mein Anspruch. Deswegen bin ich ja in Konflikt geraten. Sonst wär ich ja aus dem Land weggegangen. Man bleibt sozusagen aus Loyalität. Mich hat die Bundesrepublik nicht interessiert, aber dieses Maß an Loyalität machte einen sozusagen unfrei und bringt einen in Widersprüchlichkeit – so dass man Techniken lernen muss, damit umzugehen, anders, als wenn ich in der Bundesrepublik groß geworden wäre. Es ging in der DDR mehr um gnoseologische und um erkenntnistheoretische Prozesse, an denen man sich sozusagen gerieben hat.

Hast du diese Zeit damals schon als Endzeit begriffen?

Nein, man sagt ja heute auch, es geht nicht mehr lange.

Das mein ich nicht. Hattest du Zeichen dafür, wie bei Erdbeben zum Beispiel, wo die Vögel wegfliegen.

Das ist eher mit dem Bild einer Erosion zu beschreiben. Ich glaub, die Humusschichten werden abgetragen vom Boden, der Wind nimmt immer mehr von dem, was fruchtbar sein könnte. Dann wird es steinig und es gedeiht kaum noch was. Das habe ich schon gemerkt.

Interessant ist, dass das Land trotz Enge und Einschränkungen jedem die Möglichkeit gab, das intellektuelle Wissen zu seiner Infragestellung, auch Abschaffung, zu erwerben und zu nutzen. Wie geht das zusammen?

Das geht darüber, dass die DDR sich inhaltlich definiert hatte. Die jetzige Gesellschaft definiert sich formal, also über Mehrheiten. Sie entzieht sich aller Inhaltlichkeit. Es gibt keinen inhaltlichen Punkt. Die DDR war immer zu messen an ihrem Sinn oder an ihrem Unsinn. Das heißt, die Kritik an ihr konnte letzten Endes nur eine intellektuelle sein. Wollte man sich kritisch mit dem Land auseinandersetzen, musste man es mit einem hohen geistigen Einsatz betreiben. Aus diesem Grund ist eigentlich eine ganze Menge an interessanten Kunstwerken entstanden. Das ist in der Sowjetunion nicht anders. Gesellschaften, die sich so definieren, sind da verwundbar.

Was findest du in deiner Erinnerung von diesem Jahr 1989, wo es nun schon nicht mehr nur mit leichten Abtragungserscheinungen abging. Das System kippte – welche Vorstellungen hattest du, was aus diesem Vorgang vielleicht entstehen könnte. Hattest du Hoffnungen?
Selbstverständlich gab's Hoffnnung, dass ein Sozialismus möglich wäre, der mit diesem wirklichen Freiheitsbegriff, den Marx hatte, umgehen kann, der die individuelle Freiheit, wie es im Manifest steht, als Voraussetzung für die Freiheit von allem nimmt und nicht andersrum. Es gibt ja diese schöne Formulierung bei Stephan Hermlin, der sein ganzes Leben den Satz anders verstanden hat. Es gab schon die Überlegung, dass da, was 1968 in Prag abgebrochen ist, dass da vielleicht ein Ansatz möglich wäre. Das ging weltpolitisch leider nicht mehr, weil sich der Westen dazu zu stark gefühlt hatte, aber diese Hoffnung gab es auf jeden Fall. Meine Stelle ist da, wo ich bin. Da muss ich arbeiten. Und ich muss sozusagen meine Lebenszeit nutzen, dass ich sie sinnvoll verbringe. Und ich kann mich nicht an sinnlosen Zorn verschwenden. Den Zorn setze ich da ein, wo er was erreichen kann, oder ich muss ihn verschlucken.

Damals ist die Resolution der Rockmusiker und Liedermacher entstanden ...
Wir haben das vorbereitet und haben dann so ein Treffen hingekriegt mit den Unterhaltungskünstlern, und ich hatte die Resolution in der Tasche. Es gab fünf verschiedene Vorschläge, die teilweise idiotisch waren, zu lang und gequast, und hab dann mit einigen Tricks meinen Text durchgekriegt.

Was wolltest du?
Ich wollte die Reform der Gesellschaft, wie alle letztes Endes.
Das vergessen ja viele. Selbst das Neue Forum hat noch sozusagen den reformierten Sozialismus im Programm gehabt. Das
war der Horizont, bis zu dem man damals gedacht hat, und auch
ein wirklich möglicher Weg – für unser Denken. Das haben wir
formuliert. Dass man das Forum zulässt, dass man über die Reise-
beschränkung nachdenkt. Ich hab die Punkte nicht mehr so im
Kopf.

Wie sollte das in die Öffentlichkeit kommen?
Alle, die unterschrieben hatten, verpflichteten sich, den Text
jeden Abend vor ihren Auftritten vorzulesen, so lange, bis er
veröffentlicht wird. Da war Silly dabei, Tamara Danz hat mitgemacht, Toni Krahl, Karat, Stern Meißen, Gerhard Schöne – also
eine ganze Menge guter und bekannter Leute. Am nächsten Tag
hatte ich mit Steffen Mensching in Jena an der Uni ein Konzert.
Da haben wir den Text das erste Mal vorgelesen, und da merkte
man, welche Sprengkraft das hatte. Man merkte die Energie der
Zeit. Die Leute standen alle auf und klatschten zehn Minuten.
Und das haben wir sozusagen Tag für Tag gemacht in jeder Vorstellung. Das setzte sich dann durch, so dass dann die Veranstalter auch schon Bescheid wussten, was passiert, wenn wir auftreten.

Wie waren die Reaktionen?
Gemischt. Vor Jena war noch Halle. Ich bekam dort einen Lite-
raturpreis. Eine große Festveranstaltung im Rathaus in Halle
mit Bezirksleitung und allem Schnick-Schnack. Vorher hab ich
dem Verlagsleiter gesagt: Wollen Sie etwas wissen, das ist aber
vielleicht, wenn Sie es wissen, für Sie nicht gut. Das wird Ärger
geben. Dann hat er mir gesagt, ich will's nicht wissen. Ich hab
den Preis bekommen und dann die Resolution verlesen und

dann war absolutes Schweigen in dem Saal. Und es gab dann gar nichts mehr. Ich hab den Preis genommen und bin sozusagen nicht in Halle geblieben.

Wie haben die normalen Leute reagiert?
Die haben geklatscht, lange, lange. Das waren sehr beeindruckende Momente. Und das war im September noch in einer Zeit, die kompliziert war. Es sprach sich natürlich auch rum, und am 6. Oktober 1989 haben wir in Cottbus gespielt mit Mensching. Da war auch ein Riesenaufruhr, und dort sagten uns die Veranstalter: Ihr müsst auf jeden Fall wegfahren, die verhaften euch heute Nacht. Tatsächlich wurden wir dann am nächsten Tag verhaftet und saßen am 7. Oktober im Gefängnis in Hoyerswerda. Die Anklage lautete Hausfriedensbruch, ist ja egal, und das ging bis in die Nacht mit Verhören, ich glaube bis gegen eins. Es wurde ein Schnellprozess gemacht, das heißt, wir durften zweieinhalb Monate das Kreisterritorium von Hoyerswerda nicht mehr betreten mit der Androhung von fünf Jahren Haft wegen Hausfriedensbruchs. Und dann hat man uns mit Handschellen an die Grenze des Kreises gefahren, dann durften wir wieder in unser Auto steigen und sind nach Weimar zur nächsten Vorstellung gefahren. Auf der Autobahn sahen wir die Kolonnen von der Armee.

Klingt wie ein schlechter Film.
Es gab schon sehr absurde Momente. Wir haben im Nationaltheater in Weimar gespielt, und der ganze Platz war mit Polizei umstellt. Da war Ausweiskontrolle, und der Intendant fragte mich: Können Sie das nicht weglassen? Hab ich gesagt: nein. Solange wie der Text nicht veröffentlicht wird, verlesen wir den. Das ist sozusagen unsere Bedingung gewesen: In DDR-Medien sollte er veröffentlicht werden, nicht im Westen. Der Text war für die DDR geschrieben, nicht für die bundesdeutsche Gesellschaft.

Der Text hatte viel mehr Sprengkraft als alles, was man gespielt hat. Das sind sozusagen die Bilder. Gerade verurteilt, und schon wieder auf die Bühne und gleich wieder weiter. Also ganz großen Bahnhof gemacht.

Die Zeit ging schon auf den 4. November zu.
Da waren wir in den Vorbereitungskomitees, haben dort mitgemacht und auch gesungen auf dem Alex. Da war so eine große Menschenansammlung, die wir nicht erwartet hatten. Wir hatten auch Sorge, dass Unruhe entsteht, so dass Mensching und ich vor der gesamten Übertragung gesungen haben. Das hat den Vorteil, dass wir nicht überall drauf sind. Die Fernsehübertragung hat erst später begonnen. Wir haben vorneweg die Massen in so eine Leichtigkeit gebracht. Das war ein großer Tag.

War das die Chance?
Ja, das war schon der Punkt, wo es hätte umbrechen können und wo sich sozusagen da in Berlin die gesamte Elite mehr oder weniger versammelt hatte in der Erwartung, dass es einen Punkt gäbe jetzt, das Ganze von innen aufzubrechen. Den Anfang nun zu machen. Das hat ja fünf Tage später quasi der Staatsstreich mit der Maueröffnung dann verhindert. Da wurde lediglich Druck abgelassen.

Die Mauer auf – was hast du gedacht?
Für mich ist es eine Form von Staatsstreich gewesen. Druck rausnehmen. Ob das Zufall war, ist mir jetzt völlig egal. Das, was möglich gewesen wäre, ist durch diesen 9. November entmachtet worden – ganz einfach. Die Idee ging unter. Es kam sofort die Konsumeuphorie, die verständlich ist. Das muss man keinem vorwerfen. Die Leute leben, wie sie leben, aber es hielt sich noch ein, zwei Wochen so eine Stimmung des Aufbruchs, und dann kippte sie ins Nationale, das merkte man schon. Das, was

das Potenzial des DDR-Protestes war, dass es etwas Intellektuelles war, oder sagen wir mal etwas Geistiges, das kippte um in die Dumpfheit von nationaler Prägung.

Schnell und schlagartig.
Und auch nicht nur zufällig. Da ist auch dran gearbeitet worden, von wem auch immer. Ist klar: Jede Siegermacht versucht, das andere Land umzumodeln. Das ist ja heute nicht anders in der Welt, wenn irgendwo ein Land übernommen wird.

Nun warst du da, wo du ja eigentlich nicht hin wolltest.
Noch nicht, das ist ja erst am 3. Oktober gewesen.

Es gab dann noch mal eine schöne, intensive Zeit.
Kurzzeitig, gleich im Dezember, gab es bei der DEFA plötzlich die Möglichkeit für junge Regisseure einen Film zu machen, wenn sie etwas in der Schublade liegen hatten. Da hat Jörg Foth, den ich lange kenne, gefragt, ob wir nicht einen Film über unser Bühnenstück machen können »Letztes aus der DaDaeR«. Da bekamen wir das Geld und haben bis zur Wahl am 18. März 1990 gedreht. Walpurgisnacht auf dem Brocken. Wir waren in Leuna, wir waren in Rüdersdorf. Wir haben also Drehorte gesucht, die wir kannten, in die wir jetzt unsere Geschichte sozusagen hineingearbeitet haben. Christoph Hein spielt einen Müllfahrer, Täve Schur spielt einen Briefträger auf dem Fahrrad. In dieser Zeit war schon ein bisschen Anarchie möglich und man konnte frei arbeiten. Genau am Vorabend der Wahl waren wir fertig.

Und?
Ein Schock, muss ich sagen, diese Übermacht. Ich glaube, es waren auch Fehler in der bundesrepublikanischen Parteienlandschaft. Wenn man so einen Mann wie Willy Brandt rekrutiert hätte, selbst wenn er nur zur Wahl gestanden hätte, wäre die

Wahl anders ausgegangen und die deutsche Einheit anders verlaufen. So übernahmen die Falken das Ruder und ließen sich natürlich die Pfründe nicht aus der Hand nehmen. Das ist auch normal. Sie wollten dann alles haben, worüber sie 40 Jahre lang nicht verfügen konnten – und auf einmal gingen alle darauf ein.

Was wollten die haben?
Dieses Land. Der Osten wurde verscherbelt. Dazu diese komplizierte Geschichte: die Teilung einer Nation. Natürlich ist das ein absurder Vorgang gewesen. Aber es sind zwei verschiedene Kulturen entstanden. Dazu kamen noch die Wirtschafts- und Kapitalinteressen. In dieser Zeit haben wir sehr intensiv gespielt, und die interessanteste Vorführung war die am 3. Oktober 1990, in der Nacht zur deutschen Einheit. Also null Uhr trat die DDR dem Bundesgebiet bei, da haben wir im Maxim-Gorki-Theater gespielt von 23 Uhr bis 1 Uhr. Und es saßen alle die Intellektuellen drin, die das nicht wahrhaben wollten. Wir hatten uns einen Wecker gestellt, der genau um null Uhr klingelte, und dann haben wir eine Improvisationsszene darüber gespielt, dass man da jetzt drinsteckt, egal, ob man das wollte oder nicht. Das heißt, ich habe ein Stück in meinem Leben in zwei Ländern gespielt, ich habe in dem einen begonnen und in dem anderen aufgehört. Es war eine irre Zeit. Man hat permanent auf der Bühne gestanden, Interviews gegeben, ist irgendwohin geflogen. Wir haben in Paris im DDR-Kulturzentrum als letzte Vorstellung unser »DaDaeR«-Stück gespielt. Die haben sich immer gewünscht, dass wir da spielen, aber wir durften nicht, und nun kamen wir zum letzten Ereignis des Hauses. Der Sicherheitstyp war schon abgehauen. Es gab keine Steckdosen mehr. Nichts mehr. Wir waren nachmittags in Paris und haben Lichter gebastelt, um abends da spielen zu können. Es gab kaum noch Stühle, wir haben sozusagen den Rausschmeißer gespielt. Wir waren immer an diesen Punkten, wo auf einmal solche Abbrüche waren.

Immer Abschied.
Immer zum letzten Mal, immer das Ende. Wir haben das sozusagen ausgekostet. Ausgekostet klingt so positiv, aber wir haben das mitbekommen am eigenen Leib.

Das hat was Absurdes. Ich hab damals fürs Fernsehen eine Reportage gemacht: Der letzte Tag der DDR. Am letzten Tag gedreht – die Interflugmaschine zum Beispiel, die als DDR-Maschine rausgeflogen ist und in ein anderes Land zurückkehrte. Oder die DDR-Botschaft in Kopenhagen – dort wurde alles besenrein übergeben. Die haben das Meißener Porzellan, die Teppiche, alles Mögliche, die Grundstücke, die Immobilien alles sauber abgegeben, ausgefegt, abgeschlossen, Schlüssel hinterlegt – fertig. Das Land war weg.
Ich hab Ähnliches erlebt. Zur Währungsunion 1990 war ich in Amerika zu einem Kongress. Ich bin mit DDR-Mark hier weggefahren, hab drei oder vier Wochen in Amerika gearbeitet und sah dann in der New York Times die Fotos von meinen Landsleuten, wie sie am Berliner Alexanderplatz die Deutsche Bank stürmen und das Geld hochhalten und bin in ein Land zurückgekommen, das es nicht mehr gab. Auf einmal gab's eine andere Währung, andere Preise, alle Produkte, mit denen ich groß geworden bin, waren verschwunden. Es war eine andere Situation.

Hat sich der Sozialismus in der zweiten Hälfte des Jahrhunderts nicht doch wieder ein Stück Legitimation verschafft?
Er hat sich Legitimation darüber verschafft, dass er die kapitalistische Gesellschaft verändert hat. Das sehe ich an der Bundesrepublik, die in den siebziger Jahre sozialer war, ein Staat, muss man sagen, mit einer großen Freiheit, auch in den künstlerischen Bereichen. Es war erträglich. Das hat aufgehört. Mit der Wende. Das ist, glaube ich, durch den fehlenden Einfluss der sozialistischen Nachbarn passiert. In dem Glauben, im Hafen der Geschichte angekommen zu sein, verfällt die kapitalisti-

sche Gesellschaft der Hybris des Machtwahns. Glaubt, dass sie jedes Land überfallen kann mit jeder Drohne, in jedem Land ohne Kriegserklärung und ohne internationales Recht tun kann, was sie will – das ist natürlich ein Reflex auf den Zusammenbruch des Ostens. Für mich waren die Gesellschaften früher ein Modell – was Gesellschaftsformation hieß, war für mich die Kopplung von Westen und Osten. Das war eine Gesellschaft, die existierte, die war nur territorial getrennt, aber eine Gesellschaft. Was der Osten an sozialer Leistung hatte, das übernahm der Westen ebenfalls, um seinen Glanz zu behalten. Das hörte dann auf.

Was von dem, was du aus der DDR und in der DDR mitgekriegt hast, kannst du jetzt noch nutzen?
Ich glaube, ich kann alles gebrauchen. Es gehört zu meinen Erfahrungen – so wie ich bin, bin ich, weil ich da gelebt habe. Was habe ich gelernt? Große Selbstdisziplin, Achtung vor Handwerk, Achtung vor Traditionen, die ich für wichtig halte, die mehr und mehr verschwinden. Nicht gelernt habe ich, mich am Markt zu orientieren: Was ist verkaufbar. Das interessiert mich nicht. Mich interessieren Phänomene in der Gesamtgesellschaft. Hier wird alles einzeln gedacht. Man gibt eine Plakette für Feinstaub raus, die bis zur S-Bahn-Grenze geht, und glaubt, damit hat man die Welt gerettet. Denkt aber nicht, dass durch Staus das Tausendfache hergestellt wird. Zusammenhänge werden nicht mehr gedacht. Jeder denkt auf seinem Gebiet.

Vereinzeln ist ein bewährtes Prinzip, Macht zu sichern.
Das ist, weil es keine gesamtgesellschaftliche Definition gibt letzten Endes. Es gibt nur die, dass Mehrheiten darüber bestimmen – also das Gesetz der großen Zahl ist quasi das Einzige, was noch funktioniert. Bestimmte Mehrheiten vertreten bestimmte Interessen. Das lässt sich steuern. In dem Brief vom alten Engels, wo er schrieb, Kommunismus oder Barbarei, da steht auch, dass

diese Marktmechanismen die Welt an den Abgrund bringen, und da wird sie nicht überleben. Sie wird nicht überleben. Sie stellt Unmengen an Leichen her. Wir haben das permanent. Direkt vor unseren Augen: die Flüchtlinge, die nach Europa wollen. Die Kriege, die angezettelt werden, die Unmengen an Toten, die hergestellt werden, um den Zustand einer bedingungslosen Effizienz herzustellen, eines permanenten Gewinns. Das wird die Welt nicht aushalten. Und in diesem Zusammenhang muss man, glaube ich, denken.

Offenbar ist das System nicht fähig, seine selbstgemachten Konflikte zu lösen, Katastrophen zu verhindern. Gewissermaßen totaler Funktionsausfall.
Ich glaube, dass es für die Eliten funktioniert. Aber für die Welt nicht.

Ja eben.
Das ist das Problem, und deswegen fühlen sich die Eliten nicht betroffen. Es ist der Blick von unten, der Veränderungen denkbar macht. Also der plebejische Blick vom unteren Rand der Gesellschaft nach oben. Von oben nach unten sieht man nichts. Die Welt ist von oben nach unten nicht mehr zu ändern. Es gibt keine Balance. Das muss man einfach einsehen.

Ohne Ausgleich kracht aber irgendwann das ganze Gefüge zusammen.
Da haben sich die Mächtigen in der Geschichte immer auf ihre Polizeigewalten verlassen, aufs Militär, auf ihr Gewaltmonopol. Die Staaten sind so stark aufgerüstet und fühlen sich durch die gesamte Sicherheitsstruktur des Abhörens und der Überwachung in einer sicheren Position. Die glauben nicht, dass ihre Welt kippen kann.

Das ist hoffentlich ein Trugschluss.
Naja. Die großen Imperien sind ja immer an ihren übertriebenen Ängsten und Selbstsicherheitsfantasien zugrunde gegangen.

Leben wir in einer alternativlosen Zeit?
Wir leben in einem utopielosen Zustand. Die Menschheit hat aber immer in Utopien gelebt, egal, wie sie die gedacht und formuliert hat. Die braucht man immer – eine Vorstellung davon, was gut wäre. Der Mangel an Utopie führt zur ideellen und kulturellen Verarmung der Gesellschaft. Es wird ja teilweise belächelt, dass man sich darüber aufregt. Aber es ist ein Zustand, der die Leute ebenfalls vereinzelt, in eine Privatisierung zurücktreibt. Sie nehmen sich aus dem Gesellschaftlichen raus, weil sie wissen, sie können daran nichts ändern. Das ist auch ein Zustand: Man ist nicht schuld an den Verhältnissen, kann sie aber auch nicht ändern. Ein eigenartiger Zustand, der was Pathologisches hat. Darin leben wir jetzt.

Warum gehst du auf die Bühne?
Na, weil es mir Spaß macht. Ich arbeite gern, und ich muss mir auch mit dem, was ich schreibe, immer wieder die Realität klar machen. Ich bin überschüttet von Fehlmeldungen, von Unsinn im Feuilleton, im Fernsehen, ich bin überschüttet von Lügen und falschen Nachrichten, und ich muss mir die Verhältnisse klären. Wenn ich das nicht tue, verliere ich die Orientierung, dann bin ich nicht mehr lebensfähig. Es ist nicht so, dass ich das ganz freiwillig mache. Aber wenn ich eine gewisse Zeit nicht arbeite, bin ich unerträglich für meine Umwelt. Ich muss das tun, und gleichzeitig ist das natürlich von Anfang an meine Sinnproduktion. Ich habe mir immer meinen eigenen Sinn produzieren müssen.

Und wer bestimmt deinen Wert?
Ich.

Gemeinsam gelebt und die Zeiten erlebt

GERHARD WOLF
Berlin | Schriftsteller und Verleger | Jahrgang 1928

Es ist ein Tag wie Samt und Seide. Strahlender September.
Halb elf, hatte Gerhard Wolf gesagt, kommen Sie halb elf nach
Pankow raus. Über die Wende wollen Sie reden? – Da werden wir
ein bisschen Zeit brauchen. Drei Stunden sind es geworden. Ger-
hard Wolf ist ein liebenswürdiger Gastgeber und hinreißender
Erzähler, leicht, genau und ironisch. Mir fällt ein altmodisches
Wort ein: Grandezza. Beschenkt mit Büchern und Erinnerungen
verlasse ich die Wohnung von Christa und Gerhard Wolf.

Herr Wolf, wie genau kann Erinnerung sein?
Wie genau ist eine Stimmung, Zeitgenossenschaft, eine Notiz?
Dadurch, dass Christa Tagebuch geführt hat und Kalender und
wir damals ständig in die ganzen Dinge verwickelt waren, ist
diese Erinnerung wie eine Arabeske, etwas verschlungen und
raumfüllend, aber doch ein klares Bild, unser Bild. Ich hab mal
die wichtigsten Daten des Jahres angeguckt. Das fing ja sehr zeitig
an, das Jahr 1989. Es ging los mit diesen Geschichten: Da wurde
eine Protestresolution im PEN gegen die Verhaftung von Havel
in Prag durchgeführt und Christa hatte einen Brief geschrieben,
es gab eine Abstimmung, Höpcke kriegte sogar eine Rüge von
seiner Partei, der hatte mitgestimmt, dass Václav Havel entlassen

werden soll. Das war im März. Und das geht dann laufend weiter und wurde immer problematischer: die Wahlen im Mai, Peking, die Ausreiseleute ...

Gewalt war die große Angst?
Groß und bedrückend. Christa ist dann aus der Partei ausgetreten.

Sie nicht?
Ich war nicht mehr drin. Ich bin 1977 aus der SED rausgeflogen, nach der Biermann-Sache. Ja, Christa ist am 1.7.1989 raus und hat das auch gleich Herrn Hager mitgeteilt.

Und wie hat der reagiert?
Da greif ich etwas vor. Sie ist dann eingeladen gewesen, am 16. Oktober zur Neugründung der Zeitschrift »Literaturnaja Gazeta« durch Aitmatow in Moskau. Gleichzeitig war in der DDR-Botschaft am letzten Abend ein Empfang. Die wollten noch den 40. Jahrestag feiern. Kurt Hager und Kulturminister Hoffmann waren dabei. Christa ist hingegangen. Natürlich war dort eine sehr angespannte Stimmung. Der Hager kam auf sie zu und sagte: Darf ich denn noch du zu dir sagen?

Was soll man da sagen.
Am nächsten Tag, als sie zum Flugplatz geht – das erzählt sie auch später in »Stadt der Engel« –, landete ein Madrigalchor aus Halle, die waren in der Sowjetunion rumgereist und wussten nicht genau, was aktuell in der DDR passiert ist. Da war doch die große Demo in Leipzig, und Christa konnte den Chorleuten sagen: Nein, es ist kein Schuss gefallen, es ist alles gut. Und da stellt sich der Madrigalchor in der Abfertigungshalle in Moskau auf und singt für sie. Und sehr viel Westdeutsche, die gucken alle nur ... Die konnten damit nichts anfangen.

Eine schöne Geschichte.
So ging das ganze Jahr eigentlich sehr bewegt weiter. Wir sind ja inzwischen im Oktober.

Wir springen jetzt in den September vor 25 Jahren. Woran erinnern Sie sich?
Kann man ziemlich genau gucken, was da alles passiert ist.

Und, was war?
Wahrscheinlich habe ich Essen gekocht – für den Weibertreff von Christa. Die trafen sich immer einmal im Monat, und wenn er bei uns war, hab ich meistens gekocht. Da war Daniela Dahn dabei, Sigrid Damm, Helga Schütz, Brigitte Burmeister, Gerti Tetzner, Helga Königsdorf, Rosemarie Zeplin. Ich darf jetzt niemanden vergessen – die waren da alle dabei und lasen sich vor. Das Treffen stand natürlich ganz im Zeichen dieser politischen Vorgänge, und man diskutierte an dem Abend übers Neue Forum. Das ist schon am 12. September gewesen. Christa fährt dann – sie ist unheimlich viel unterwegs – vom 16. bis 20. September nach Ascona zu einer Tagung der IPPNW, der Ärzte für den Frieden. Dort traf sie Stefan Heym, Hans-Peter Dürr und Arno Gruen. Und dann, da gingen schon die vielen Leute in die westdeutsche Botschaft in Prag und die Ungarn öffneten ihre Grenze ... und Otl Aicher war gerade zu Besuch und dann haben wir uns hingesetzt und eine neue Regierung gebildet.

Eine Spinnstunde?
Ja, so etwa. Diese Regierung sah sehr komisch aus. Jens Reich war, glaube ich, Landwirtschaftsminister. Das war so ein Spiel.

Wofür waren Sie denn vorgesehen?
Nein, nein, wir waren nicht in der Regierung, um Gottes willen. Ein Schattenkabinett war das. Sehen Sie mal, es war damals alles

unheimlich in Gang geraten und sehr aufgeregt. Manches war »Was wäre, wenn ...« Das spielte überall eine Rolle. Ende September sind wir zu einer Lesung gefahren – wir hatten eine sehr gute Lesegemeinde in Neu-Buckow, eine große landwirtschaftliche Kommune, und auch dort fand eine große Versammlung statt.

Draußen auf dem flachen Land?
Ja, nicht weit von der Ostsee an der Straße, die von Rostock rübergeht nach Greifswald, Neu-Buckow. Es waren sogar Leute von der Bezirksleitung da und sagten, es muss was geschehen. Das stimmte ja. Es musste was passieren. Die Gruppe Demokratie jetzt, die sich im September gegründet hatte, kam da ins Gespräch. Die Leute überlegten, was man machen müsse. Eine Frau sagte: Aber protestieren haben wir nicht gelernt.

Ein traurig wahrer Satz.
Aber er stimmte da nicht mehr. Denn es wurde sehr viel protestiert. Dann kamen, für uns persönlich sehr einschneidend, die Ereignisse vom 9. Oktober. Bei der Demonstration in Berlin auf der Schönhauser Allee wurden unsere Tochter und unser Schwiegersohn Jan Faktor verhaftet. Die waren eigentlich nur gucken gegangen, gerieten aber mit rein und wurden eine Nacht eingesperrt. Wir sind am nächsten Tag hin, aber man erfuhr nichts. Wir haben dann den Rechtsanwalt Gysi erreicht, und der hat gesagt: Ich will mich erkundigen, ich werde da nicht viel machen können. Und dann ist Annette wirklich als Erste entlassen worden.

Immerhin.
Aber sie ist nicht gleich gegangen. Wenn die anderen nicht entlassen werden, dann wollte sie auch nicht gehen. Sie haben dann alle entlassen, am nächsten Tag. Ach, da sind viele verhaftet worden, der Bert Papenfuß und Jan Faktor kam mit dem Sohn von Herbert Marcuse. Sein Sohn Peter war zu Besuch in Berlin und

wurde verhaftet, weil er Ausländer war. Es geschahen die eigenartigsten Sachen. An diesem Tag hat Christa ihr erstes politisches Interview gegeben in Westberlin und gesagt, dass das Neue Forum anerkannt werden muss.

Haben Sie das als Revolutionszeit empfunden?
Wir haben zuerst immer sehr geschwankt: Aufruhr, Wende, Empörung. Revolution ...? Ich weiß nicht. Jetzt kommen wir gleich auf den berühmten 4. November. Ich war am Abend davor in der Französischen Botschaft. Dort schwirrten die wildesten Gerüchte über den 4. November. Es hieß, da werden Kampfgruppen aus der DDR in Marsch gesetzt. Fest stand, dass es stattfinden wird und dass Christa reden will. Mit ihrem Redetext wollte sie auf keinen Fall provozieren, aber deutlich werden. Als wir da früh hinkamen, gab es diese herrlichen Schärpen: *Keine Gewalt.* Es war ganz ruhig. Nur der erste Block, das merkte man bald, ein paar hundert Leute, das waren sicher Stasi. Es trat Markus Wolf auf, es trat Schabowski auf, der ausgepfiffen wurde. Markus Wolf erst, als er bekannte, dass er mal Stasi-Mensch gewesen war. Es war eine sehr aufregende Angelegenheit und eine herrliche Atmosphäre. Aber was man nie weiß: Bleibt es friedlich? Durch Sigrid Damm, die Schriftstellerin, wissen wir authentisch, es hätte anders enden können. Sie hat zwei Söhne. Der eine war bei der Volksarmee und lag auf dem Dach irgendwo Unter den Linden, das Haus, wo die FDJ drin war, ich weiß nicht, was da heute ist.

Da ist ein Fernseh-Studio.
Die lagen dort bewaffnet und hatten den Befehl, wenn versucht würde, zum Brandenburger Tor durchzubrechen, dass dann die Armee eingreifen soll. Und unten war sein Bruder bei den Demonstranten, der davon nichts wusste. Der Zug ist ja abgebogen. Es ging an dem Tag überhaupt nicht darum, die Mauer zu durchbrechen oder irgend solche Dinge.

Worum ging es in den Herbsttagen bis zum 4. November?
Das ist schon der berühmte Satz. Christa hat ja sehr überlegt, und sie wird heute noch festgenagelt auf diesen Satz: Ich wollt, es wäre Sozialismus und keiner geht weg. Es ist natürlich so, der Satz hatte einen ironischen Hintersinn. Es gab das berühmte Original: Stell dir vor, es ist Krieg und keiner geht hin. Christa drehte den um. Und heute noch wird aus dieser Rede nur dieser Satz zitiert. Ironie kommt bei solchen Sachen nicht an.

Ich glaube, so richtig war das auch keine Zeit für Ironie, jedenfalls nicht für die meisten – vielleicht im Nachhinein.
Die Menschen auf der Demonstration haben auch geklatscht, und sie haben es ernst genommen und waren heiter, aber ohne Ironie. Die Ironie, die es gab, betraf das Gewesene. Es traten dann das Neue Forum auf, die bürgerbewegten Leute, da war Sebastian Pflugbeil dabei, die wurden nach Bonn eingeladen.

Zu diesem Zeitpunkt?
Nein, das ist etwas später, jetzt greife ich vor.

In welchem Monat sind wir gerade?
Moment mal, wir wollen hier nichts Falsches machen. Wir haben einen großen Sprung gemacht. Also Christa war dann in Moskau gewesen, zur Gründung dieser Zeitschrift.

Welchen Eindruck hat sie aus Moskau mitgebracht?
Sie wollte gern den Falin sprechen, um zu sagen, mit der Führung hier in der DDR, das geht nicht mehr. Aber das hat nicht geklappt. Es war doch so: Gorbatschow hatte kein ökonomisches Verständnis, im Land war er überhaupt nicht akzeptiert von der Bevölkerung. Er war akzeptiert von den Intellektuellen.

Auch in der DDR.

Und in Europa – gegen Honecker als Antipode. Aber die Bevölkerung dort, der ging's dreckig. Die hatten nischt zu fr...essen. Und das war natürlich viel ausschlaggebender als alles andere. Das war also ein bisschen Propaganda: Glasnost, Perestroika für die Intellektuellen und natürlich nicht für die Parteikader, die ihn dann auch gestürzt haben. 1991 in dem Putsch, wo ihn der Jelzin noch in den Hintern getreten hat. Diese Situation war deutlich festzustellen, das kommt auch raus in den Moskauer Tagebüchern. Ich will jetzt den Briefwechsel mit Kopelew noch machen. Die Moskau-Besuche liefen natürlich zweigleisig, die offiziellen zum Schriftstellerverband und dann die zu den Dissidenten. Und da kannten wir den Kopelew, und dadurch wurde uns vieles klar, was da in dem Lande los war.

Hatte Ihre Frau das Gefühl, dass die DDR wie eine heiße Kartoffel fallengelassen wird?

Zu der Zeit noch nicht. Da kann ich auch eine Geschichte erzählen. Wir wurden eingeladen, das ist ein bisschen später, zu Kotschemassow, dem sowjetischen Botschafter in DDR. Nur Christa und ich zu einem Essen mit ihm und seiner Frau. Sie wollten wissen, was ist überhaupt hier los – wird die Bevölkerung der DDR auf die sowjetischen Kasernen losgehen? Und was ist denn das Neue Forum?

Bei dem Gespräch, nur wir beide, eine üppige Tafel mit Kaviar und allem Drum und Dran, saß aber noch ein ganz gewitzter, ein Putin-Typ dabei. Ein Dolmetscher vom KGB vermutlich, der fließend übersetzte, fast ohne Akzent, und der ging irgendwann mit uns raus. Und er ging auf dem Weg, von dem er wusste, dort wird nicht abgehört, und sagte in fließendem Deutsch: »Den alten Opa da oben können Sie vergessen. So offen ist zu dem noch nie gesprochen worden, aber Sie können ihn vergessen. Und Gorbatschow, der ist vorbei. Es muss eine Sozialdemokratie in Moskau geben. Es geht jetzt nur noch darum, viel Blut oder wenig Blut.« Das sagte der uns.

Da haben Sie nach Luft geschnappt.
Da gingen wir raus. Ich kann noch suchen, wann das genau war. Achja, das war am 30. März 1990. Kotschemassow wurde dann abgelöst. Da war auch schon mit Gorbatschow nicht mehr so viel los und mit der Sowjetunion auch nicht.

Die Dichter und Schriftsteller der DDR waren ständig unterwegs, gewissermaßen in politischer Mission.
Auch die Kirche gab sich Mühe. Es fanden ja viele Lesungen statt. Wir waren zum Beispiel eingeladen von der Evangelischen Akademie in Weißensee, die hatten die jungen Autoren vom Prenzlauer Berg da und Bürgerrechtler.

Überall war politische Lebendigkeit, nur nicht in der Politik.
Ja. Dort war nichts.

War das für Sie und Ihre Frau selbstverständlich?
Christa war sowieso durch ihre frühere Parteizugehörigkeit bekannt – und dass sie im ZK gewesen war, dort widersprochen hatte und rausgeflogen war, dadurch war sie bekannt und gefragt.

Eine politische Frau.
Ja, und da weiß man immer nicht, wen meinen die Leute. Mal ist sie eine DDR-Schriftstellerin. Dann, als sie 1983 in der Uni in Frankfurt am Main »Kassandra« gelesen hat, war sie eine deutsche Schriftstellerin, und plötzlich sollte sie eine Galionsfigur der Wende sein.

War sie das nicht?
Nein. Das wollte sie auch nicht.

Hatten Sie von diesen Querelen den Kanal nicht manchmal voll?
Erzähle ich Ihnen. Bei der Kassandra-Vorlesung in Frankfurt
hatte die DDR Einwände gegen 63 Zeilen. Die 63 Zeilen wurden
gekennzeichnet, dass sie ausgelassen werden mussten. Das war
übrigens das erste Mal, dass so was passierte – war so eine Tradition aus der Romantik. Ein Jahr später erschien das Buch in
der DDR, und die FAZ hat natürlich gleich am nächsten Tag die
63 Zeilen veröffentlicht, die Leute haben sie sich dann reinge-
klebt oder hatten sowieso die West-Ausgabe. Das ging ja hin und
her. Ich meine, das Politische passierte dauernd. Die Zeit war so,
und Christa ging durch diese Zeiten.

Und blieb an diesem Ort.
Ja. Es gab lange Diskussionen, sollte man weggehen: Ja, nein und
wenn – wie weggehen. Wir haben mit Gaus darüber gesprochen.
Er hat dann mal gesagt: Ich bin ja eigentlich ein Konservativer,
und ich werde immer linker. Das kann doch nicht an mir liegen.
Es gibt diese Szene: Wir sind eingeladen bei der Ständigen Ver-
tretung, und aus einer Nebentür kommt der Egon Bahr. Ich weiß
nicht, was der Anlass an dem Abend war, da waren ja manchmal Ausstellungen, manchmal Lesungen, und wir waren da und
haben uns langsam immer mehr mit Gaus befreundet. Nach der
Wende waren wir sehr befreundet. Wir kannten ja jetzt auch die
kritischen Leute im Westen. Also, Egon Bahr trat aus der Tür,
ging auf Christa zu, sie begrüßten sich, und Bahr sagte: Ich hoffe
doch, Sie bleiben. Natürlich, wenn es irgend geht, bleiben wir
natürlich. Das war die Situation. Die wollten ja gar nicht, dass
sich hier alles umkehrt und die Leute weggehen. Das war denen
völlig klar: Je mehr die jungen Leute über die Grenzen strömten,
um so weniger würde sich hier was verändern – können. Das war
bei der Biermann-Sache zu sehen.
Manfred Krug ging, Jurek Becker auch, Gerulf Pannach musste
gehen. Viele sind weggegangen. Gleichzeitig durften auch sehr

viele fahren, die vorher nicht fahren durften und die wieder
zurückkamen. Oder sie hatten wie Kunert immer ihr DDR-Visum,
haben behalten, was sie hier hatten. Das weiß man immer alles
nicht. Also das sind so deutsche Geschichten, die auch nicht
sehr bekannt sind. Viele sagen rückblickend, das war eigentlich
der Beginn des Endes. Man kann's, wenn man will, so sehen.
Aber die Entwicklung ging ja weiter.

1989 war ein Schlusspunk ...
... und es kam dann zu unserem Aufruf »Für unser Land«. Ende
November muss das gewesen sein.

Wie kam es zu dem Aufruf?
»Für unser Land« entstand so: Wir hatten da schon sehr gute
Verbindungen zum Neuen Forum und zu den ganzen Leuten.
Christa war immer etwas zurückhaltend, weil sie Angst hatte,
sie wird sofort wieder Galionsfigur. Der de Maizière hatte sie
vorgeschlagen als Präsidentin, das stand schon in der Zeitung
und anderer Quatsch, worauf sie nie scharf war. Die wurden also
eingeladen nach Bonn.

Wer sind die?
Da war Sebastian Pflugbeil dabei, ich weiß nicht, wer noch dabei
war vom Neuen Forum, vom Pflugbeil weiß ich es ganz genau,
denn der saß mit hier, als wir diesen Aufruf verfasst haben. Es
war die letzte Fassung. Ich glaube diese Formulierung »Entweder
demokratische sozialistische DDR – Oder Einverleibung durch
Westdeutschland« war sicher ein Fehler. Aber es gab einen Entwurf von Herrn Krusche, da stand noch fünfmal Sozialismus
drin. Das flog alles raus.
Es existierten ja drei Textentwürfe. Schließlich konnte man sich
einigen. Die Endfassung hat Christa hier in unserer Wohnung
formuliert. Das war ein Sonntag, der 26. November. Verschiedene

Freunde waren gekommen und erzählten uns von dem Besuch in Bonn: Was denkt ihr, wie wir dort von den Politikern behandelt worden sind. Wie der letzte Dreck, und politisch hatten die keine Ahnung. Da muss was passieren – Für unser Land. Und so ist das entstanden. Zwei Tage später hat Stefan Heym den Aufruf vor in- und ausländischen Journalisten verlesen. Dummerweise hat sich Krenz sofort drangehängt, na ja, wie das so ist.

Der Aufruf hatte ein großes Echo.
Ja, das hat Echo gehabt. Über eine Million Unterschriften bis Mitte Januar – die wollten die DDR reformieren. Das war viel. Aber dieses »entweder oder«, das war ein Fehler, denn zu gleicher Zeit veröffentlichte Helmut Kohl sein Zehn-Punkte-Programm zur Konföderation. Das war natürlich für viele DDR-Leute nachvollziehbarer: Wiedervereinigung. Wir haben noch lange gestritten, soll überhaupt Sozialismus noch drinstehen. Irgendwie hätten wir uns einigen müssen auf basisdemokratisch, dass der Begriff Sozialismus gar nicht mehr drin gewesen wäre. Aber der blieb leider in unserer Erklärung drin.

Als Gegensatz zu kapitalistisch war er vielleicht doch richtig?
Ich meine, wenn man so will, hat es einen sozialdemokratischen Duktus. Das kann ich auch erzählen: Wir haben mit denen schon Kontakt gehabt, wir haben uns getroffen mit Hans-Jochen Vogel in Westberlin bei Marlies Menge. Da hatte sich eine SDP gegründet, nicht SPD, sondern SDP.
Übrigens: vor »Für unser Land« gab es noch eine Erklärung, dass die Leute hierbleiben. Die hat Christa verlesen. Das muss am 8. 11. gewesen sein. Da kam Hans-Jürgen Fischbeck von Demokratie jetzt, der sagte: Wir müssen doch was machen, dass die nicht alle weglaufen. Und da haben noch Braun, Masur, Plenzdorf, Heym, Ruth Berghaus unterschrieben, und Christa hat es verlesen.

Da war jeder Tag ein Ereignis.

Ja, es hat sich überschlagen. Man wusste wirklich nicht, was kommt als nächstes. Und wie gesagt, Christa wollte nicht vorneweg sein. Es gibt ja Fotos vom 4. November, wo sie mit Bärbel Bohley und mit den anderen Bürgerrechtlern da steht. Aber sie wollte auf keinen Fall, dass sie plötzlich die erste Person ist. Es überschlug sich alles, und sie hatte da gar keine Lust zu.

Herr Wolf, Sie erzählen als Beobachter der Zeit, aber wie haben Sie sich gefühlt?

Das lässt sich eigentlich nicht trennen. Wir waren in einem solchen selbstverständlichen Kontakt: Sie war nun mal die Figur, die die öffentliche Meinung vertrat. Bei sehr vielen Dingen war ich ja dabei, wie am 4. November, wo sie Herzrasen bekam. Das kriegte sie manchmal wegen nichts, manchmal bei Aufgeregtheit. Und nach ihrer Rede mussten wir schnell ins Krankenhaus, damals kriegte man noch eine Spritze, um das zu beseitigen – und die guckten alle: Wir haben sie doch eben noch auf dem Alexanderplatz gesehen. Wir sind dann nach Hause gegangen. Es war einfach so, sie war in diese Dinge durch ihre Funktion als Autorin, weil sie so bekannt war, so verwickelt, dass sie natürlich sofort angesprochen wurde. Ich meine, wir haben alles gemeinsam gemacht, aber sie ist natürlich aufgetreten.

Es ist nicht ungewöhnlich, dass Dichter und Denker in Deutschland sich in die politischen Dinge eingebunden haben.

Es gibt sozusagen eine Traditionslinie. Das ist bei der Paulskirchen-Bewegung 1848 so gewesen, denken Sie an die Dichter des Vormärz, an Georg Herwegh, Ferdinand Freiligrath. Oder 1919 Erich Mühsam und der Toller in der Münchener Räterepublik und in der Weimarer Zeit Ossietzky, Tucholsky. Natürlich, 1933 sind die wichtigen Autoren ins Ausland gegangen, und viele haben dann von außen gewirkt, sich ins Politische eingemischt.

Thomas Mann mit seinen Rundfunkansprachen »Deutsche Hörer« in der BBC, wo er als Mahner und Kommentator aktiv war. Sein Sohn Klaus Mann war ein aktiver Gegner der Nazis und gab 1933 im Exil die literarische Monatszeitschrift »Die Sammlung« heraus. Denken Sie an die deutschen Emigranten in Mexiko, die die Bewegung Freies Deutschland gründeten und unter Walter Janka den Verlag El Libro Libre. Für den hat auch Anna Seghers geschrieben. Und in den fünfziger Jahren ist in Westdeutschland die Ostermarschbewegung entstanden, die gegen die Wiederaufrüstung im Westen demonstriert hat. Den Strich würde ich setzen mit der Biermann-Ausbürgerung, wo sich ein Teil der DDR-Schriftsteller mit ihren Protesten politisch einmischte, wenn man so will. Vielleicht, weil die Masse immer ein bisschen träge war?

Das änderte sich 1989.
Gründlich, als die Grenzer die Grenze aufgemacht haben, und die Leute sind einfach durchgegangen. Das ist das Wunder, dass an diesem Abend, und nicht bloß an diesem Abend, nicht ein Schuss gefallen ist. Wenn eine Maschinenpistole irgendwo losgegangen wär und die Sowjets hätten handeln müssen ... Das war noch mal ein Moment in der Geschichte – ich meine, das ist das große Wunder der ganzen friedlichen Revolution, dass keiner geballert hat.

Selten, eine Revolution ohne Schuss.
Ja. Deswegen friedliche Revolution.

Den Begriff würden Sie nehmen?
Im Nachhinein würde ich es so gelten lassen.

Alles in allem: War die Wende das, was Sie wollten?
Ich weiß gar nicht genau, was wir wollten.

Wie blicken Sie zurück?
Da ist schon mal der Gaus gescheitert, mit diesen Rückblicken. Der hat mich ja »Zur Person« befragt.

Soll ich es gleich lassen?
Über die Schwierigkeiten der Vereinigung kann ich wenig erzählen. Sehen Sie, ich konnte den Verlag Janus Press machen, das wollte ich immer. Ich hab ganz neue Freunde gefunden. Ich hab den Günther Uecker gefunden, ich konnte mit ihm Bücher machen. Ich war nicht betroffen von der Abwicklung einer Institution. Wenn ich Professor an der Uni gewesen wär, wär ich vielleicht rausgeflogen. Ich bin also nicht unzufrieden gewesen.

Zorn auf die Zeiten vor der Wende?
Gar nicht.

Wehmut?
Beides nicht.

Was versäumt?
Nein. Intensiv gelebt. Mit Konflikten, aber immer mit sehr viel Lebenswillen und sehr gemeinsam. Wir konnten uns gegenseitig sehr viel geben. Ich konnte ihr helfen, Christa war die von mir bewunderte Person. Sie war die wichtige Dichterin, ich war der Autor, der auch dabei war. Ich kannte ja alles, war an allem beteiligt. Insofern war das nie getrennt. Ist schon so wie ihre letzte kleine Geschichte »August«. Die hat sie mir zum 60. Hochzeitstag geschenkt. Ich kannte die Geschichte nicht, die hat sie heimlich geschrieben, und die Widmung »Wir sind in den Jahrzehnten ineinandergewachsen« ist unsere Geschichte.

ISBN 978-3-355-01834-0

2., korr. Auflage
© 2016 (2015) Verlag Neues Leben, Berlin
Umschlaggestaltung: Buchgut, Berlin, unter Verwendung
eines Motivs von ullstein bild – Roger Viollet / Jean-Paul Guilloteau
Druck und Bindung: Korrekt, Ungarn

Die Bücher des Verlags Neues Leben
erscheinen in der Eulenspiegel Verlagsgruppe.

www.eulenspiegel-verlagsgruppe.de